# Vollwertküche

Maren Bustorf-Hirsch · Karin Siegel

# Die abwechslungsreiche

# Vollwertküche

## Vitaminreich
## und naturbelassen kochen
## und backen

FALKEN VERLAG

Maren Bustorf-Hirsch ist die Verfasserin von weiteren richtungweisenden Falken-Büchern:

„Biologisch kochen" (zusammen mit Karin Siegel, 144 S., Nr. 4162)
„Biologisch backen" (136 S., Nr. 4174)
„Joghurt, Quark, Käse und Butter" (32 S., Nr. 0739)
„Gesunde Ernährung für mein Kind" (96 S., Nr. 0776)
„Gesund kochen mit Keimen und Sprossen" (104 S., Nr. 0794)

Farbtafel 1 (Seite 2): Weizenfrischkornmüsli (Rezept Seite 22).

ISBN 3 8068 4229 9
© 1985/1988 by Falken-Verlag GmbH, 6272 Niedernhausen/Ts.
Titelbild: Eberle Fotostudio, Schwäbisch Gmünd
Fotos: Eberle Fotostudio, Schwäbisch Gmünd
Zeichnungen: Brigitte Braun, Bad Schwalbach
Die Ratschläge in diesem Buch sind von Autor und Verlag sorgfältig erwogen und geprüft, dennoch kann eine Garantie nicht übernommen werden. Eine Haftung des Autors bzw. des Verlages und seiner Beauftragten für Personen-, Sach- und Vermögensschäden ist ausgeschlossen.
Gesamtherstellung: Mainpresse Richterdruck Würzburg

817 2635 44

# INHALT

# UNSER WEG ZU EINER NATURBELASSENEN ERNÄHRUNG

Dieses Buch ist aus der alltäglichen Praxis zweier Familien heraus geschrieben. Wir wollen zeigen, daß gesunde Ernährung nicht nur zum körperlichen Wohlbefinden beiträgt, sondern daß ihre Zubereitung Spaß und Freude macht und mehr Raum für Kreativität läßt als die traditionelle Küche oder gar das Kochen mit Fertigprodukten aus Tiefkühltruhe und Dose.

Darüber hinaus wollen wir die schwäbische Frage: „Isch's gsond oder schmeckt's" ad absurdum führen und beweisen, daß die gesunde, naturbelassene Kost gerade auch den verwöhnten Gaumen zu befriedigen vermag. Diesem sind ja längst Dosengemüse, aromalose Treibhaustomaten, geschmackloser zusammengefallener Kunstdüngersalat in Einheitssoße aus dem Glas, trockene Tiefkühlhähnchen, geschrumpfte, lederartige Schnitzel usw. zum Greuel geworden.

Wir, das sind:

## MAREN BUSTORF-HIRSCH

Den Anstoß, über Ernährungsfragen nachzudenken, bekam ich von meiner Mutter, als ich kaum zwanzigjährig auf mich selbst gestellt, mich unvernünftig ernährte und alles mögliche für wichtig hielt – nur nicht das Essen. Ich stellte damals meine Ernährung zwar nicht konsequent um, aß aber immerhin jeden Morgen mein Frischkornmüsli.

Ein endgültiges Umdenken fand erst während meiner ersten Schwangerschaft statt. Besorgt über die Mitteilungen bezüglich vergifteter Muttermilch, fing ich an, mich intensiv mit Ernährungsfragen zu beschäftigen.

Der Werbung glaubend, hätte jede Mutter damals annehmen müssen, daß nur die Lebensmittelindustrie ihr Baby optimal mit Milchpulver, Fertigbrei, Gläschennahrung und Fertigtees versorgen könnte. Aber nicht nur Meldungen über Pestizidrückstände in der Muttermilch, sondern auch über Östrogene in der Babynahrung, übersalzene und mit künstlichen Vitaminen angereicherte Gemüsegläschen sowie völlig überzuckerte Fertigtees öffneten mir die Augen und veranlaßten mich, zu einer gesunden, vollwertigen Kost für mich und meine Familie zu kommen.

Die Ernährungsumstellung brachte zwangsläufig auch eine Änderung der Lebensführung mit sich. Es genügte uns nicht mehr, beim Kaufen stets auf der Suche nach gesunden Nahrungsmitteln zu sein, wir wollten selber an ihrem Entstehen und Wachsen mitwirken. Nach der Geburt unserer zweiten Tochter ließ ich mich deshalb von meinem Beruf als Studienrätin beurlauben, und mein Mann und ich zogen mit den Kindern von der Großstadt Stuttgart aus einer Hochhauswohnung im 8. Stock in ein 400-Einwohner-Dorf zwischen dem Schwarzwald und der Schwäbischen Alb.

Wir renovierten ein fast abbruchreifes Bauernhaus in Eigenarbeit und bearbeiteten unseren 12 Ar großen Garten, der uns heute vollständig mit Obst und Gemüse versorgt, auf biologisch-organische Weise.

Unser Getreide kaufen wir bei biologisch-organisch arbeitenden Bauern, Milch und Eier gibt es direkt beim Nachbarn. Fleisch fehlt seit Jahren auf unserem Speisezettel.

Es macht uns Spaß, so wenig wie möglich zu kaufen und an der Entstehung eines Produkts beteiligt zu sein. Ob es Möbel sind oder die Kleidung – durch Schrei-

nern, Spinnen, Weben, Nähen und Stricken versuchen wir, möglichst viel selber zu machen.

So kamen wir durch die Beschäftigung mit einer natürlichen und gesunden Ernährung auch auf anderen Gebieten zur Selbstversorgung und über den persönlichen Bereich hinaus zum Engagement für die Natur.

## KARIN SIEGEL

Zwei Dinge gaben den Anstoß, mich der Bioküche zuzuwenden. Zum einen die zunehmende Bedrohung unserer Umwelt, die einen derzeitigen Höhepunkt im Sterben des Waldes erreicht hat, zum anderen die Geburt unserer Kinder. Die Skandale um vergiftete Muttermilch, östrogenhaltiges Kalbfleisch im Babygläschen, überzuckerte Kindertees und vieles andere mehr machten die naturbelassene Kost zur einzigen sinnvollen Alternative. Schließlich trugen wir nun nicht mehr die Verantwortung allein für unsere eigene Gesundheit, sondern für die unserer Kinder und für ihre Zukunft!

Wir bewirtschaften am Rande des Stuttgarter Ballungsraums einen kleinen Garten, der uns mit Kräutern, Gemüse, Obst und Walnüssen versorgt. Grundnahrungsmittel wie Getreide, Reis und Kartoffeln zum Einlagern sowie Milch, Butter, Öle und Eier kaufen wir in Naturkostläden oder, wenn möglich, direkt beim Bauern. Die Zahl der Bioläden und Biobauern wächst mit zunehmender Nachfrage nach ihren Produkten. Wir Verbraucher können so einen Beitrag zur Ausbreitung umweltfreundlicher landwirtschaftlicher Methoden leisten.

Wir gehören (noch?) zu den Fleischessern, haben unseren Fleischkonsum jedoch sehr eingeschränkt.

Einmal im Jahr schlachten wir gemeinsam mit Freunden ein Schwein, das auf traditionelle Weise auf dem Bauernhof (mit Abfällen, Kartoffeln und Äpfeln) großgezogen wurde, und bereiten Wurst ohne nitrithaltiges Pökelsalz zu. Zu Weihnachten gibt es auch manchmal eine Gans oder Ente vom Demeterversand.

Ich koche sehr gerne und nehme mir, neben meinem Beruf als Bildhauerin, auch die Zeit dazu. Ich halte Kochen für eine ausgesprochen kreative Tätigkeit, vorausgesetzt, man klammert sich nicht sklavisch an Rezepte, sondern hat Spaß am Erfinden und Ausprobieren.

In diesem Sinne möchte ich mich abschließend bei Katrin, Jakob, Steffen und dem Kater Emil bedanken, daß sie die Vorbereitungen und Versuche zu diesem Buch mit Milde ertragen und die Ergebnisse kritisch bewertet haben.

# KLEINE ERNÄHRUNGSLEHRE

„Das Wesen vollwertiger vegetarischer Kost ist nicht die Fleischlosigkeit, sondern der Gehalt an allen natürlichen Bestandteilen. Der Puddingvegetarier ernährt sich fehlerhaft. Notwendig ist ausreichend Frischkost (Getreide, Obst, Salate) und eine sorgfältig zubereitete und gewürzte Kochkunst. Sie muß verführen und überzeugen."

Professor Kollath

Unsere Ernährung besteht aus den Nährstoffen, den Ballaststoffen und den Vitalstoffen.

## DIE NÄHRSTOFFE

Die Nährstoffe unterteilen sich in Eiweiße, Fette und Kohlenhydrate.

### DAS EIWEISS

Eiweißstoffe oder Proteine sind die Baustoffe des menschlichen Körpers. Sie bestehen aus 22 Aminosäuren, davon sind 8 essentielle Aminosäuren, die der Körper nicht selbst aufbauen kann, sondern mit der Nahrung fertig aufnehmen muß.

Alle 8 müssen gleichzeitig und im richtigen Verhältnis vorhanden sein. Fehlt zum Beispiel nur eine Aminosäure, können auch die übrigen 7 nicht vom Körper verwertet werden.

Da alle 8 essentiellen Aminosäuren in Eiern, Milch und Fleisch am ausgewogensten vorhanden sind, nahm man lange an, daß die Menschen nur durch tierisches Eiweiß ihren Proteinbedarf decken können.

Auch viele Pflanzen enthalten hochwertiges Eiweiß. Durch die Kombination verschiedener pflanzlicher Nahrungsmittel gelingt es, die Verwertbarkeit der enthaltenen Proteine noch über die von Fleisch zu steigern (z.B. Hülsenfrüchte und Getreide, Nüsse und Getreide). Hinzu kommt, daß in der modernen laktovegetabilen Kost Milch und Sauermilchprodukte verzehrt werden, die die ideale Ergänzung für pflanzliche Nahrungsmittel sind.

Untersuchungen haben gezeigt, daß Menschen in den Industrienationen fast doppelt soviel Eiweiß zu sich nehmen, wie ihr Körper verwerten kann. Diese Eiweißüberernährung ist nicht zuletzt Ursache vieler Zivilisationskrankheiten, wie Bluthochdruck, Diabetes und Herzinfarkt.

### DAS FETT

Fett ist sehr energiereich, es macht jedoch nicht dick, wenn man es in naturbelassener Form und in vernünftiger Menge zu sich nimmt.

Theoretisch könnte man seinen Fettbedarf ausschließlich durch den Verzehr von rohen Nüssen und Samen decken. Da wir aber für die Zubereitung unserer Kost Koch- und Streichfette benötigen, müssen wir uns anders behelfen.

Wir verwenden möglichst naturbelassene, das heißt kaltgeschlagene, ungehärtete und nicht raffinierte Pflanzenöle, die reich an ungesättigten Fettsäuren sind. Dabei hat Leinsamenöl den höchsten Anteil an ungesättigten Fettsäuren (75%), gefolgt von Distel-, Sonnenblumen- und Weizenkeimöl (65%).

Die alte Streitfrage, ob man besser Pflanzenmargarine oder Butter verwenden sollte, ist bis heute noch

nicht entschieden. Eines jedenfalls ist gesichert: Butter alleine ist nicht für den hohen Cholesterinspiegel verantwortlich und meistens, da sie auch zu den naturbelassenen Fetten gehört, einer schlechten Pflanzenmargarine vorzuziehen.

## DIE KOHLENHYDRATE

Auch Kohlenhydrate sind als Dickmacher verpönt. Das stimmt insofern, weil sie meistens in industriell verfeinerter Form als Weißmehl, Zucker und allen daraus hergestellten Back- und Teigwaren gegessen werden. Mit diesen Produkten nimmt man nur „leere" Kalorien zu sich, denn sie enthalten keine Vitamine, Mineralstoffe, Spurenelemente und Ballaststoffe wie die naturbelassenen oder schonend zubereiteten Kohlenhydrate.

Neben dem weißen Auszugsmehl, bei dem die wichtigsten Bestandteile des ganzen Getreidekorns – der Keimling und die Randschichten – entfernt wurden, spielt der Zucker als „leeres" Kohlenhydrat eine wichtige Rolle. Wenn man auch heute noch in der Werbung lesen kann „Mit 6 Stückchen Zucker nehmen Sie weniger Kalorien zu sich als mit einem Ei", so wissen wir, daß das Problem nicht in einer zu hohen Kalorienzufuhr liegt.

Industriell hergestellter Zucker, und zwar in jeder Form – weißer Haushaltszucker, Milchzucker, brauner Zucker, Fruchtzucker –, ist gesundheitsschädlich. Daß er den Zähnen schadet, ist hinlänglich bekannt. Außerdem braucht der Körper aber, um Zucker abbauen zu können, Vitamin $B_1$, Kalk und Mineralstoffe, die in der „Normalkost" ohnehin nicht vorhanden sind.

So treten als Folgen des Weißmehl- und Zuckerkonsums zahlreiche Krankheiten (Karies, chronische Verstopfung, Übergewicht, Venenleiden, Diabetes usw.) erst nach Jahren auf.

Darum verwenden Sie zum sparsamen Süßen Trokkenfrüchte und naturbelassenen, kaltgeschleuderten Bienenhonig, der viele Mineralien, Spurenelemente und Vitamine enthält und den gesamten Stoffwechsel anregt.

Verwenden Sie nur das volle Korn, und nehmen Sie möglichst viel ihres täglichen Kohlenhydratbedarfs in roher Form (mindestens ⅓) zu sich.

# DIE BALLASTSTOFFE

Die Ballaststoffe sind die unverdaulichen Bestandteile der Nahrung. Sie sind für die Verdauungsorgane wichtig, denn sie regen den Darm zu verstärkter Aktivität an. Ballaststoffe befinden sich in Obst, Gemüse und in den Randschichten des Korns. Zu wenig Ballaststoffe in der üblichen Ernährung führen in nicht seltenen Fällen zu einer chronischen Darmverstopfung.

# DIE VITALSTOFFE

Die Vitalstoffe sind an den lebenswichtigen Stoffwechselprozessen beteiligt. Zu den Vitalstoffen gehören die Vitamine, die Mineralstoffe, die Spurenelemente und die Enzyme.

Häufig werden sie durch falsche Zubereitung zerstört – die Vitamine und Enzyme durch Erhitzen, die Mineralsalze werden mit dem Kochwasser weggeschüttet.

In anderen Fällen ist der Vitalstoffanteil in den Lebensmitteln durch Überdüngung gesunken, so daß auch bei einer Rohkosternährung der Vitalstoffbedarf nicht ausreichend gedeckt werden kann.

Vitamine stärken die Widerstandskraft des Körpers gegen Krankheiten und ermöglichen es, daß viele Prozesse im Körper überhaupt ablaufen können. Immer sind Vitamine verantwortlich, wenn es um den Schutz der Haut, der Augen, der Schleimhäute, der Atmung, der Nervenfunktion usw. geht.

Noch mehr als bei den Vitaminen tritt bei den Mineralsalzen und Spurenelementen eine Mangelerscheinung auf. Sie äußert sich in Müdigkeit, Leistungsschwäche, Störungen an Knochen, Zähnen, am Herzen usw.

Die einzige Überdosierung findet man beim Kochsalz. 0,5 g ist der Tagesbedarf eines Menschen, 5 g verträgt er ohne Schaden, 12–15 g nehmen die meisten Menschen zu sich. Da die Nieren den Kochsalzüberschuß nicht ausscheiden können, treten als Folge Bluthochdruck, Nierenschäden und Rheuma auf.

Die Enzyme sind erst in jüngster Zeit Untersuchungsgegenstand der Ernährungsforscher. Sie treten in Verbindung mit Vitaminen und Mineralstoffen auf und regeln, steuern und beschleunigen den Stoffwechsel. Sie sind nur in Frischkost enthalten. Auch der Enzymmangel verursacht mit die Vielzahl der Zivilisationskrankheiten.

Wie sollte nach diesem kurzen Abriß unsere Ernährung aussehen? Getreide und Hülsenfrüchte sollten die Grundlage der Ernährung bilden. Man ergänzt sie durch biologisch gezogenes Gemüse und natürlich gewachsene Früchte und besonders im Winter mit vielen Sprossen. Milchprodukte und Eier sollten als Beilage verwendet werden. Man würzt möglichst mit frischen Kräutern, verwendet äußerst sparsam Salz und süßt mit Honig und Trockenfrüchten.

„Zum Lebensmittel wird ein Nahrungsmittel nur dann, wenn es so roh wie möglich dem Naturzustand nahe bleibt." An diesem Ausspruch von Professor Kollath sollte sich Ihr täglicher Speisezettel orientieren.

## RICHTIGE ERNÄHRUNG – NICHT NUR DER GESUNDHEIT WEGEN

Die eigene Gesundheit ist für viele der Ausgangspunkt, sich der naturbelassenen Kost zuzuwenden. Nach und nach treten jedoch noch andere Gesichtspunkte in den Vordergrund. Sehr schnell stellt man zum Beispiel fest, daß es gar nicht so einfach ist, sich mit „natürlichen" Nahrungsmitteln zu versorgen. Zwar steigt die Zahl der Landwirte, die ihre Produkte auf biologisch-dynamische Weise erzeugen, sie reicht aber immer noch nicht aus, um die verstärkte Nachfrage zu befriedigen. Insofern kann man nur hoffen, daß die Bereitschaft zur Umstellung wächst.

Biologischer Landbau liefert nicht nur ungespritzte Nahrungsmittel, er leistet darüber hinaus einen wichtigen Beitrag zum Umweltschutz. Sein Hauptanliegen ist die Pflege, nicht die Ausbeutung des Bodens. Schonende Bearbeitung erhält die Klein- und Kleinstlebewesen, die für die Humusbildung verantwortlich sind. Mischkulturen stärken die Widerstandskraft der Pflanzen und begrenzen die Ausbreitung von Schädlingen. Es kann daher auf das Spritzen von Insektiziden, Pesti-

ziden und Herbiziden verzichtet werden. Wechselnde Fruchtfolgen verhindern die einseitige Beanspruchung des Bodens. Organische Dünger führen dem Boden in ausgewogener Form Nährstoffe zu und unterstützen so das Bodenleben. Der Verzicht auf chemische Dünger schont nicht zuletzt unsere Gewässer. Wir als Verbraucher unterstützen diese zukunftsweisenden landwirtschaftlichen Methoden und sind auch bereit, für bessere Qualität und größeren Arbeitseinsatz einen höheren Preis zu bezahlen.

Wir hoffen, daß wir immer mehr biologische Gemüse aus unserer näheren Umgebung beziehen können, denn es ist eigentlich absurd, gerade biologische Tomaten aus Frankreich oder biologischen Chinakohl aus Israel mit großem Transport- und Energieaufwand zu importieren. Absurd ist auch, daß wir wertvolle eiweißhaltige Nahrungsmittel aus Ländern der 3. Welt einführen, um damit unsere Schweine zu mästen.

Früher dienten Tiere als „Proteinfabriken", indem sie nicht eiweißhaltiges Grünfutter in Eiweiß umwandelten und Gegenden beweideten, die zum Landbau ungeeignet waren. Heute hat sich dies ins Gegenteil verkehrt. Nahrhafte Getreidesorten und Sojabohnen werden als Viehfutter verwendet. Dabei wird aus 7 kg eiweißreicher Pflanzennahrung nur 1 kg Fleisch.

„Das Fleisch der Reichen ist der Hunger der Armen."

Würden die Bewohner der Industriestaaten wieder mehr pflanzliche Nahrung zu sich nehmen, könnte der Welthunger erfolgreich bekämpft werden. Sollte man nicht angesichts dieser Tatsache seinen Fleischkonsum überdenken?

11

# TEIL I: KOCHEN

### von Maren Bustorf-Hirsch und Karin Siegel

# Hinweise zur Benutzung des Kochteils

Leute, die im Kochen erfahren sind, werden verstehen, daß es uns schwergefallen ist, exakte Mengenangaben zu machen. Wie kann zum Beispiel „eine Handvoll", „einige Blättchen" oder ein Verhältnis von Wasser zu Getreide in einem ganz bestimmten Topf in exakte Maße gefaßt werden? Wir haben uns bemüht. Wir geben für die Hauptzutaten Durchschnittsmaße für 4 Personen an. Bei Kräuter- und Gewürzzugaben haben wir im allgemeinen darauf verzichtet, denn hier sollte jeder nach persönlichem Geschmack vorgehen.

Überhaupt bitten wir unsere Leser, die Rezepte mehr als Anregungen denn als Vorschriften zu betrachten. Ersetzen Sie nach Lust und Laune einzelne Zutaten, lassen Sie andere weg, oder fügen Sie neue hinzu. Hierfür eignen sich besonders die Grundrezepte. Von ihnen ausgehend, können Sie fast das ganze Buch nacherfinden.

Auf Angaben von Kalorien und Joule haben wir bewußt verzichtet. Wir meinen, daß man sich bei einer ausgewogenen naturbelassenen Kost nicht um die schlanke Linie zu sorgen braucht. Das liegt an den sättigenden Ballaststoffen in Vollkorn- und Rohkostgerichten, am Verzicht auf das Fett im Fleisch und am geringen Zuckerkonsum. Auf besonders kalorienreiche Nahrungsmittel haben wir im entsprechenden Kapitel hingewiesen (zum Beispiel Nüsse).

Zum Einstieg in die Bioküche ist keine besondere Küchenausrüstung erforderlich. Wir schneiden mit scharfen Messern (übrigens auch unsere Kräuter – auch wenn nach üblichem Sprachgebrauch häufig „gehackte" Petersilie im Buch steht), und wir verwenden ganz normale Kochtöpfe. Wenn wir nicht auf dem Holzofen, sondern auf dem Elektroherd kochen, achten wir allerdings auf plangeschliffene, energiesparende Topfböden.

Wir meinen, daß am Anfang auf alle besonderen Geräte, wie Joghurtbereiter, Dörrapparat, Chi-go, Keimgerät, Entsafter und Getreidemühle, verzichtet werden kann. In vielen Fällen können Sie sich mit einfachen Hilfsmitteln behelfen, oder Sie kaufen vorerst die fertigen Produkte. In Naturkostläden können Sie im allgemeinen frisches Vollkornmehl mahlen lassen, Sie sollten es allerdings nach Möglichkeit am selben Tag verwenden (siehe auch Seite 161).

Warten Sie mit teuren Anschaffungen, bis Sie sicher sind, daß sie sich lohnen.

| Abkürzungen: | EL = Eßlöffel |
|---|---|
| | TL = Teelöffel |
| | g = Gramm |
| | l = Liter |

# SCHMACKHAFTE GETREIDEKÜCHE

Die Getreideernährung hat eine lange Geschichte. Sie ist unmittelbar mit der Geschichte der Menschheit verbunden, denn in dem Moment, in dem die Menschen die Samen der wildwachsenden Gräser nicht mehr nur zum unmittelbaren Verzehr gebrauchten, sondern aufbewahrten, um sie wieder auszusäen, wurden aus den Jägern und Sammlerinnen seßhafte Bauern.

Im Laufe der Jahrtausende wurden die einzelnen Getreidesorten in kleinen Schritten kultiviert und neu gezüchtet.

Zu allen Zeiten war das Getreide das Hauptnahrungsmittel der Kulturvölker. Je nach Region wurde eine andere Getreideart verwendet, aber immer bereiteten sie einen Brei aus gestampftem oder grob geschrotetem Korn zu. Dieser wurde erst sehr viel später durch das Fladenbrot ergänzt, als man entdeckte, daß die geschroteten und mit Wasser zu einem festen Teig verrührten Getreidekörner in Asche oder auf heißen Steinen trocknen und so haltbar gemacht werden konnten. Die verschiedenen Triebmittel – wie Sauerteig und Hefe – wurden noch viel später entdeckt.

Auch heute noch spielt das gekochte Getreide als Hauptnahrungsmittel bei vielen Völkern eine große Rolle. In erster Linie denkt man dabei an die Reisgerichte im asiatischen Raum oder aber an den Reis als Risotto in Italien, die Paella in Spanien und den Pilaw in der Türkei. Weniger bekannt sind die Kascha, eine Buchweizengrütze der osteuropäischen Bauern, die Polenta aus Mais oder der Kuskus aus Hirse. Auch in unseren Breiten war es früher üblich, eine Grütze aus Hafer oder Gerste zu essen.

In den letzten 150 Jahren ist nur bei uns der Getreideverbrauch zurückgegangen. Gerichte aus ganzen oder geschroteten Getreidekörnern verschwanden fast völlig vom Tisch. Die meisten Menschen nehmen heute Getreide nur noch in Form von Back- und Teigwaren aus Auszugsmehl zu sich. Beim Auszugsmehl werden die Randschichten und der Keimling des Getreidekorns entfernt. Was übrigbleibt, ist der Mehlkörper, der nichts als Stärke und einige Eiweißstoffe enthält. Die Ballaststoffe, die Vitamine, die Mineralien und die Spurenelemente, die das Getreide für unsere Ernährung so wertvoll machen, sind damit in den üblichen Backwaren nicht mehr vorhanden. (Vergleichen Sie dazu auch den Abschnitt: „Warum soll man mit Vollkorn backen?" auf Seite 151.)

Für das Auftreten vieler Zivilisationskrankheiten (wie Karies, Diabetes, Arteriosklerose, Herz-, Magen- und Darmerkrankungen) wird nicht zuletzt die Änderung unserer Eßgewohnheiten verantwortlich gemacht, nämlich der Verzicht auf vitalstoffreiche Getreide-Frischkost und Getreide-Vollwertkost zugunsten von denaturierter Industrienahrung.

„Laßt die Nahrung so natürlich wie möglich", sagte Prof. Kollath, einer der Begründer der modernen Ernährungslehre.

Fangen wir beim Getreide an! Probieren Sie die einzelnen Rezepte! Beginnen Sie vielleicht mit Naturreis und Hirse, und gewöhnen Sie Ihren Gaumen behutsam an den würzigen Geschmack und Ihre Verdauungsorgane langsam an die Mehrarbeit.

# DIE ZUBEREITUNG VON GETREIDE

Es gibt 4 verschiedene Möglichkeiten, Getreide zuzubereiten:

1. Man schrotet das Getreide und ißt es ungekocht als Frischkornbrei.
2. Man kocht die ganzen Getreidekörner und ißt sie warm oder kalt als Salat, Beilage, in der Suppe oder als Hauptgericht.
3. Man kocht das gemahlene Getreide.
4. Man keimt das Getreide.

## DAS UNGEKOCHTE, GESCHROTETE GETREIDE

Ungekochtes, geschrotetes Getreide wird in der Regel als sogenannter Frischkornbrei zum Frühstück verzehrt. Dabei wird das Getreide am Abend grob geschrotet, mit etwas Wasser zu einem dickflüssigen Brei verrührt und über Nacht im Kühlschrank stehengelassen. Am nächsten Morgen verfeinert man diesen Getreidebrei mit Milchprodukten, Nüssen, Gewürzen und frischem Obst und serviert ihn sofort.

Für die Herstellung eines Frischkornbreis eignen sich Weizen, Roggen, Gerste, Hirse, Hafer und Buchweizen einzeln oder gemischt.

## DAS KOCHEN VON GANZEN GETREIDEKÖRNERN

Nach diesem Rezept können Sie Gerste, Roggen, Hafer, Weizen, Buchweizen und Grünkern kochen.

## Grundrezept

ZUTATEN

300 g Getreide
½ l Wasser
Gewürze richten sich nach der Weiterverarbeitung

ZUBEREITUNG

Die ganzen Getreidekörner werden über Nacht eingeweicht und am nächsten Morgen zusammen mit den Gewürzen aufgekocht und je nach Getreideart in 30 bis 60 Minuten auf kleiner Flamme weichgekocht.

Handelt es sich um ein salziges Getreidegericht, kann man zum Beispiel einen Gemüsebrühwürfel, Basilikum und Thymian zum Würzen verwenden, bei einem süßen Getreidegericht nimmt man Zimt und Fenchel.

Das überschüssige Kochwasser wird, wenn vorhanden, abgeschüttet (man kann es weiterverwenden) und das Getreide dem Rezept entsprechend weiterverarbeitet.

## DAS KOCHEN VON GEMAHLENEM GETREIDE

Das gemahlene Getreide wird in das kochende Wasser gerührt und auf der ausgeschalteten Kochplatte zum Ausquellen stehengelassen. Die Mengenangaben variieren zwischen den einzelnen Rezepten ebenso wie die zu verwendenden Gewürze.

Der Vorteil: Frisch gemahlenes Getreide klumpt nicht.

## DAS KEIMEN VON GETREIDE

Wenn Sie gutes, keimfähiges Getreide gekauft haben, können Sie alle Getreidesorten zum Keimen bringen. Wie es gemacht wird, steht im Abschnitt „Sprossen".

Aus gekeimten Getreidekörnern können Sie ein Müsli oder einen Salat zubereiten, oder Sie mischen sie unter Rohkost und Quarkspeisen.

Im folgenden Teil stellen wir Ihnen die einzelnen Getreidesorten vor und kochen für jede Getreideart typische Gerichte. In den meisten Fällen können Sie die angegebenen Getreidearten mit anderen vertauschen und so wieder eine neue Geschmacksrichtung zaubern.

Alle Getreidearten sind in Naturkostläden und Reformhäusern erhältlich. Achten Sie darauf, daß Sie ein Getreide aus biologisch-organischem oder biologisch-dynamischem Anbau erhalten, denn dann haben Sie die Gewißheit, daß weder der Boden, auf dem es gewachsen ist, mit Kunstdünger noch die Halme mit chemischen Spritzmitteln behandelt wurden.

# DIE GETREIDEARTEN

## DER BUCHWEIZEN

Buchweizen gehört zur Familie der Knöterichgewächse und nicht zu den Gräsern wie unser Getreide. Da er aber ähnlich wie alle anderen Getreidearten zu Brot, Gebäck, Brei und Grütze verarbeitet wird, führen wir ihn hier auf.

Seine kleinen dreieckigen Früchte erinnern an Bucheckern, wenn sie auch kleiner sind. Wahrscheinlich hat er daher seinen Namen erhalten.

Buchweizen wurde ursprünglich in der Sowjetunion und in anderen slawischen Ländern angebaut, wächst aber auch bei uns in Norddeutschland auf sandigen Geest- und Heideäckern. Daher wird er manchmal auch Heidekorn genannt.

Der leichtverdauliche Buchweizen enthält neben anderen Mineralstoffen besonders viel Eisen und Phosphor und die wichtige Aminosäure Lysin, die für das Knochenwachstum verantwortlich ist und in anderen Getreidesorten kaum vorkommt.

## DIE GERSTE

Die Gerste ist eine der ältesten europäischen und asiatischen Kulturpflanzen. Sie reift noch am Polarkreis in Norwegen und im Himalaja in 4600 m Höhe.

Nicht nur in der Ernährung, sondern auch in der Heilkunst hat die Gerste bei allen Kulturvölkern eine bedeutende Rolle gespielt. Sie enthält sehr viele Vitamine und ist von allen Getreidesorten am besten mit Mineralstoffen ausgestattet. Von allen darmempfindlichen Menschen und Kranken wird sie geschätzt,

denn sie stärkt nicht nur durch ihre wertvollen Inhaltsstoffe, sondern ist darüber hinaus auch noch leicht verdaulich und hilft durch ihre kühlende Wirkung bei Fieber. Gerstenschleim ist deshalb das ideale Getränk und Gerstenbrei das beste Gericht für Kranke.

Seit Urzeiten werden außerdem Fladen und Brote aus Gerste gebacken, nicht nur bei den Hebräern, Griechen und Römern, auch in Nordeuropa, insbesondere in Schottland und Irland.

Wie beim Hafer gibt es eine spelzenlos gezüchtete Sorte im Handel, die Sprießkorngerste.

## DER HAFER

Vielleicht ist Ihnen der Hafer bisher nur in Form von Haferflocken begegnet, oder Sie erinnern sich an den Haferschleim, den Ihnen Ihre Mutter nach einer Magenverstimmung kochte.

Hafer ist ein Getreide unserer Breitengrade, denn es gedeiht gut in feuchtem, kühlem Klima. Selbst in Hochgebirgslagen und bis zum Polarkreis kann es noch angebaut werden, dann wird er allerdings nur als Grünfutter oder Heu verwendet.

Viele Jahrhunderte war Hafer das Volksnahrungsmittel der ärmeren Bevölkerung, bis er von der Kartoffel abgelöst wurde. Er war schmackhaft und außerdem wurde ihm nachgesagt, daß er die Leistungskraft – sowohl die körperliche wie auch die geistige – steigere. Neuere Untersuchungen haben diesen Volksglauben bestätigt: Hafer ist das Getreide mit dem höchsten Anteil an Eiweiß und Fett. Neben allen wichtigen Vitaminen und Mineralstoffen enthält er besonders viel

Jod. Jod beeinflußt die Funktion der Schilddrüse, und diese ist wiederum für alle Hormonvorgänge im Körper verantwortlich.

Nicht zuletzt deshalb sollte auch Hafer auf Ihrem Speisezettel nicht fehlen.

Im Handel gibt es heute unter dem Namen Sprießkornhafer eine spelzenlos gezüchtete Hafersorte.

## DIE HIRSE

Die Hirse ist eine der anspruchslosesten Getreidearten, die wir kennen. Sie kann sogar auf kärgsten Böden noch gedeihen und gelangt bei genügender Wärme schon in 100 Tagen zur Reife. Deshalb spielt sie in vielen Gebieten Afrikas, Asiens und Südamerikas eine besondere Rolle. Aber auch bei uns wird Hirse in einigen Gebieten angebaut.

Hirse ist leicht verdaulich, deshalb sollte man bei einer Umstellung auf Getreidekost neben dem Reis die Hirse bevorzugen. Außerdem enthält sie in ausgewogener Form alle wichtigen Vitamine und Mineralstoffe.

Zur Kräftigung von Haut, Haaren, Nägeln und Zähnen ist Hirse wegen ihres hohen Gehalts an Kieselsäure und Fluor hervorragend geeignet.

Hirse ist wie Hafer und Gerste von Spelzen fest umschlossen und muß deshalb geschält werden. Da aber alle Wirkstoffe nicht nur in den Randschichten (wie z.B. beim Weizen), sondern im gesamten Korn vorhanden sind, ist auch die geschälte Hirse ein vollwertiges Nahrungsmittel. Den besten Beweis dafür kann man sich selber liefern, wenn man die geschälte Hirse zum Keimen bringt.

## DER MAIS

Der Mais war die wichtigste Anbaupflanze aller amerikanischen Hochkulturen, der Inkas, Azteken und Mayas. Die Europäer lernten ihn erst im 16. Jahrhundert durch Kolumbus kennen.

Der Mais bevorzugt milde, humose Böden, braucht viel Wasser und Wärme und wird auch heute noch hauptsächlich in Nordamerika angebaut. Der bei uns wachsende Mais findet hauptsächlich als Viehfutter Verwendung.

Die gelben Maiskörner sind wesentlich größer und härter als unsere Getreidekörner und können deshalb auch nicht in allen Getreidemühlen gemahlen werden.

Mais hat im Vergleich zu anderen Getreidearten wenig Vitamine der B-Gruppe. Dafür ist er aber mit Mineralstoffen reich ausgestattet.

Variieren Sie Ihre Getreideküche mit den typischen Maisgerichten. Probieren Sie einmal die italienische Polenta oder die mexikanischen Tortillas und Enchiladas.

## DER REIS

Über die Hälfte der Menschheit ernährt sich hauptsächlich von Reis, denn er ist neben Weizen und Mais die am weitesten verbreitete Getreideart. Da er zu seiner Reifung viel Wärme und Feuchtigkeit braucht, wird er hauptsächlich im ostasiatischen Raum (90% der Weltproduktion), aber auch zum Beispiel in Italien angebaut.

Nach der Ernte werden die Reiskörner in Reismühlen von den Spelzen befreit. Was nach diesem Vorgang übrigbleibt, ist der sogenannte Naturreis, ein ungeschälter Reis mit Silberhaut und Keim. Anschließend wird der Reis, der besseren Haltbarkeit wegen, geschliffen und poliert; dadurch fehlen ihm wichtige Inhaltsstoffe, vor allem das in der Silberhaut vorkommende Vitamin $B_1$. Wie wichtig dieses Vitamin ist, sieht man an dem Auftreten der Beriberikrankheit, einer Vitaminmangelerscheinung. An ihr erkrankten weite Teile der ostasiatischen Bevölkerungsgruppen, weil sie sich fast ausschließlich von weißem Reis ernährten.

In unseren Rezepten verwenden wir ausschließlich Naturreis. Wir bevorzugen ihn nicht nur wegen seines hohen Eiweiß- und Mineralstoffgehaltes, sondern auch wegen seines herzhaften und würzigen Geschmacks.

Weil er so leicht verdaulich ist, kann man ihn für eine Ernährungsumstellung auf Vollwertkost empfehlen.

Darüber hinaus wirkt er stark entwässernd, so daß er auch als Diät bei Rheuma, Herz- und Gefäßerkrankungen verwendet wird.

## DER ROGGEN

Der Roggen gelangte wahrscheinlich als Unkrautsamen in Weizen aus Kleinasien nach Europa. In frühgeschichtlicher Zeit wurde er zuerst in Südrußland angebaut und verbreitete sich dann von dort nach Westen und Norden.

Roggen gedeiht eigentlich auf allen Böden, am besten allerdings auf leichten Böden, auf denen vorher Kartoffeln angebaut wurden. Er ist widerstandsfähiger gegen Kälte als alle anderen Getreidearten, deshalb wird er auch fast ausschließlich als Winterroggen angebaut.

Roggen wird wie Weizen besonders gern zu Brot verarbeitet, sein Mehl ist allerdings wesentlich dunkler als das von Weizen und hat einen kräftigeren und würzigeren Geschmack.

Lange bevor der Weizen in unseren Breiten heimisch wurde, gehörte der Roggen neben Gerste und Hirse zu den Grundnahrungsmitteln.

Das Roggenprotein ist ernährungsphysiologisch wertvoller als das von Weizen (es enthält mehr Lysin), deshalb sollten Sie auch eine pikante Roggenspeise schätzen lernen.

## DER WEIZEN

Der Weizen gehört zu den ältesten Kulturpflanzen. Funde belegen, daß bereits die Ägypter ihn kannten und schätzten, besonders wegen seines milden Geschmacks.

Back- und Teigwaren aus Weizen sind aus unserer Ernährung nicht wegzudenken. Üblicherweise werden sie aus Auszugsmehl hergestellt. Probieren Sie auch einmal Teigwaren, die aus dem ganzen Weizenkorn hergestellt werden. Sie schmecken unvergleichlich würziger und kräftiger und sind keine „Dickmacher" wie die weißen Nudeln.

Alle Getreidegerichte – ob Salate oder Aufläufe – lassen sich ohne Schwierigkeiten auch aus dem ganzen Weizenkorn herstellen.

### DER DINKEL

Der Dinkel hat auch den Namen Schwabenkorn und deutet damit auf sein Anbaugebiet hin. Er ist eine Weizenart, die anspruchslos und winterhart ist und bei der die Spelzen fest mit dem Korn verwachsen sind. Durch ein spezielles Verfahren – das Gerben –, werden die Dinkelkörner von den Spelzen befreit.

Schon sehr früh wurden aus Dinkel Brote und Spätzle zubereitet.

### DER GRÜNKERN

Grünkern wird aus Dinkel hergestellt. Dabei wird der Dinkel unreif geerntet und sofort geröstet. Dadurch erhält der Grünkern ein pikant-würziges Aroma. Deshalb verwendet man ihn besonders gern als Suppeneinlage und bereitet Bratlinge aus ihm zu.

Farbtafel 2:
Buchweizengrütze (Rezept Seite 26),
Borschtsch (Rezept Seite 90),
frische Weizenfladen (Rezept Seite 34)

# DAS VOLLKORNFRÜHSTÜCK

Über ihr Frühstück befragt, geben viele Leute zur Auskunft, daß sie gar nicht frühstücken, nur geschwind eine Tasse Kaffee trinken, ein paar Bissen essen oder phantasielos Tag für Tag pappige Brötchen mit künstlich gefärbter, überzuckerter Marmelade zu sich nehmen. Daß es bei dieser Art von Frühstück zu dem viel berüchtigten „Leistungstief" am Vormittag kommt, ist nicht weiter verwunderlich. Nach einem starken Anstieg fällt nämlich der Blutzuckerspiegel im Laufe des Vormittags wieder ab.

Nicht nur unsere Kinder in der Schule, sondern auch wir im Beruf und Haushalt sollen und wollen uns den ganzen Vormittag über frisch und leistungsfähig fühlen. Deshalb sollte man den Tag in Ruhe und mit einem ausgewogenen Frühstück beginnen.

Am besten eignet sich dazu ein Müsli aus frisch geschrotetem oder gekeimtem Getreide. Es enthält alle wichtigen Inhaltsstoffe des Getreides in unverfälschter Form, weil es nicht erhitzt ist. Seine Ballaststoffe regen die Verdauungsorgane an, bei regelmäßigem Genuß ist man widerstandsfähiger und weniger anfällig gegen Infektionskrankheiten. Außerdem bleibt der Blutzuckerspiegel, wie zahlreiche Untersuchungen bestätigen, nahezu konstant.

Darüber hinaus ist das Müsli sehr abwechslungsreich, weil man zwischen den verschiedenen Obstarten, Milchprodukten und Getreidearten wählen kann.

Farbtafel 3:
Mohnzopf (Rezept Seite 24),
süße Brotaufstriche (Rezepte Seite 25).

## 6-Korn-Müsli mit Feigen

### ZUTATEN

120 g gemischtes Getreide (Roggen, Weizen, Hafer, Gerste, Hirse, Buchweizen)
Wasser zum Einweichen
4 getrocknete Feigen
1 gehäufter EL gehackte Mandeln
6 EL Milch oder Sahne
4 mittelgroße Äpfel oder anderes Obst, der Jahreszeit entsprechend

### ZUBEREITUNG

Am Abend das Getreide grob schroten und mit etwas Wasser zu einem dicken Brei verrühren. Zugedeckt im Kühlschrank bis zum nächsten Morgen stehenlassen.
Getrennt davon die sehr klein geschnittenen Feigen in etwas Wasser einweichen.
Am nächsten Morgen die Feigen mit dem Einweichwasser (wer mag, kann sie auch noch im Mixer zerhacken) und den Mandeln zum Getreide geben. Die Milch unterziehen.
Zum Schluß die Äpfel reiben und mit dem Müsli verrühren. Sofort servieren!

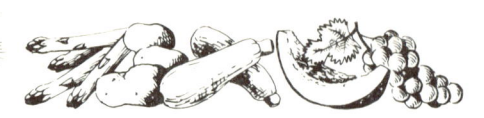

## Hafermüsli

### ZUTATEN

120 g Hafer
Wasser zum Einweichen
2 EL Rosinen
1 Becher Kefir oder Dickmilch
1 EL Leinsamen
1 EL Sonnenblumenkerne
2 Äpfel
250 g Zwetschgen oder anderes
Obst, je nach Jahreszeit

### ZUBEREITUNG

Am Abend den Hafer grob schroten und mit etwas Wasser zu einem dicken Brei verrühren. Zugedeckt im Kühlschrank bis zum nächsten Morgen stehenlassen.

Getrennt davon 2 Eßlöffel Rosinen in etwas Wasser einweichen.

Am nächsten Morgen die Rosinen zusammen mit dem Einweichwasser, dem Leinsamen, den Sonnenblumenkernen und dem Kefir zum Hafer geben und alles miteinander verrühren.

Die Äpfel reiben, die Zwetschgen entsteinen und kleinschneiden und beides unter das Müsli heben. Sofort servieren!

## Weizenfrischkornmüsli

(Farbtafel Seite 2)

### ZUTATEN

120 g Weizen
Wasser nach Bedarf
8 getrocknete Pflaumen
12 Haselnüsse
1 EL Leinsamen
1 Becher Joghurt
1 Banane
4 mittelgroße Äpfel

### ZUBEREITUNG

Den Weizen grob schroten und mit etwas Wasser zu einem dickflüssigen Brei verrühren. Über Nacht im Kühlschrank zugedeckt stehenlassen.

Die getrockneten Pflaumen kleinschneiden und ebenfalls in etwas Wasser getrennt einweichen.

Die Haselnüsse grob zerhacken und in einem Schraubglas bis zum nächsten Morgen aufbewahren.

Am nächsten Morgen die getrockneten Pflaumen zusammen mit dem Einweichwasser zum Getreidebrei geben, den Joghurt unterrühren, die Banane in Scheiben schneiden, die Äpfel auf einer Roh-kostreibe mit der Schale reiben und beides unter den Frischkornbrei rühren. Mit den gehackten Haselnüssen bestreuen und sofort servieren.

Lassen Sie den Frischkornbrei nicht stehen, denn der Sauerstoff würde sonst alle Vitamine zerstören.

### VARIATIONEN

Dieses Müsli können Sie nach Ihrem Geschmack beliebig abwandeln:

Statt des Weizens kann auch jedes andere Getreide verwendet werden, Sie können anderes Trockenobst und andere Nüsse nehmen. Statt Joghurt schmeckt auch Milch, Sahne, Dickmilch oder Kefir. Auch das Obst kann der Jahreszeit entsprechend gewählt werden.

Wenn Sie das Müsli besonders würzen wollen, nehmen Sie eine Spur Fenchel, Anis, Nelken, Zimt oder Vanille.

## Müsli mit Hirsesprossen

### ZUTATEN

2 Tassen Hirsesprossen
1 Tasse Haferflocken
2 EL Rosinen
1 EL Sonnenblumenkerne
1 EL Leinsamen
1 TL Honig nach Geschmack
1 Tasse Milch, Sahne oder Joghurt
2 Äpfel

### ZUBEREITUNG

1 Tasse Hirse keimen lassen. (Wie man es macht, können Sie im Abschnitt „Keimen" nachlesen.)
Die Rosinen in etwas Wasser einweichen und über Nacht, mindestens aber 1 Stunde stehenlassen.
Am Morgen die Hirsesprossen mit den Haferflocken, den eingeweichten Rosinen, den Sonnenblumenkernen, den Leinsamen und der Milch vermischen. Eventuell mit dem Honig süßen.
Die Äpfel reiben und unter das Müsli heben. Sofort servieren!

## Bircher-Müsli

(Titelbild)

Wenn Sie dieses Müsli aus Getreideflocken, die es fertig zu kaufen gibt, servieren, sollten Sie bedenken, daß die Getreideflocken unter Hitzeeinwirkung haltbar gemacht werden und deshalb nicht ganz so vollwertig sind wie das frisch geschrotete Getreide.

### ZUTATEN

250 g Haferflocken
½ l Milch
1 Banane
4 mittelgroße Äpfel
2 EL gehackte Nüsse

### ZUBEREITUNG

Die Haferflocken mit der Milch mischen. Die in Scheiben geschnittene Banane und die geriebenen Äpfel daruntermischen. Mit den gehackten Nüssen bestreuen und gleich servieren.

### VARIATIONEN

Probieren Sie statt der Haferflocken auch einmal Weizen-, Gersten-, Hirse-, Roggen- und Reisflocken. Nehmen Sie statt der Milch auch einmal Dickmilch, Kefir oder Joghurt.

Hier noch ein Beispiel, mit dem uns unsere kleine Tochter manchmal am Sonntag überrascht:

## Julias Sonntagsmüsli

### ZUTATEN

250 g Getreide (Roggen-, Weizen-, Hafer- und Hirseflocken gemischt)
½ l Milch
2 EL Rosinen
2 EL Sonnenblumenkerne
2 EL ganze Haselnüsse
1 EL Sesam
1 EL Buchweizen
1 EL Leinsamen
1 Banane
etwa 300 g Beeren, je nach Jahreszeit

### ZUBEREITUNG

Die Getreideflocken mit der Milch übergießen und alle übrigen Zutaten hineinrühren.
Die Banane in dünne Scheiben schneiden, und die gewaschenen, gut abgetropften Beeren darunterheben.

Backen Sie zur Ergänzung Ihres Frühstücks oder als Pausenbrot Vollkornbrötchen. Sie werden bestimmt reißende Abnehmer finden!

## Vollkornbrötchen

### ZUTATEN

1 kg Weizen; 40 g Hefe
650 g lauwarmes Wasser
je 1 TL Anis,
Fenchel und Koriander
1 TL Meersalz

### ZUBEREITUNG

Den Weizen fein mahlen und mit den Gewürzen vermischen.
Die Hefe in dem lauwarmen Wasser auflösen und zum Weizen gießen.
Beides 5 Minuten lang zu einem glatten Teig verkneten.
Danach wird der Teig abgedeckt und muß etwa 1 Stunde gehen. Sein Volumen sollte sich deutlich vergrößern.
Erst dann wird er noch einmal kräftig durchgeknetet und zu etwa 25 Brötchen geformt.
Ob die Brötchen länglich oder rund aussehen oder ob Sie andere Formen erfinden, bleibt Ihrem Geschmack überlassen.

Die Brötchen auf ein gefettetes Backblech setzen.
Sie können noch mit Milch oder verschlagenem Eigelb bestrichen und nach Belieben mit Sesam oder Mohn bestreut werden.
Danach müssen die Brötchen noch einmal 15–20 Minuten gehen; sie werden dann auf der mittleren Schiene in den kalten Ofen geschoben und bei 220 Grad 30 bis 35 Minuten gebacken.

## Joghurthörnchen

### ZUTATEN

600 g Weizen
40 g Hefe
100 g lauwarmes Wasser
2 Becher Joghurt
1 Ei
4 EL Öl
1 TL Meersalz

### ZUBEREITUNG

Den Weizen fein mahlen. Die Hefe im lauwarmen Wasser auflösen und zum Weizen gießen.
Zusammen mit dem Joghurt und dem Ei (beides sollte Zimmertemperatur haben), dem Öl und dem Salz zu einem weichen Teig verkneten.

An einem warmen Ort zugedeckt 1 Stunde gehen lassen.
Den Teig noch einmal kräftig durchkneten, halbieren und auf einem bemehlten Brett zu 2 fingerdicken Tortenplatten ausrollen.
Jede runde Teigplatte wie eine Torte in 8 Stücke teilen und von der breiten Seite her aufrollen.
Auf ein gefettetes Backblech geben, auf der mittleren Schiene in den kalten Backofen schieben und bei 220 Grad etwa 30 Minuten backen.

## Mohnzopf

(Farbtafel Seite 20)

### ZUTATEN

500 g Weizen
40 g Hefe
¼ l Milch
40 g Butter oder Margarine
2 EL Honig
1 Prise Salz
2 EL saure Sahne
1 Eigelb und 1 EL Wasser
zum Bestreichen
Mohn zum Bestreuen

### ZUBEREITUNG

Den Weizen fein mahlen.
Die Hefe in der Milch auflösen und

zusammen mit der weichen Butter, dem Honig, dem Salz und der sauren Sahne zum Weizen geben. Alle Zutaten kräftig zu einem glatten Teig kneten.

Wenn ich besondere Teigstücke forme, bevorzuge ich die langsamere, kalte Form der Teiglockerung und des Gehens der Hefe, weil dann die Formen besser erhalten bleiben. Statt die Hefe an einem warmen Ort gehen zu lassen, wird der Teig 6–8 Stunden (oder über Nacht) in den Kühlschrank gestellt.

Dann den Teig noch einmal gut durchkneten, in 3 gleich große Stücke teilen, diese zu Strängen von etwa 30 cm Länge ausrollen und zu einem Zopf flechten.

Den Zopf auf ein gefettetes Backblech geben. Das Eigelb mit 1 Eßlöffel Wasser verquirlen und den geformten Teig damit bestreichen. Darauf den Mohn dicht streuen und den Teigzopf bei 225 Grad auf der mittleren Schiene etwa 40 Minuten backen.

Sollte der Zopf zu braun werden, deckt man ihn während der letzten 10 Minuten mit Alufolie ab.

Dazu schmeckt am besten Butter und Zwetschgenmus.

## SÜSSE BROTAUFSTRICHE

(Farbtafel Seite 20)

## Beeren-Bananen-Aufstrich

### ZUTATEN

1 reife Banane
6–10 Beeren nach Saison
(es eignen sich: Erdbeeren, Himbeeren, Brombeeren)
2 EL Quark

### ZUBEREITUNG

Die Banane und die Beeren mit einer Gabel zerdrücken und mit dem Quark mischen.

## Honig-Nuß-Aufstrich

### ZUTATEN

50 g Haselnußmus
50 g Honig

### ZUBEREITUNG

Beide Zutaten werden gründlich miteinander verrührt.
Der Aufstrich ist lange haltbar, wenn man ihn im Schraubglas im Kühlschrank aufbewahrt.

## Quark mit Trockenfrüchten

### ZUTATEN

50 g Trockenfrüchte
125 g Quark
1 EL gemahlene Nüsse

### ZUBEREITUNG

Die Trockenfrüchte in etwas Wasser 1 Stunde einweichen.
Den Quark mit dem Einweichwasser cremig rühren (falls nötig noch etwas Sahne dazugeben), die kleingeschnittenen Trockenfrüchte und die gemahlenen Nüsse unterheben.

# DIE HAUPTGERICHTE

## Buchweizengrütze, Grundrezept

(Farbtafel Seite 19)

### ZUTATEN

250 g Buchweizen
½ l Wasser
1 Prise Meersalz

### ZUBEREITUNG

Den Buchweizen mit dem Salzwasser aufkochen und auf kleiner Flamme etwa 20 Minuten ausquellen lassen, bis alle Flüssigkeit aufgesogen ist.

Buchweizen hat einen eigenen Geschmack. Probieren Sie zunächst die süße Variante. Mischen Sie Rosinen und eventuell etwas Honig unter die Grütze, und servieren Sie sie mit Sahne oder Milch und/oder Apfelmus.
Kochen Sie den Buchweizen wie ein Risotto, und mischen Sie kleingeschnittenes Gemüse, wie Lauch oder Pilze, darunter. Würzen Sie Ihr Risotto mit geriebenem Käse, und verwenden Sie ihn als Füllung für Fleischtomaten oder Kohlrouladen.

## Blini (Buchweizenpfannkuchen)

### ZUTATEN

½ Päckchen Hefe
300 g Milch
250 g Buchweizen
50 g Weizen
1 Ei
1 EL Honig
1 Prise Salz

### ZUBEREITUNG

Die Hefe in der lauwarmen Milch auflösen. Den Buchweizen fein mahlen und mit der Hefemilch verrühren. Etwa 1 Stunde gehen lassen.
Danach den feingemahlenen Weizen, das Eigelb, den Honig, das Öl und das Salz dazugeben, alles miteinander verrühren und noch einmal eine halbe Stunde gehen lassen.
Das geschlagene Eiweiß unterheben und in einer Pfanne kleine Pfannkuchen backen.

Statt in der Pfanne kann man den Buchweizenteig auch im Waffeleisen backen und so einmal Buchweizenwaffeln servieren.

## Süßer Gerstensalat

### ZUTATEN

150 g Gerste
½ TL Fenchel
½ TL Koriander
1 TL Delifrut oder Zimt
1 kleiner Apfel
1 Apfelsine
1 Banane
½ Becher süße Sahne
1 EL gehobelte Mandeln
2 TL Honig nach Geschmack

### ZUBEREITUNG

Die ganzen Gerstenkörner über Nacht zugedeckt in ½ l Wasser einweichen.
Am nächsten Morgen zusammen mit den Gewürzen aufkochen und in etwa 45 Minuten auf kleiner Hitzestufe weichkochen.
Abkühlen lassen und eventuell noch vorhandenes Kochwasser abgießen (man kann es für Suppen und Soßen weiterverwenden). Den Apfel und die Apfelsine in kleine Stücke, die Banane in Scheiben schneiden. Das Obst mit dem Getreide mischen.
Die Sahne halbsteif schlagen und unter den Salat heben. Diesen mit den gehobelten Mandeln bestreuen.

# Gerstensuppe

## ZUTATEN

100 g Gerste
gut 1 l Gemüsebrühe
4 Mohrrüben
3 Stangen Lauch
1 Zwiebel
1 kleiner Weißkohl
1 TL Kräutersalz
frisch gemahlener Pfeffer
1 TL Kümmel
gehackte Petersilie
zum Bestreuen

## ZUBEREITUNG

Die ganzen Gerstenkörner über Nacht in ½ l Wasser einweichen.
Am nächsten Morgen etwa eine halbe Stunde lang kochen.
In der Zwischenzeit das Gemüse putzen. Die Möhren in Scheiben, den Lauch in dünne Ringe, die Zwiebel in Würfel und den Weißkohl in Streifen schneiden.
Das Gemüse zu der fast weichgekochten Gerste geben, mit der Gemüsebrühe auffüllen und eine weitere halbe Stunde kochen lassen.
Mit Kräutersalz, Pfeffer und gemahlenem Kümmel abschmecken und mit gehackter Petersilie bestreuen.

# Gekochter, süßer Hafer

Das klassische Porridge, das Frühstück der Engländer, wird aus Haferflocken zubereitet. Wir verwenden, wenn es geht, lieber die ganzen Haferkörner, denn Haferflocken werden aus geschältem Spelzenhafer hergestellt.

## ZUTATEN

250 g Hafer
Honig nach Geschmack
4 EL kleingeschnittene Trockenfrüchte
Milch oder Sahne
zum Übergießen

## ZUBEREITUNG

Die Haferkörner werden über Nacht in ½ l Wasser eingeweicht und am nächsten Morgen in etwa 1 Stunde weich gekocht.
Nach Geschmack kann man den gekochten Hafer mit Honig süßen oder mit kleingeschnittenen Trokkenfrüchten mischen.
Vor dem Essen übergießt jeder seine Breiportion mit Milch oder Sahne.

# Hafersalat mit Sauerkraut

## ZUTATEN

150 g Hafer
1 Gemüsebrühwürfel
1 TL Kümmel
250 g Sauerkraut
1 Apfel
1 EL gehackte Walnüsse
100 g Joghurt
1 TL Kräutersalz
frisch gemahlener Pfeffer
3 EL Sonnenblumenöl

## ZUBEREITUNG

Den Hafer über Nacht in ½ l Wasser einweichen.
Am nächsten Morgen zusammen mit dem Einweichwasser, dem Gemüsebrühwürfel und dem Kümmel aufkochen und etwa 45 Minuten bis 1 Stunde weich kochen.
Abkühlen lassen.
Den Apfel in kleine Würfel schneiden und zusammen mit dem etwas zerpflückten Sauerkraut unter den Hafer mischen.
Aus dem Joghurt, dem Öl und den Gewürzen eine Marinade bereiten und unter den Salat mischen. Diesen mit gehackten Walnüssen bestreuen.

## Hirsotto, Grundrezept

ZUTATEN

40 g Butter oder 2 EL Öl
1 kleine Zwiebel
250 g Hirse
⅝ l Wasser
1 Gemüsebrühwürfel

ZUBEREITUNG

Die kleingeschnittene Zwiebel im Öl andünsten. Die gewaschene Hirse hinzufügen, mit der Gemüsebrühe auffüllen und zum Kochen bringen.
Bei kleiner Hitzestufe 15–20 Minuten ausquellen lassen.

Die so gekochte Hirse eignet sich als Füllung für Gemüse, wie Kohl, Mangold, Paprika oder Tomaten, und sogar für Piroggen.
Sie können auch ein Gemüsehirsotto kochen.

## Gemüsehirsotto

ZUTATEN

250 g Hirse, nach obenstehendem Rezept gekocht
1 kleine Zwiebel
2 EL Öl
750 g gemischtes Gemüse nach Wahl, z.B.: 1 Kohlrabi, 1 kleiner Blumenkohl, 4 Möhren, 3 Mangoldblätter
etwas Wasser
1 TL Kräutersalz
frisch gemahlener Pfeffer
frisch gemahlene Muskatnuß
½ TL Koriander

ZUBEREITUNG

Die Hirse wie oben zubereiten.
Getrennt davon 1 kleine Zwiebel im Öl andünsten.
Das Gemüse putzen und kleinschneiden. Dieses zu der Zwiebel geben und mit dem Wasser in etwa 20 Minuten gar dünsten.
Mit Kräutersalz, Pfeffer, Muskat und Koriander würzen.
Das Gemüse mit der gekochten Hirse vermischen und nach Bedarf mit etwas geriebenem Käse bestreuen.

## Hirse-Apfel-Auflauf

(Farbtafel Seite 127)

ZUTATEN

250 g Hirse
½ l Wasser
2 Eier
4 EL Milch
100 g Honig
1 TL Zimt
500 g mürbe Äpfel
50 g Haselnüsse

ZUBEREITUNG

Die Hirse in ½ l kochendes Wasser streuen, aufkochen und auf der ausgeschalteten Herdplatte 20 Minuten ausquellen lassen.
In der Zwischenzeit die Eidotter mit der Milch, dem Honig und dem Zimt verquirlen und unter die fertiggekochte Hirse mengen.
Die Eiweiße steif schlagen und unter die Hirsemasse heben. Die Hälfte der Masse in eine gefettete Auflaufform geben. Die geschälten, in dünne Scheiben geschnittenen Äpfel darauf verteilen, mit Zimt und den gehackten Haselnüssen bestreuen. Die restliche Hirsemasse darübergeben und den Auflauf auf der untersten Leiste im Backofen 45 Minuten backen.

# Körniger Hirseauflauf

## ZUTATEN

250 g Hirse
2 EL Öl
1 Zwiebel
⅝ l Wasser
1 Gemüsebrühwürfel
je 2 EL gehackte Petersilie, Pimpinelle, Liebstöckel und Zitronenmelisse
1 EL Butter
2 Eier
50 g geriebener Käse

## ZUBEREITUNG

Die Hirse waschen, gut abtropfen lassen, auf ein Backblech geben und im Backofen bei 50–70 Grad darren (trocknen und leicht rösten). Das dauert etwa 20 Minuten. Die kleingehackte Zwiebel im Öl andünsten, die gedarrte Hirse hinzugeben, mit dem Wasser auffüllen, den Gemüsebrühwürfel hinzufügen und zugedeckt bei kleiner Hitzestufe ausquellen lassen.
Nach etwa 20 Minuten die gehackten Kräuter, die Butter, die Eidotter und den Käse unter die gekochte Hirse mengen.
Die Eiweiße steif schlagen und unterziehen.

Eine Ringform gut einfetten, eventuell mit Weizenkleie ausstreuen und den Auflauf einfüllen. Diesen im Backofen bei 200 Grad etwa 15 Minuten backen.
Die Ringform stürzen, gedünstetes Gemüse in den Ring einfüllen und servieren.
In gleicher Art und Weise können Sie auch einen Buchweizenauflauf backen.

# Süßer Hirsebrei

Kennen Sie noch das Märchen vom süßen Hirsebrei der Gebrüder Grimm? Das arme Mädchen, das nichts zu essen hatte, bekam im Wald von einer alten Frau ein Töpfchen geschenkt. Und immer, wenn man sagte: „Töpfchen koch!", kochte es süßen Hirsebrei.

## ZUTATEN

125 g Hirse
¼ l Wasser
¼–⅜ l Wasser zum Nachfüllen
1 Prise Meersalz
20 g Butter
2 EL Rosinen
1 EL gehackte Mandeln
2 gestrichene EL Honig
¼ TL Vanille
⅛ l Sahne oder Milch

## ZUBEREITUNG

Die Hirsekörner in ¼ l kochendes Wasser streuen, dann einen weiteren viertel Liter Wasser nachgießen, auf kleiner Hitzestufe 20 Minuten kochen und auf abgeschalteter Kochplatte weitere 30 Minuten ausquellen lassen.
Butter, Salz, Rosinen und Mandeln unterrühren und mit Honig und Vanille abschmecken.
Zum Schluß die Sahne unterrühren und an einem warmen Ort noch 10 Minuten quellen lassen.
Man kann den Brei als Nachtisch warm oder kalt servieren.

Wissen Sie noch, wie das Märchen ausging?

## Polenta

ZUTATEN

1 l Gemüsebrühe
250 g Mais
Butter und Käse
nach Geschmack

ZUBEREITUNG

Den Mais mahlen und unter Rühren in die kochende Gemüsebrühe streuen. Auf kleiner Hitzestufe etwa 25 Minuten ausquellen lassen.

Den Brei auf einem nassen Holzbrett fingerdick ausstreichen, abkühlen lassen, in Rechtecke schneiden und auf ein gefettetes Backblech legen. Die Plätzchen entweder mit Butterflöckchen oder Käsestückchen belegen.

Suchen Sie nach Ihrer Lieblingspolenta; Sie können den Geschmack durch einen milden Käse oder einen alten, aber auch durch Gorgonzola variieren.

Die Polenta im Ofen bei 200 Grad goldgelb backen.

Polenta serviert man zu gedünstetem Gemüse oder mit einer Tomatensoße und einem gemischten Salat.

## Tortillas

In Mexiko werden heute noch wie zu Zeiten der Azteken jede Menge Tortillas gebacken. Man ißt sie mit frischer Butter bestrichen, mit geraspeltem Käse bestreut oder mit einem Püree aus scharf gewürzten, gekochten Hülsenfrüchten.

Wenn man sie füllt, heißen sie in Mexiko Enchiladas.

Es gibt viele verschiedene Möglichkeiten, Tortillas zu backen, nicht zuletzt wohl auch aus dem Grunde, weil es nicht so einfach ist. Es lohnt sich ein bißchen zu üben, denn wenn man es erst einmal kann, sind die hauchdünnen Maisfladen wirklich ein Hochgenuß.

ZUTATEN

200 g Mais
50 g Weizen
½ TL Meersalz
1 EL Öl
⅛ l Wasser

ZUBEREITUNG

Den Mais und den Weizen fein mahlen und zusammen mit dem Salz, dem Öl und dem Wasser zu einem festen Teig verkneten. Diesen ½ Stunde ruhen lassen.

Dann den Teig in vier Portionen teilen und zu möglichst dünnen Fladen ausrollen.

Die Fladen entweder auf einem gefetteten Backblech oder in einer großen Eisenpfanne unter zweimaligem Wenden goldgelb backen.

Die andere Möglichkeit, Tortillas zu backen, besteht darin, den Wasseranteil auf bis zu ½ Liter zu erhöhen. Den flüssigen Teig ½ Stunde quellen lassen, dann in heißem Pflanzenfett in einer Pfanne wie hauchdünne Pfannkuchen backen.

Probieren Sie selbst aus, wie es Ihnen am besten gelingt.

## DAS KOCHEN VON NATURREIS

Die Verwendung von Naturreis ist vielfältig. Wir servieren ihn als süßes Hauptgericht, als Nachtisch in Form von Milchreis (hierzu verwendet man am besten Rundkornreis), als Füllung für Gemüse, wie Tomaten, Paprika, Auberginen und Kohl, oder als pikantes Reisgericht (hierzu nimmt man Langkornreis).

Naturreis hat eine längere Kochzeit als der weiße Reis; es gibt zwei verschiedene Zubereitungsmöglichkeiten:

1. Den gewaschenen Reis in kochendes Wasser oder Brühe streuen und ihn so lange auf kleiner Hitzestufe kochen lassen, bis er weich ist. Das dauert 40–45 Minuten. Das überschüssige Kochwasser wird dann abgeschüttet. Wenn man den Reis vorher in Wasser 2 Stunden quellen läßt, verringert sich die Kochzeit um 10 bis 15 Minuten.

2. Den Reis nicht waschen, sondern ihn nur kräftig mit einem Tuch abreiben. Dann den trockenen Reis kurz in Öl rösten, bevor Wasser oder Brühe zugegeben wird.

## Risotto, Grundrezept

### ZUTATEN

2 EL Öl
1 Zwiebel
500 g Naturreis
1 l Gemüsebrühe

### ZUBEREITUNG

Die gewürfelte Zwiebel in Öl andünsten, den trockenen, mit einem Tuch abgeriebenen Reis dazugeben, kurz anrösten, mit der Gemüsebrühe auffüllen und bei kleiner Hitzestufe etwa 40 bis 45 Minuten garen.

Den fertigen Reis nach Geschmack mit einer zerdrückten Knoblauchzehe und/oder Curry würzen, mit geriebenem Käse und gehackter Petersilie bestreuen.

Der so gekochte Reis eignet sich auch ausgezeichnet als Füllung.

## Risibisi

### ZUTATEN

500 g Naturreis
250 g junge frische Erbsen
½ TL Koriander
½ TL Kräutersalz
1 Bund frischer Dill

### ZUBEREITUNG

Bereiten Sie den Reis nach dem Grundrezept zu.

In den letzten 10 Minuten die Erbsen mitkochen lassen.

Das fertige Gericht mit Koriander und Kräutersalz würzen und mit frischem Dill bestreuen.

## Reis mit Gemüse

### ZUTATEN

500 g Naturreis, vorbereitet nach dem Grundrezept
500 g gedünstetes Gemüse (entweder 500 g Lauch oder 500 g gemischtes Gemüse: zum Beispiel Möhren, Kohlrabi und Blumenkohl oder Weißkohl und Zucchini oder aber 250 g Pilze)
1 Bund Petersilie
frisch geriebener Käse
nach Geschmack

### ZUBEREITUNG

Dünsten Sie das Gemüse extra, mischen Sie es mit dem fertiggekochten Reis, bestreuen Sie das Gericht mit Petersilie und nach Geschmack mit geriebenem Käse.

## Risotto, überbacken

ZUTATEN

500 g Naturreis, vorbereitet nach
dem Grundrezept
⅛ l Milch
2 Eier
100 g geriebener Käse
Kräutersalz
frisch gemahlener Pfeffer
Majoran
Thymian
200 g Tomaten

ZUBEREITUNG

Den gekochten Reis in eine gefettete Auflaufform füllen und mit Tomatenstückchen belegen.
Die Eier mit der Milch verquirlen, den Käse unterrühren, mit den Gewürzen abschmecken und über den Reis geben.
Bei 200 Grad auf der mittleren Leiste im Backofen etwa 15 Minuten überbacken.

## Reis, indisch

ZUTATEN

250 g Naturreis
½ l Wasser
1 Gemüsebrühwürfel
1 Zwiebel
2 EL Öl
1 TL gemahlener Ingwer
1 TL gemahlener Kreuzkümmel
1 Messerspitze Safran
1 TL Kräutersalz
2 EL Rosinen
80 g gehobelte Mandeln
1 EL Butter

ZUBEREITUNG

Die gehackte Zwiebel im Öl andünsten, die Gewürze hinzugeben, kurz mitdünsten und mit dem Wasser auffüllen. Diesen Sud zum Kochen bringen, den Gemüsebrühwürfel und den Reis hinzufügen und alles auf kleiner Hitzestufe zugedeckt etwa 40 Minuten garen.
In der Zwischenzeit die Mandeln in der Butter rösten. Dann zusammen mit den Rosinen unter den fertiggekochten Reis mischen.

Der indische Reis paßt gut zu einer Salatplatte oder zu Gemüse im Ausbackteig.

## Milchreis als Hauptgericht

ZUTATEN

500 g Naturreis
¾ l Wasser
⅛ l Sahne
⅛ l Milch
2 TL Zimt
2 EL Honig

ZUBEREITUNG

Das Wasser zum Kochen bringen, den gewaschenen Reis hineinstreuen und zugedeckt auf kleiner Hitzestufe etwa 20 Minuten kochen.
Die Milch und die Sahne hinzugeben und weitere 20–25 Minuten kochen, bis der Reis weich ist.
Mit Honig und Zimt würzen.

VARIATION

Mischen Sie frisches Obst, der Jahreszeit entsprechend, unter den Reis.
Wenn nicht ausreichend frisches Obst vorhanden ist, können Sie Trockenobst verwenden. Es sollte allerdings 1½ Stunden vorher eingeweicht und das Einweichwasser mit zum Kochen verwendet werden.

# Tomaten im Reisbett (nach Brecht)

## ZUTATEN

500 g Naturreis
1 l Wasser
1 Gemüsebrühwürfel
100 g geriebener
Emmentaler Käse
50 g Haselnüsse
1 EL Butter
1 Knoblauchzehe
500 g Tomaten
1 Bund Petersilie
Kräutersalz
1 EL Öl für die Form

## ZUBEREITUNG

Das Wasser mit dem Gemüsebrühwürfel zum Kochen bringen. Den gewaschenen Reis hineinstreuen und zugedeckt bei kleiner Hitzestufe so lange kochen, bis die Flüssigkeit aufgesogen ist (etwa 40 Minuten).

Den fertigen Reis mit dem geriebenen Käse, den gemahlenen Haselnüssen, der Butter und der zerdrückten Knoblauchzehe vermischen und in die geölte Auflaufform geben. Glattstreichen.

Die Tomaten waschen. Große Tomaten halbieren, bei kleinen lediglich einen Deckel abschneiden. Die Tomatenhälften mit der Schnitthälfte nach oben in den Reis hineindrücken. Die Schnittflächen mit Kräutersalz und Petersilie bestreuen.

Die Auflaufform auf die mittlere Leiste in den kalten Backofen schieben und bei 200 Grad etwa 25–30 Minuten backen.

# Zucchini-Reis-Kuchen

Am besten ist es, wenn Sie diesen Kuchen in einer Springform von 26 cm Durchmesser oder in einer Pieform backen.

## ZUTATEN

250 g Naturreis
³/₈ l Wasser
1 Gemüsebrühwürfel
¼ l Milch
1 kg Zucchini
1 Zwiebel
4 EL Öl
4 Eier
70 g geriebener
Emmentaler Käse
1 Bund Petersilie
2 Zweige Majoran
Kräutersalz
frisch gemahlener Pfeffer
30 g Butter
1 EL Vollkornbrösel

## ZUBEREITUNG

³/₈ l Wasser mit dem Gemüsebrühwürfel aufsetzen und den gewaschenen Reis hineinstreuen. Zugedeckt 25 Minuten kochen lassen. Dann die Milch hinzugeben und weitere 15–20 Minuten kochen.

Die Zucchini in dünne Scheiben oder Würfel schneiden und portionsweise im heißen Fett andünsten und abtropfen lassen.

Die Zwiebelwürfel im restlichen Fett glasig dünsten.

Die Eier verquirlen, den Käse, die gehackte Petersilie, die Majoranblättchen und den fertigen Reis unterrühren und mit Kräutersalz und Pfeffer würzen.

Alles mit den Zucchinischeiben und den Zwiebelwürfeln vermischen.

Die Masse in die gefettete Form geben, glattstreichen, mit Butterflöckchen und Vollkornbröseln bestreuen und mit einigen Majoranblättchen garnieren.

Auf der mittleren Leiste im Backofen bei 200 Grad 45 Minuten backen.

Da der Kuchen nicht nur heiß, sondern auch kalt schmeckt, eignet er sich ausgezeichnet für ein Picknick.

# Roggenauflauf

ZUTATEN

250 g Roggen
½ l Wasser
1 Gemüsebrühwürfel
1 TL Basilikum
1 TL Thymian
1 TL Oregano
1 Zwiebel
1 Knoblauchzehe
1 Bund Petersilie
300 g Tomaten
100 g geriebener Käse
2 Becher Joghurt
Kräutersalz
frisch gemahlener Pfeffer
2 Eier
1 Tasse gekeimte Mungbohnen,
wenn vorhanden

ZUBEREITUNG

Den Roggen über Nacht in ½ l Wasser einweichen.
Am nächsten Tag den Roggen zusammen mit dem Gemüsebrühwürfel, dem Thymian, dem Basilikum und dem Oregano aufkochen und auf kleiner Hitzestufe etwa 1 Stunde kochen lassen.
Die Zwiebel würfeln, die Petersilie kleinschneiden und die Tomaten achteln. Alles zu dem fertig gekochten Roggen geben und zusammen mit der Hälfte des Käses verrühren. Mit der zerdrückten Knoblauchzehe würzen.
Das Ganze in eine gefettete Auflaufform geben.
Den Joghurt mit den Eiern und dem restlichen Käse verrühren, mit Kräutersalz und Pfeffer abschmekken und dann über den Auflauf geben.
Im Backofen bei 220 Grad etwa 30 Minuten backen.
Wenn vorhanden, in den letzten 5 Minuten die gekeimten Mungbohnen über den Auflauf streuen.

# Frische Weizenfladen

(Farbtafel Seite 19)

ZUTATEN

400 g Weizen
300 g kaltes Wasser
1 ½ TL Meersalz
2 TL Kümmel
2 TL Koriander
4 EL Sonnenblumenöl

ZUBEREITUNG

Den Weizen mahlen und mit dem Wasser, dem Öl und den Gewürzen zu einem mittelfesten Teig kneten. Danach mindestens 30 Minuten quellen lassen.

Kleine, etwa handtellergroße Fladen formen und auf ein gefettetes Backblech geben. Diese nach Belieben mit Kümmel, Koriander oder Sonnenblumenkernen bestreuen.
Das Blech in den kalten Backofen schieben und auf der mittleren Leiste bei 230 Grad etwa 25 Minuten backen.

Die Fladen schmecken am besten noch warm zu einer Rohkostplatte, einer Suppe oder zu gedünstetem Gemüse.

# Weizenklöße, gekocht

(Farbtafel Seite 109)

ZUTATEN

200 g Weizenkörner
½ l Wasser
1 Gemüsebrühwürfel
je ½ TL Basilikum, Thymian und Koriander
2 EL Weizen gemahlen
4 EL Haferflocken
125 g Quark
2 Eier
Kräutersalz und Pfeffer

ZUBEREITUNG

Den Weizen über Nacht in ½ l Wasser quellen lassen.

34

Am nächsten Morgen den Weizen zusammen mit dem Gemüsebrühwürfel, dem Basilikum, Thymian und Koriander 45 Minuten auf kleiner Hitzestufe kochen und noch weitere 15 Minuten auf der ausgeschalteten Herdplatte quellen lassen. Das überschüssige Wasser abschütten.

Den abgekühlten Weizen mit dem gemahlenen Weizen, den Haferflocken, dem Quark und den Eiern verrühren und mit Kräutersalz und Pfeffer abschmecken.

Mit nassen Händen 8 Klöße formen. Diese in leicht kochendem Salzwasser 15 Minuten ziehen lassen.

Weizenklöße passen gut zu gedünstetem Gemüse.
Der Weizen kann auch durch Hafer ersetzt werden.

## SELBSTGEMACHTE NUDELN

(Farbtafel Seite 37)

Es macht Spaß, Nudeln selber herzustellen. Versuchen Sie es einmal! Wenn Sie sich erst einmal an den herzhaften Geschmack von Vollkornnudeln gewöhnt haben, werden Ihnen die „normalen" Nudeln wahrscheinlich zu fad schmecken.

# Grundrezept

### ZUTATEN

600 g Weizen
1 TL Meersalz
4 Eier
6–10 EL Milch (je nach Größe der Eier)

### ZUBEREITUNG

Den Weizen fein mahlen und 100 Gramm Kleie aussieben. Der Teig wird auf diese Weise geschmeidiger und weniger brüchig. (Die Kleie zum Brotbacken, im Müsli oder zum Ausstreuen von Formen weiterverwenden.)
Die Eier, das Salz und die Milch unter den Weizen rühren. Alles zu einem glatten, festen Teig kneten. Diesen 1 Stunde ruhen lassen. Eventuell mit einem feuchten Tuch

bedecken, damit der Teig nicht austrocknet.
Danach den Teig sehr dünn ausrollen und in Streifen gewünschter Breite schneiden oder beliebige Formen ausstechen.
Es gibt im Handel Nudelmaschinen, die Ihnen die Arbeit des Ausrollens und des Zerteilens in die verschiedenen Nudelformen und -breiten abnehmen. Sie lohnen sich aber nur, wenn Sie ganz auf das „Selbermachen" umsteigen.
Die Nudeln in reichlich Salzwasser kochen. 2 Eßlöffel Öl hinzufügen, damit die Nudeln nicht zusammenkleben.

## Grüne Nudeln

Geben Sie an den Teig 100 Gramm gut abgetropften, pürierten Spinat und entsprechend weniger Milch.

## Rote Nudeln

Geben Sie an den Teig 4 Eßlöffel Tomatenmark und verarbeiten Sie ihn mit entsprechend weniger Milch.

## Nudeln auf Vorrat

Wollen Sie Ihre Nudeln völlig trocknen und mehrere Wochen aufbewahren, geben Sie kein Salz an den Teig, denn Salz zieht die Feuchtigkeit an. Die an der Luft getrockneten Nudeln gut verschlossen aufbewahren.

Das schmeckt zu Ihren selbstgemachten Nudeln: rohe Tomatensoße und reichlich geriebener Käse oder Basilikumsoße.

## Rohe Tomatensoße
(Farbtafel rechts)

ZUTATEN

750 g Tomaten
2 Zwiebeln
2 EL Oliven
1 Knoblauchzehe
je 2 EL gehacktes,
frisches Oregano und Basilikum
4 EL Öl

ZUBEREITUNG

Die Tomaten mit kochendem Wasser überbrühen, abziehen und im Mixer pürieren.

Die Zwiebel sehr klein würfeln, die Oliven entsteinen und kleinschneiden; beides unter die Tomaten mengen. Mit Oregano, Basilikum und der zerdrückten Knoblauchzehe abschmecken.
Das Öl unterrühren und zugedeckt 1 Stunde ziehen lassen.
Mit reichlich geriebenem Käse zu den heißen Nudeln servieren.

## Basilikumsoße „Pesto"
(Farbtafel rechts)

ZUTATEN

100 g frisches Basilikum
(ersatzweise Petersilie)
40 g Pinienkerne oder Walnüsse
5 EL geriebener Parmesankäse
Kräutersalz
und frisch gemahlener Pfeffer
½ l Olivenöl

ZUBEREITUNG

Alle Zutaten, bis auf das Olivenöl, in den Mixer geben und pürieren. Nach und nach das Olivenöl einlaufen lassen, bis die Soße pastenartig wird.
Im Schraubglas im Kühlschrank hält sich die Soße 1 Woche.

## Nudeln in Butter, Käse und Sahne
(Farbtafel rechts)

ZUTATEN

500 g Nudeln, nach dem Grundrezept vorbereitet
100 g Butter
150 g geriebener Käse
(alle Geschmacksrichtungen und -mischungen sind möglich)
⅛ l Sahne
Kräutersalz und Pfeffer

ZUBEREITUNG

Die Butter zerlassen und über die gekochten Nudeln gießen. Den Käse darüberreiben, gründlich vermischen und die Sahne zugießen. Mit Kräutersalz und Pfeffer abschmecken.
Eventuell noch einmal erhitzen und sofort servieren.
In Italien heißt es, daß die Gäste auf die Nudeln warten sollen und nicht umgekehrt. Halten Sie es auch so!

Farbtafel 4:
selbstgemachte Nudeln
(Rezepte Seite 35);
Nudeln in Butter, Käse und Sahne;
rohe Tomatensoße;
Basilikumsoße „Pesto"

## Lasagne
## mit Kohlfüllung

(Farbtafel links)

### ZUTATEN

250 g Nudelteig, nach dem
Grundrezept vorbereitet
1 kleiner Weißkohl (750 g)
1 TL Meersalz
½ l Wasser
¼ l Milch
1 Gemüsebrühwürfel
2 EL Weizen
1 TL Kümmel
1 TL Kräutersalz
frisch gemahlener Pfeffer
100 g Frischkäse
350 g Tomaten
Kräutersalz, Pfeffer, Oregano
150 g Schafskäse

### ZUBEREITUNG

Aus dem Nudelteig Quadrate von
etwa 10 x 10 cm Größe schneiden.
Diese etwa ½ Stunde ruhen lassen,
bis sie leicht angetrocknet sind.
Die Quadrate dann in sprudeln-
dem Salzwasser 4 Minuten kochen
und auf einem Handtuch abtropfen lassen.
Den Weißkohl putzen, in Streifen

Farbtafel 5:
Lasagne mit Kohlfüllung

schneiden und im sprudelnden
Salzwasser 3 Minuten kochen.
Einen Gemüsebrühwürfel in ¼ Liter
Milch und ¼ Liter Kohlwasser auflösen und unter Rühren den
gemahlenen Weizen hinzufügen.
Mit Kräutersalz, Pfeffer und Kümmel abschmecken.
⅓ der Soße beiseite stellen. Die
restliche Soße mit dem Kohl und
dem Frischkäse vermischen.
Die Tomaten waschen, in Scheiben
schneiden und mit Kräutersalz,
Pfeffer und Oregano bestreuen.
Den Schafskäse würfeln.
Eine feuerfeste Form einfetten,
abwechselnd Nudeln, die Kohl-
Frischkäse-Masse und Tomaten
mit Schafskäse einschichten. Die
letzte Schicht sind Nudeln.
Die restliche Soße über die Nudeln
geben, auf die unterste Leiste in
den kalten Backofen schieben und
bei 200 Grad 45 Minuten backen.

## Hausgemachte Spätzle

Probieren Sie auch die schwäbische Nudelvariante „hausge-
machte Spätzle".
Wir meinen, in der Vollkornversion
schmecken sie aus Dinkel hergestellt noch besser als aus Weizen.

## Grundrezept

### ZUTATEN

350 g Dinkel
2 Eier
½ TL Meersalz
¼–⅜ l Wasser

### ZUBEREITUNG

Den Dinkel fein mahlen. Mit den
Eier, dem Salz und dem Wasser zu
einem dickflüssigen Teig verarbeiten; dabei den Teig so lange mit
dem Holzlöffel schlagen, bis er
Blasen wirft.
Reichlich Wasser mit einem Teelöffel Salz zum Kochen bringen.
Vom Spätzleteig nach und nach
einen Teil auf ein feuchtes Holzbrett geben und mit einem langen
Messer feine Streifen in das
kochende Wasser schaben.
Wenn die Spätzle wieder an der
Oberfläche schwimmen, sind sie
gar. Mit einem Schaumlöffel herausnehmen, gut abtropfen lassen
und in eine vorgewärmte Schüssel
geben.

Die Schwaben essen zu Spätzle
entweder gekochte Linsen oder sie
machen daraus Allgäuer Käs-
spatzen:

## Allgäuer Kässpatzen

Die fertiggekochten Spätzle werden in einer feuerfesten Form Schicht um Schicht mit geriebenem Allgäuer Emmentaler bestreut. Man braucht etwa 200 Gramm. Darauf kommen reichlich braungeröstete Zwiebelwürfel und braune Butter.

Das Gericht wird im Backofen bei 220 Grad etwa 10–15 Minuten überbacken, bis der Käse geschmolzen ist.

Dazu reicht man gemischten oder grünen Salat.

## Grünkernfrikadellen

ZUTATEN

120 g Grünkern
½ l Wasser
1 Gemüsebrühwürfel
1 Lorbeerblatt
1 mittelgroße Zwiebel
1 Ei
5 EL Vollkornbrösel
40 g gehackte Walnüsse
50 g geriebener Käse
1 TL Majoran
2 EL gehackte Petersilie
Kräutersalz
frisch gemahlener Pfeffer

ZUBEREITUNG

Den Grünkern grob schroten.
½ l Wasser mit dem Gemüsebrühwürfel und dem Lorbeerblatt zum Kochen bringen, den Grünkern unter Rühren einstreuen und etwa 20 Minuten auf kleiner Hitzestufe ausquellen lassen (aufpassen, daß er nicht anbrennt).
Unter die abgekühlte Masse das Ei, die gewürfelte Zwiebel, die gehackten Walnüsse, die Vollkornbrösel, den Käse, den Majoran und die Petersilie mengen. Kräftig mit Pfeffer und Kräutersalz abschmecken. 8 flache Frikadellen formen und in heißem Pflanzenfett nacheinander braten.

Man kann Grünkern auch durch Gerste oder Hafer ersetzen. Am würzigsten schmecken die Bratlinge allerdings mit Grünkern.

## Vollkornpfannkuchen

ZUTATEN

250 g Weizen, Gerste, Hirse, Hafer gemischt
½ l Milch, 4 Eier
1 EL Honig
1 TL Zimt

ZUBEREITUNG

Das Getreide fein mahlen und mit der Milch und den Eidottern verrühren, dann ½ Stunde quellen lassen.
Den Zimt und den Honig in den Teig rühren, danach das steifgeschlagene Eiweiß unterheben.
Etwas Fett in der Pfanne zerlassen und nacheinander die Pfannkuchen backen.

VARIANTEN

Sie können auch frisches Obst mit im Teig backen, zum Beispiel: Kirschen, Apfelstückchen, halbierte Zwetschgen oder zarte Rhabarberstückchen. Allerdings wird das Wenden dann etwas schwierig.
Wenn Sie den Pfannkuchen mit einer Gemüsefüllung servieren möchten, ersetzen Sie den Honig und den Zimt durch 1 Teelöffel Kräutersalz und 2 Eßlöffel Bierhefeflocken. Auch die Milch kann man dann durch Joghurt oder Kefir ersetzen.

# KRÄUTER
# FRISCH GESCHNITTEN

Frische Kräuter bereichern jede Küche. Zwar ist ihr Nährwert gering, dafür enthalten sie wichtige Vitamine (vor allem Vitamin C und Provitamin A), Mineralstoffe, Spurenelemente und Wirkstoffe. Sie würzen unsere Speisen mit ihren köstlichen Aromastoffen, die sie einem hohen Gehalt an ätherischen Ölen verdanken, und helfen uns Salz einzusparen. Verwenden Sie Küchenkräuter verschwenderisch!

Ein Kräuterbeet im Garten sollte nicht nur unter küchentechnischen Gesichtspunkten betrachtet werden. Die meisten Küchenkräuter haben auch als Heilkräuter einen Namen, und es lohnt sich, ihre Wirkstoffe einzusetzen, anstatt gleich zur chemischen Keule zu greifen. Sie dienen auch der Gesundheit des Gartens. Kräuterjauchen werden als natürliche Dünger und zur Schädlingsbekämpfung verwendet.

Die meisten Küchenkräuter können auch im Topf oder im Balkonkasten (vergleiche Tabelle), ja sogar auf der Fensterbank gezogen werden.

Säen Sie später im Jahr noch einmal aus, und holen Sie die Pflanzen, die nicht winterhart sind, rechtzeitig ins Haus, dann können Sie während des ganzen Winters über frische Kräuter verfügen.

Viele Küchenkräuter sind in Mitteleuropa heimisch und können gemeinsam mit anderen Wildkräutern (wie zum Beispiel Schafgarbe, Löwenzahn, Huflattich, Wegerich, Bärlauch) auch in freier Natur gesammelt werden. Es empfiehlt sich jedoch, die Sammelstelle gut auszuwählen, soll die Kräutersuppe nicht mit unliebsamen Begleitstoffen gewürzt sein.

Verfügen Sie über einen Garten, sollten Sie Ihre eigenen Wildkräuter wachsen lassen und lieber auf einen „unkrautfreien" Rasen verzichten. Sie müssen dann nicht mehr auf überdüngten Wiesen und neben gespritzten Äckern sammeln.

## Dillbutter

ZUTATEN

250 g Butter
4 EL feingehackter Dill
Kräutersalz

ZUBEREITUNG

Die Butter warm stellen, damit sie weich wird und der Dill sowie das Salz untergemengt werden können (am besten mit einer Gabel).
Alles auf einem Butterbrotpapier zu Rollen formen und kalt stellen.

VARIANTE

Eine andere Möglichkeit wäre, die Butter schaumig zu rühren.

Ebenso zubereitet wird

## Knoblauchbutter

ZUTATEN

250 g Butter
2–6 Knoblauchzehen oder 4 EL grüne Knoblauchspitzen
Kräutersalz

Sie eignet sich besonders für die Herstellung von:

## Knoblauchbrot

ZUTATEN

1 langer Hefebrotlaib
(750–1000 g)
250 g Knoblauchbutter

ZUBEREITUNG

Das Brot so aufschneiden, daß die Scheiben am Boden noch zusammenhalten. In die Zwischenräume jeweils 1 Scheibe Knoblauchbutter geben. In Alufolie (Sie können sie mehrfach verwenden) im heißen Ofen 15 Minuten backen. Heiß servieren.
Neben Dill und Knoblauch eignen sich besonders Schnittlauch, Kresse, Meerrettich und Basilikum zur Einkräuterbutter. Außer Meerrettich bilden alle gemeinsam die Grundlage für eine gemischte

## Kräuterbutter

ZUTATEN

250 g Butter
4–6 EL Schnittlauch, Dill, Basilikum, Kresse, Petersilie, Kapuzinerkresse, Bohnenkraut, Zitronenmelisse und/oder andere Kräuter
Kräutersalz
Zitronensaft

Verschiedene Farbnuancen ergeben sich durch Untermengen von Paprika, Curry, Gelbwürzel, Tomatenmark, Senf, Eigelb (gekocht und durch ein Sieb gedrückt).

Ein letzter Vorschlag:

## Bunte Butter

ZUTATEN

250 g Butter
2 EL grüne Kräuter
1 EL kleingeschnittene rote Paprikaschoten
1 EL kleingeschnittene Kapuzinerblüten und Ringelblütenblätter
Salz
Zitronensaft

Mit ganzen Borretschblüten garnieren.

# DIE WICHTIGSTEN KÜCHENKRÄUTER

| Name | verwendbare Pflanzenteile | Verwendung | Anbau | Lagerung |
|---|---|---|---|---|
| Angelika | junge Triebe und Blätter | zu Suppen, Soßen, Salaten auch Obstsalaten | im Garten (2–3jährig) | – |
| Basilikum | Blätter | zu Suppen, Soßen, Gemüsen (Ratatouille), zu Kartoffelgerichten, zur Kräutermischung „provençal" und zu Pilzen | im Garten (1jährig) oder im Topf, im Winter hereinnehmen (mehrjährig) | trocknen |
| Beifuß | Blütenknospen, Blätter | zu Kohlgerichten | im Garten (mehrjährig, 1 Pflanze genügt) | trocknen |
| Beinwell | junge Blätter, Blüten | zu Suppen und als Gemüse, häufig gemeinsam mit Brennesseln | im Garten oder im großen Topf (mehrjährig) | – |
| Bohnenkraut | Blätter, junge Triebe | zu Suppen und Gemüsen, zu Bohnengerichten | im Garten oder im Topf (1jährig: Satureja hortensis; mehrjährig: Satureja montana) | trocknen |
| Borretsch oder Gurkenkraut | Blätter, Blüten | zu Salaten, Suppen und Soßen | im Garten oder im großen Topf (1jährig, sät sich selber aus) | – |

## DIE WICHTIGSTEN KÜCHENKRÄUTER

| Name | verwendbare Pflanzenteile | Verwendung | Anbau | Lagerung |
|------|---------------------------|------------|-------|----------|
| Brennessel | junge Blätter | zu Suppen und als Gemüse, als Tee | im Garten oder als Wildkraut sammeln (mehrjährig, vermehrt sich rasch durch Ausläufer) | – |
| Brunnenkresse | junge Triebe und Blätter | als Salat | im dichten Topf oder im Wassertrog (mehrjährig) oder wild sammeln | – |
| Dill | Blätter | zu Suppen und Salaten | im Garten oder im Topf (1jährig) | einfrieren |
| Dost (Oregano) | Blätter | zu Salaten, Suppen, Gemüsen, zur Kräutermischung „provençal" | im Garten oder Topf (mehrjährig) | – |
| Estragon | Blätter | zu Salaten, Essig | im Garten oder im Topf (mehrjährig) | trocknen |
| Kapuzinerkresse | Blätter, Blüten, Knospen und grüne Samen | zu Salaten, Suppen, Soßen und Gemüsen (als Pfefferersatz), als Kapern | im Garten oder im Topf (1jährig) | Blütenknospen und grüne Samen in Essig einlegen |
| Kerbel | Blätter | zu Suppen, Soßen, Gemüsen, Salaten | im Garten oder im Topf (1–2jährig, sät sich ständig selber aus) | einfrieren |

# DIE WICHTIGSTEN KÜCHENKRÄUTER

| Name | verwendbare Pflanzenteile | Verwendung | Anbau | Lagerung |
|---|---|---|---|---|
| Knoblauch | Blätter, Zehen | für Liebhaber nahezu unbegrenzt anwendbar | im Garten oder im tiefen Topf (2jährig, pflanzt sich durch Brutzwiebeln und Nebenzwiebeln fort) | zu Zöpfen binden, luftig und kühl lagern |
| Kresse | Blätter | als Salat, zu Salatmarinaden | im Garten, im Topf, auf feuchtem Küchenpapier, am „Kresseschwein" aus porösem Ton. Sehr zu empfehlen ist die großblättrige Sorte für den Garten, sie sät sich ständig selber aus und ist nahezu winterhart | – |
| Liebstöckel | Blätter | zu Suppen, Soßen, Eintöpfen, sparsam zu Salat | im Garten oder im großen Topf (mehrjährig, verschwindet aber im Winter ganz) | trocknen, einfrieren |
| Majoran | Blätter | zu Suppen, Soßen, Kartoffelgerichten, zur Kräutermischung „provençal" | im Garten und im Topf (mehrjährig, aber nicht winterhart, daher im Freiland 1jährig) | trocknen |

## DIE WICHTIGSTEN KÜCHENKRÄUTER

| Name | verwendbare Pflanzenteile | Verwendung | Anbau | Lagerung |
|---|---|---|---|---|
| Meerrettich | Wurzel | zu Suppen, Soßen, Marinaden (köstlich: Meerrettich-sahne) | im Garten | einkellern oder einfach im Boden lassen |
| Minze (krause, grüne Pfefferminze) | Blätter | Tee, Mintsoße zu Eierspeisen und Kräutermischungen | im Garten oder im Kasten vermehrt sich durch Ausläufer | trocknen |
| Petersilie | Blätter, Wurzel (es gibt eine spezielle Wurzelpetersilie, die sehr schöne große glatte Blätter hat) | Einsatz in der Küche nahezu unbegrenzt | im Garten und im Topf (2jährig), muß jährlich gesät werden, da sich im 2. Jahr rasch die Blüte bildet. Im Frühjahr können bis zum Aufgehen der jungen Saat genügend alte Blätter geerntet werden | einfrieren |
| Pimpinelle | Blätter, zarte Triebspitzen | zu Suppen, Soßen, Gemüsen, Salaten, als Petersilienersatz | im Garten und im Topf (mehrjährig) | – |

# DIE WICHTIGSTEN KÜCHENKRÄUTER

| Name | verwendbare Pflanzenteile | Verwendung | Anbau | Lagerung |
|---|---|---|---|---|
| Portulak | die ganze junge Pflanze | zu Suppen, als Gemüse und als Salat | im warmen Garten oder im Topf | – |
| Rosmarin | Blätter | zu Gebratenem und Gebackenem, zu Gemüsen, zu italienischen Gerichten, zur Kräutermischung „provençal" | im Garten (wintergeschützt) oder im Topf (mehrjährig) | trocknen |
| Salbei | Blätter | zu Pizza und Quiche, zu überbackenen Gemüsegerichten, zu Teemischungen und zur Kräutermischung „provençal", „Salbeimäuse" (siehe Rezept Seite 75) | im Garten und im Topf, 1 Strauch genügt (mehrjährig) | kann das ganze Jahr über geerntet werden |
| Sauerampfer | Blätter | zu Suppen, Soßen, Marinaden, Salaten | im Garten (großblättrige Form) oder wild sammeln | einfrieren |
| Schalotten | Zwiebeln, Brutzwiebelchen, junge Röhrchen | wie Zwiebeln, nahezu unbegrenzt verwendbar | im Garten (mehrjährig) oder jedes Jahr neue Brutzwiebeln stecken | kühl und trocken aufhängen |

## DIE WICHTIGSTEN KÜCHENKRÄUTER

| Name | verwendbare Pflanzenteile | Verwendung | Anbau | Lagerung |
|------|---------------------------|------------|-------|----------|
| Schnittlauch | Röhrchen | zu Suppen, Eintöpfen, Marinaden | im Garten oder im Topf (mehrjährig) im Winter ins Haus nehmen | – |
| Sellerie | Blätter, Stengel, Knolle (es gibt jeweils besonders geeignete Sorten) | zu Suppen, Eintöpfen, als Rohkost | im Garten | einkellern |
| Thymian | Blätter, kleine Zweige | zu Suppen, Soßen (Tomaten), italienischen Gerichten, zur Kräutermischung „provençal" | im Garten oder im Topf | trocknen |
| Ysop | Blätter | zu Suppen, Soßen, Mayonnaise (schmeckt bitter-herb) | im Garten oder im Topf (mehrjährig) | – |
| Zitronenmelisse | Blätter | zu Marinaden, für Tee | im Garten oder im Topf | trocknen |

# BLATTSALATE

Blattsalate sollten so vielfältig wie möglich angebaut werden und bei keinem Essen fehlen. Beim Kauf sollten Sie sich auf biologisch gezogene Salate beschränken, sie enthalten nach neuesten Untersuchungen (vergleiche Zeitschrift „Natur" Nr. 9/1983) deutlich weniger Rückstände als handelsübliche Ware – vorausgesetzt, es handelt sich um Freilandsalat. Dagegen enthalten auch sogenannte biologische Salate aus dem Treibhaus höhere Mengen an Rückständen.

Verfügen Sie über einen eigenen Garten, können Sie das ganze Jahr über frische Salate ernten, es sei denn, die Beete verschwinden im Winter unter einer hohen Schneedecke. Dann können immer noch Chicorée und Radicchiowurzeln zum Treiben gebracht und Kresse auf der Fensterbank gezogen werden.

Bauen Sie nach Lust und Liebe folgende Sorten an: Kopfsalat, Endivien (es gibt jeweils frühe und späte Sorten), Lattich, Eissalat, Pflücksalat, Schnittsalat, Chicorée, Radicchio, Zuckerhut, Feld- oder Ackersalat, Spinat, Mangold, Melde, Brunnenkresse und Gartenkresse (vergleiche Kräutertabelle).

Für den Balkonanbau eignen sich Pflücksalat und Melde, eine im Geschmack dem Spinat ähnliche Pflanze. Beide wachsen in die Höhe, und Sie können von unten her die Blätter ernten. Pflücksalat wird etwa 30–60 cm hoch und kann geerntet werden, bis sich oben die Blüte bildet. Es gibt den gelben australischen und den rötlichen amerikanischen.

Melde wird im Freiland bis zu 2 m hoch, auf dem Balkon etwa 1 m. Verwenden Sie nicht zu kleine Töpfe, und füllen Sie sie mit guter Gartenerde oder mit einem Kompost-Sand-Gemisch. Auf keinen Fall mit handelsüblicher Blumenerde!

Düngen Sie mit natürlichen Düngern, es gibt sie im Handel.

Kombinieren Sie in der Küche Blattsalate mit Wurzelrohkost und Früchten. Lassen Sie Ihrer Phantasie freien Lauf.

Ein Salat braucht eine Marinade. Sie finden daher im folgenden zuerst einige Marinaderezepte mit reizvollen Variationsmöglichkeiten.

## SALATMARINADEN
(Farbtafel Seite 56)

### Kräutervinaigrette, Grundrezept
(Farbtafel Seite 74)

ZUTATEN

1 kleingeschnittene Zwiebel
(oder 2 Schalotten)
1 kleingeschnittene Knoblauchzehe
2 EL Apfelessig
2 EL Öl (Sonnenblumen-,
Distel-, Walnußöl)
1–2 EL kleingehackte Kräuter
Salz
Pfeffer

VARIATIONEN

Die Zwiebel läßt sich durch Zwiebelröhrchen, die Knoblauchzehe
durch die grünen Knoblauch-
blätter oder den wilden Bärlauch
ersetzen.

An sonstigen Kräutern eignen sich
besonders Estragon, Pimpinelle,
Schnittlauch, Dill, Borretsch, Zitronenmelisse. Der Pfeffer kann
durch Kapuzinerkresseblüten ersetzt werden.

### Joghurt-Kräuter-Marinade, Grundrezept

ZUTATEN

⅛ l Joghurt
2 EL kleingehackte Kräuter
2 EL Öl
Zitronensaft
Kräutersalz

Die Marinade schmeckt zu Rettich,
zu grünen und bunten Salaten.

VARIATIONEN

Die Kräuterkomposition kann je
nach Jahreszeit, Geschmack und
Salatsorte variiert werden. Es
eignen sich auch jeweils nur eine
oder zwei Kräutersorten für diese
Marinade.

Köstlich zu Gurken schmeckt zum
Beispiel eine Joghurt-Dill-Mari-
nade, ebenso eine Joghurt-Dill-
Borretsch(-blüten)-Marinade.

Zu einem Rohkostsalat aus den
letzten eingelagerten Gemüsen,
wie Möhren, Pastinaken, Topinambur, schmecken die ersten grünen
Knoblauchspitzen in der Marinade
ausgezeichnet.

### Sauerrahm-Senf-Marinade, Grundrezept
(Farbtafel Seite 56)

ZUTATEN

⅛ l Sauerrahm
1 EL Senf
(zum Beispiel Ganzkornsenf)
2 EL gehackte Kräuter
(es eignet sich an erster Stelle
Schnittlauch. Auch Melisse, Selle-
rie- und Liebstöckelblätter, sparsam verwendet, passen gut)
Zitronensaft
Salz

VARIATION

Eine Senfmarinade läßt sich verfeinern, indem man 1–2 Eier knapp
hart kocht, kleinhackt und unter-
mengt. Gemeinsam mit Vollkornbrot ergibt ein so angemachter
Salat eine vollwertige Mahlzeit.

Die Sauerrahm-Senf-Marinade
schmeckt vor allem zu Mangold,
Chicorée, Endivien und Zuckerhut,
sie eignet sich besonders zu Rohkostsalaten.

Etwas mehr Arbeit bereitet das
Herstellen einer Salatmayonnaise.
Aber sie lohnt sich!

## Salatmayonnaise

Mayonnaisen liefern Eiweiß und Fett und tragen so zur Ausgewogenheit der Mahlzeit bei. Sie bilden eine willkommene Ergänzung zu sämtlichen Rohkostsalaten, schmecken aber auch zu Kartoffelsalat.

## Grundrezept

### ZUTATEN

1 Eigelb
⅛ l Öl
1 TL Senf
1 TL Essig oder Zitronensaft
2 EL Sahne
1 TL Kräutersalz

### ZUBEREITUNG

In einer leicht angewärmten Schüssel schlägt man das Eigelb mit der Sahne, dem Senf, dem Salz und dem Zitronensaft schaumig. Das Öl wird leicht vorgewärmt (Vorsicht, ist es zu warm, gerinnt die Mayonnaise!) und tropfenweise während des Schlagens dazugegeben. So lange schlagen, bis die Masse steif ist. Sollte die Mayonnaise doch gerinnen, läßt sie sich mit 1–2 Eßlöffeln kochendem Wasser wieder glattrühren.

### VARIATIONEN

Als Geschmacksbeigabe sind Petersilie, Kerbel und Schnittlauch zu empfehlen.
Thymian, Rosmarin, Basilikum, Salbei ergeben eine Mayonnaise provençal.

Die 4 angeführten Grundrezepte sollen nur eine Anregung zu eigenem Experimentieren darstellen. Mischen Sie mit Eiern, Quark, verschiedenen Senfsorten, stellen Sie eigene Kräutermischungen her. Tomatenmark, rote Bete oder Paprika färben Ihre Marinaden rot; Gelbwürzel (Kurkuma) oder Curry passen zu Senfsoßen und färben gelb.
Mengen Sie gehackte Nüsse und Früchte unter!
Haben Sie dann 4–8 Lieblingsmarinaden entwickelt, laden Sie Ihre Freunde zum Salatfondue.

Mit frischen Vollkornbrötchen und Butter oder mit heißem Knoblauchbrot ergibt das Salatfondue ein wahres Festmahl.
Sie können auch ein Käsebrett dazureichen oder aber die Platte mit Käsewürfeln (Gorgonzola, Schafskäse) garnieren.

## Salatfondue

(Farbtafel Seite 56)

### ZUTATEN

etwa 1 kg Salat und rohes Gemüse (es eignen sich alle Blattsalate, besonders Chicorée und Radicchio; außerdem: Spinat, Mangold, Rettich, Gurken, Zucchini, Tomaten, Kapuzinerblüten, Paprikaschoten, Gemüsezwiebeln, Kohl)
4–8 verschiedene Salatmarinaden
4–6 Eier
½ kg Obst ( es sind Orangen, Bananen, Äpfel, Birnen, Kiwi und Weintrauben geeignet)
Zitronensaft

### ZUBEREITUNG

Die Salate waschen und putzen. Dabei die Blätter nach Möglichkeit ganz lassen. Auf einer großen Platte anrichten. Die Gemüse und das Obst als Scheiben, Ringe, Schnitze oder Streifen dazugeben und mit Zitronensaft beträufeln. Mit den halben Eiern dekorieren. Die Salatmarinaden in Schüsselchen um die Platte herum anordnen.

## Kopfsalat mit Kresse

### ZUTATEN

1 Kopfsalat
1 Handvoll Brunnenkressespitzen
1 Handvoll breitblättrige
Gartenkresse
1 Handvoll Kressesprossen
1–2 Blätter Kapuzinerkresse
Joghurtmarinade

### ZUBEREITUNG

Einen Teil der Kressesorten und die Kapuzinerkresse feingehackt mit der Marinade anrühren. Auf diese Weise kommt das würzige Kressearoma voll zur Geltung.

## Eissalat mit Walnüssen

### ZUTATEN

1 Eissalat
Sauerrahmmarinade
etwa 6 Walnußkerne

### ZUBEREITUNG

Gut die Hälfte der Walnußkerne feingehackt in die Marinade geben, den Rest in gröberen Stükken oben auf den angemachten Salat streuen.

## Feldsalat mit Orangen

### ZUTATEN

100–200 g Feldsalat
2 Orangen
Marinade aus Zitronensaft, Öl, Kräutersalz, Pfeffer und Zwiebeln nach Belieben

### ZUBEREITUNG

Die Orangen in Stückchen schneiden, unter den Feldsalat mischen und anrichten.

## Blühender Frühlingssalat

### ZUTATEN

1 Schüssel gemischter Salat aus dem Garten: Spinatblätter, junge Mangoldblätter, junge Löwenzahnblätter, Winterkopfsalat, Ackersalat, einige Blättchen Schafgarbe und Spitzwegerich, Wasserkressenspitzen, Radieschenscheiben, Eiszapfenrettich
1 Tasse gerade aufgeblühte Gänseblümchen

Als Marinade eine Vinaigrette, statt Essig Zitrone verwenden.

## Gemischter Sommersalat

1 Schüssel Pflücksalat, Sauerampfer, Gurkenscheiben, Spinat- und Meldeblätter sowie Gartenkresse mit Joghurt-Kräuter-Marinade und viel Dill anrichten.

## Blühender Herbstsalat

1 Schüssel Endiviensalat, Kresse, junger Spinat, Mangoldblätter, Kapuzinerkresseblüten und Borretschblüten mit Joghurt-, Sauerrahm- oder Vinaigrettemarinade anmachen.
Haben Sie eine der weißen Marinaden ausgewählt, sollten Sie nur den grünen Salat anmachen und die Blüten daraufstreuen, sonst verschwinden die leuchtenden Farben.

## Gemischter Wintersalat

1 Schüssel Chicorée, Radicchio, Feldsalat, Spinatblätter.
Als Marinade ist eine Sauerrahm-Senf-Ei-Soße geeignet mit Kräutern von der Fensterbank. Sie können auch feingehackten Lauch oder Grünkohl untermengen.

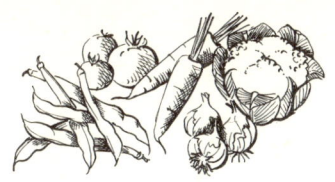

# GEMÜSE IN ALLEN VARIATIONEN

Gemüse enthält wichtige Spurenelemente, Mineralstoffe, Vitamine und auch Eiweiß. Es liefert dem Körper jenen Anteil Ballaststoffe, den er zur Verdauung benötigt.

Verwenden Sie viel rohes Gemüse, das selbstverständlich ungespritzt und ohne Kunstdünger gezogen sein sollte. Geben Sie sich jedoch nicht der Illusion hin, Ihr eigenes Gemüse oder das aus biologischem Anbau sei frei von Rückständen. Die belastete Umwelt hört am Zaun des Biogärtners nicht auf! Die Schadstoffe aus Luft, Regen und Boden sollten aber nicht durch falsche Düngung und Spritzgifte vermehrt werden. Verwenden Sie nach Möglichkeit Freilandgemüse (auch im Winter liefert der Garten schmackhafte Gemüse, wie zum Beispiel Grünkohl, Lauch, Rosenkohl, Brokkoli, Pastinaken).

Reichern Sie rohe Gemüse mit eiweißhaltigen und ruhig auch fetthaltigen Marinaden an (mit Sauermilch, Joghurt, Quark, Mayonnaise, Bierhefeflocken, Nüssen).

Wenn Sie Gemüse garen, dünsten oder dämpfen, dann tun Sie es knapp und schonend. Die Chinesen, bekannt für köstliche Gemüsegerichte, dämpfen sie im „Chi-go", einem Dampftopf aus Ton. Dieser Topf kann auch bei uns gekauft werden. Er lohnt sich für Leute, die auf einem Herd kochen, der auch zum Heizen verwendet wird und auf dem das Dämpfwasser lange genug vor sich hin bullern kann, ohne Energie zu verschwenden.

Wird Gemüse zu lange gegart, wird es weich und unansehnlich, wertvolle Inhaltsstoffe werden zerstört. Richtig gegartes Gemüse hat Biß!

Würzen Sie gegartes Gemüse reichlich mit frischen Kräutern.

## ROHKOST

### Rote-Bete-Salat

ZUTATEN

500 g rote Rüben
2–3 Äpfel
1 EL Zitrone
Joghurt oder saure Sahne
Salz

ZUBEREITUNG

Die Rüben und die Äpfel schälen und reiben, mit der Marinade anrichten.

### Sauerkrautsalat
(Farbtafel Seite 55)

ZUTATEN

500 g rohes Sauerkraut
1 Zwiebel (feingeschnitten)
2 Äpfel
4–6 Walnußkerne
2–3 EL Sonnenblumenöl

ZUBEREITUNG

Das Sauerkraut wird mit der Gabel gelockert, die Äpfel werden in feine Scheibchen geschnitten, die Nüsse gehackt. Äpfel und Nüsse mit der feingeschnittenen Zwiebel und dem Öl untermengen.

## Möhren-Pastinaken-Rohkost

ZUTATEN

3–4 Möhren
3 Pastinaken
1 Tasse Kresse oder Keim-
mischung aus Kresse, Rettich,
Alfalfa
Joghurt-Kräuter-Marinade mit
Zwiebelröhrchen und Knoblauch.

ZUBEREITUNG

Die Wurzeln waschen, schaben,
fein raspeln und mit der Kresse
oder der Keimmischung mengen.
Mit der Marinade anrichten.

## Fenchelsalat

(Farbtafel Seite 128)

ZUTATEN

4 Fenchelknollen
Marinade aus Zitronensaft, Kräutersalz, Olivenöl

ZUBEREITUNG

Die Fenchelknollen von den äußeren harten Blättern befreien und in
dünne Scheiben schneiden. Mit der
Marinade anrichten und etwa
15 Minuten ziehen lassen. Mit
geschnittenem Fenchelkraut oder
Pimpinelle überstreuen.

## Gurkensalat

ZUTATEN

1 Salatgurke
Marinade aus Joghurt oder
Sauerrahm mit viel Dill

ZUBEREITUNG

Die Gurke schälen, in dünne
Scheibchen schneiden und erst
kurz vor dem Servieren anrichten.
Am besten bereiten Sie Gurken-
salat ohne Öl, er ist dann leichter
verdaulich.

## Zucchinisalat

ZUTATEN

1–2 Zucchini
Joghurt-
oder Sauerrahmmarinade
mit Oliven- oder Walnußöl
1 Knoblauchzehe

ZUBEREITUNG

Die Zucchini waschen, in dünne
Scheiben schneiden oder hobeln,
die Knoblauchzehe darüber aus-
quetschen und alles mit der Marinade anrichten.
Sie können die Zucchini auch in
Stifte schneiden.

## Weißkohlsalat

ZUTATEN

1 kleiner Kopf Weißkohl

Marinade: Vinaigrette mit viel
Zwiebeln

ZUBEREITUNG

Die äußeren Blätter und den Strunk
entfernen, den Kopf schneiden
oder hobeln und in der Marinade
mindestens ½ Stunde ziehen lassen.
Wer will, kann vor dem Anrichten
noch Mayonnaise oder Sahne
dazugeben.
Rotkohlsalat (Farbtafel Seite 128)
wird ebenso zubereitet, allerdings
schmeckt er mit Apfelstückchen
und Walnüssen besser.

Selbstverständlich können Sie aus
Grünkohl, Wirsing, Blumenkohl
und Chinakohl entsprechende
Salate herstellen.

Farbtafel 6:
Milchsäuregärung
(Rezept Seite 141),
Sauerkrautsalat
(Rezept Seite 53)

## Zucchini-Melonen-Gurken-Salat

### ZUTATEN

1 dicke Wassermelonenscheibe
½ Zucchini
½ Gurke
Saft von ½ Zitrone
Paprikaoliven
Joghurtmarinade mit Dill,
Borretsch, Sauerampfer,
Zitronenmelisse, Thymian

### ZUBEREITUNG

Die Kerne der Wassermelone, der Zucchini und der Gurke entfernen, das Fruchtfleisch in Würfelchen schneiden. Mit Zitronensaft beträufeln und stehenlassen.
Die Oliven in Scheibchen schneiden und untermengen. Alles mit der Marinade anrichten. Sie können die Schüssel mit einigen roten Melonenstücken oder einem Zweig Zitronenmelisse garnieren.

Farbtafel 7:
Salatfondue
(Rezept Seite 51),
Salatmarinaden
(Rezepte Seite 50)

## Selleriesalat

### ZUTATEN

1–2 Sellerieknollen
Joghurtmarinade
oder Mayonnaise

### ZUBEREITUNG

Die Sellerieknollen schälen, raspeln und mit der Marinade vermengen.

## Rettichsalat mit Bananen

### ZUTATEN

2–4 rote Rettiche
1 Banane
1 EL Zitronensaft
2 EL Öl
Salz
1 Becher Joghurt

### ZUBEREITUNG

Die Rettiche in dünne Scheiben schneiden, nicht hobeln, mit Salz bestreuen und mit Zitronensaft beträufeln.
Kurz vor dem Anrichten die Bananenscheiben hinzugeben und alles mit Öl und Joghurt anrichten.

## Bohnen-Tomaten-Gurken-Salat

### ZUTATEN

500 g grüne Bohnen
Kräutersalz
Wasser
1 Zwiebel
2–3 Tomaten
1 kleine Gurke
2–3 EL Apfelessig
Bohnenkraut, Estragon,
Pimpinelle, Borretsch
2 EL Öl

### ZUBEREITUNG

Die Bohnen mit mildem Salzwasser und etwas Bohnenkraut knapp gar kochen (etwa 15 Minuten). Sie sind roh giftig und müssen auch für einen Salat gekocht werden. Das Kochwasser kann für Suppen oder Soßen weiterverwendet werden.
Die Zwiebel kleinschneiden und unter die warmen Bohnen geben. Mit dem Essig anmachen, eventuell etwas Kochwasser hinzugeben. Zugedeckt mindestens 1 Stunde ziehen lassen.
Die Gurke und die Tomaten in Scheiben schneiden, die Kräuter hacken und alles gemeinsam anrichten. Zuletzt das Öl hinzugeben.

## Griechischer Salat

ZUTATEN

4–6 Tomaten
2–4 Paprikaschoten (möglichst
die schlanken hellgrünen aus
Griechenland)
1 Gemüsezwiebel
10–15 Oliven (am besten
schwarze, spitze aus
Griechenland)
5 griechische Peperoni
Salz
große Petersilienblättchen
Marinade:
1–2 EL Essig
2–3 EL Olivenöl
100 g Schafskäse

ZUBEREITUNG

Die Tomaten in Scheiben schneiden, auf eine Platte legen und salzen.
Die Paprikaschoten in Ringe
schneiden und so auf die Tomaten
legen, daß die äußere Reihe noch
sichtbar ist. Entsprechend auf dem
Paprika die Zwiebelringe verteilen.
Peperoni und Oliven darüberstreuen und den kleingeschnittenen Schafskäse in der Mitte anordnen.
Zuletzt mit Essig und Olivenöl
übergießen.

Zwischen die Tomaten und Papri-
karinge kann man auch gesalzene
und gepfefferte Gurkenscheiben
legen.
Mit den Petersilienblättchen überstreuen.

## Waldorfsalat

(Farbtafel Seite 128)

ZUTATEN

2–3 Äpfel
2 Möhren
¼–½ Sellerieknolle
125 g grob gehackte Hasel- oder
Walnüsse
3 Scheiben Ananas oder (und)
1 Orange
1 Handvoll blaue Weintrauben
1 EL Zitronensaft

ZUBEREITUNG

Die Äpfel und die Ananas in kleine
Stücke schneiden. Die Möhren und
die Sellerie grob raspeln und mit
dem Zitronensaft vermengen.
Große Weintrauben halbieren und
die Kerne entfernen.
Einen Teil der Nüsse beiseitelegen.
Die übrigen Nüsse mit allen Zutaten und der Mayonnaise vermengen. Mit den aufgesparten Nüssen
überstreuen.

## Tomaten-Paprika-Salat

ZUTATEN

3 Paprikaschoten
6–9 Tomaten (je nach Größe)
2 Eier
1 Becher Joghurt
2 EL Zitronensaft
2 EL Öl
2 EL Obstessig
½ TL Paprikapulver
1 TL Senf
Kräutersalz
Pfeffer

ZUBEREITUNG

Die Paprika putzen und in feine
Streifen schneiden. Die Tomaten
achteln.
Die Eier hartkochen und das Eiweiß
in Streifen schneiden. Paprika,
Tomaten und Eiweiß in eine Schüssel geben.
Die Eidotter zerdrücken und
zusammen mit dem Joghurt, dem
Öl, dem Obstessig, dem Senf und
den Gewürzen zu einer Marinade
verrühren.
Die Marinade vorsichtig unter die
Paprika und die Tomaten mengen,
den Salat gleich servieren.

# GEDÜNSTETES GEMÜSE

## Grundrezept

### ZUTATEN

1 kg Gemüse
40 g Butter
etwa ¼ l Wasser
zum Würzen:
Zwiebeln, Kräuter, Salz, Bierhefeflocken, Essig, Wein, Senf, Reibkäse, Joghurt, saure Sahne und, und, und …

### ZUBEREITUNG

Das Gemüse waschen und entsprechend der Sorte zerkleinern. Blumenkohl zum Beispiel in Röschen zerteilen, Möhren in Scheiben, Würfel oder Stifte schneiden, Fenchelknollen halbieren, Kohlrabi, Sellerie und Topinambur in Stifte oder Scheiben, Lauch in 2–3 cm lange Stücke schneiden.
Das Gemüse in der Butter andünsten, ablöschen (mit wenig Wasser) und zugedeckt gar kochen. Würzen. Werden Zwiebeln und Kräuter verwendet, sind sie in der Butter mitzudünsten. Die anderen Würzzutaten werden später untergerührt.

Wer gebundenes Gemüse liebt, kann gegen Ende der Garzeit, wenn das Wasser nahezu eingedampft ist, etwas Mehl übersieben und mit zusätzlichem Wasser ablöschen oder auch Sahne und Reibkäse hinzugeben.
Garzeit 15–20 Minuten.

## Topinambur

### ZUTATEN

10–20 Knollen Topinambur
40 g Butter
Petersilie, Zwiebelröhrchen, Knoblauchspitzen
¼ l Wasser
2 EL Mehl
Kräutersalz
Pfeffer

### ZUBEREITUNG

Die Knollen waschen, schälen und in dünne Scheiben schneiden.
Gemeinsam mit den Kräutern in der Butter dünsten, mit wenig Wasser ablöschen und zugedeckt 10 Minuten garen.
Das Mehl darübersieben, etwas Wasser hinzugießen, würzen und weitere 5 Minuten garen.

Topinambur schmeckt zu Pfannkuchen und Salat.

## Buntes Junigemüse

### ZUTATEN

400 g junge Möhren
400 g junge Erbsen
Zwiebelröhrchen, Knoblauchspitzen, Mangold, Spinat, Sauerampfer, Petersilie, Brennesselblätter, Liebstöckel
60 g Butter

### ZUBEREITUNG

Die Möhren gut waschen und in Scheiben schneiden, die Kräuter (etwas Petersilie zurückhalten) mit den aus den Hülsen geschälten Erbsen hinzugeben und alles in 40 g Butter dünsten. Nur wenn unbedingt nötig, Wasser beifügen.
Garzeit 15 Minuten.
Vor dem Servieren mit Petersilie überstreuen und die restliche Butter in Flöckchen daraufgeben.

### VARIATIONEN

Haben Sie Spargelreste, geben Sie sie in Stückchen die letzten 5 Minuten ins Gemüse, das schmeckt!

Sie können aber auch Spitzen von wildem Hopfen mitdünsten. Diese sehen aus wie kleine grüne Spargel und schmecken ganz ähnlich.

## Gedünstete Erbsen nach französischer Art

### ZUTATEN

1 großer, fester Kopfsalat
600 g frische grüne Erbsen
10 sehr kleine weiße Zwiebeln
(Perlzwiebeln)
6 Petersilienstengel
80 g Butter
⅛ l Wasser
1 TL Meersalz
frisch gemahlener Pfeffer

### ZUBEREITUNG

Vom Salat die äußeren welken Blätter und den Strunk entfernen und unter fließendem kalten Wasser abspülen.
Dann den Salat vierteln und ihn zusammenbinden, damit er beim Kochen nicht auseinanderfällt. Die Petersilienstengel ebenfalls zusammenbinden.
In einem Topf die Erbsen, die Salatviertel, die Petersilienstengel, die geschälten ganzen Zwiebeln, das Wasser mit dem Salz und der halben Menge Butter zum Kochen bringen. Unter gelegentlichem, vorsichtigem Umrühren in 20 bis 30 Minuten auf kleiner Hitzestufe fertiggaren.

Die Petersilienstengel herausnehmen, die restliche Butter unterrühren und mit frisch gemahlenem Pfeffer abschmecken.

## Pastinaken-Möhren-Gemüse

### ZUTATEN

2–4 Pastinaken
2 Möhren
40 g Butter
Zwiebel, Petersilie, Liebstöckel, Knoblauchspitzen, Kräutersalz, Pfeffer, Muskat

### ZUBEREITUNG

Die gewaschenen, geschabten Wurzeln in Scheiben, Würfel oder Stifte schneiden und mit den gehackten Zutaten in der Butter dünsten. Nach Belieben mit Mehl überstreuen, ablöschen, würzen. Etwa 20 Minuten Garzeit.

Sie können am Ende noch etwas rohgeriebene Pastinake hinzugeben und mit Petersilie überstreuen. Servieren Sie das Gemüse zu panierten Kartoffelscheiben und Salat.

## Joghurtspinat

### ZUTATEN

1 kg Spinat
50 g Butter
Salz, Muskat, Pfeffer
¼ l Joghurt

### ZUBEREITUNG

Die Spinatblätter waschen und abtropfen lassen. In einen großen Topf geben, dabei die Butter als Flöckchen zwischen den Blättern verteilen. Salz darüberstreuen. Den Deckel schließen und den Topf so lange erhitzen, bis der Spinat zusammengefallen ist (etwa 3 Minuten). Würzen.
Den Topf vom Feuer nehmen, den Joghurt einrühren und sofort servieren.

Schmeckt zu Kartoffeln und Spiegelei.

Junger Mangold kann ebenso zubereitet werden. Bei größeren Blättern empfiehlt es sich, die Stiele und Adern kleinzuschneiden und zuerst anzudünsten und dann das Grüne der Blätter grob zerkleinert hinzuzugeben.

## Gedünsteter Mangold

ZUTATEN

750 g Mangold
1 Zwiebel
1 Knoblauchzehe
3 EL Öl
eventuell etwas Wasser
Kräutersalz
frisch gemahlener Pfeffer

ZUBEREITUNG

Den Mangold waschen und in
Streifen schneiden (die Stiele werden mitverwendet).
Die kleingehackte Zwiebel und den
Knoblauch im Öl andünsten, den
Mangold hinzugeben und etwa
15 Minuten auf kleiner Hitzestufe
garen. Eventuell etwas Wasser hinzufügen.
Mit dem Kräutersalz und dem Pfeffer kräftig abschmecken.

VARIATIONEN

6 Eßlöffel Sahne zum Abschluß
unter das Gemüse ziehen.
2 Eier verquirlen, 50 g geriebenen
Käse mit den Eiern vermischen,
über den Mangold geben und
10 Minuten im Ofen bei 220 Grad
überbacken.
Den gedünsteten Mangold als Füllung für einen Pfannkuchenteig

verwenden und zusammen mit
einer Tomatensoße servieren
(Rezept siehe unten).

Auf die gleiche Art können Sie
Spinat zubereiten.

## Mangoldpfannkuchen

ZUTATEN

500 g Mangold, nach obenstehendem Rezept zubereitet
Pfannkuchenteig:
250 g Weizen
2 Eier
1 Becher Joghurt
¼ l Mineralwasser
2 EL Bierhefeflocken
1 TL Kräutersalz

Tomatensoße:
2 EL Öl
1 kleine Zwiebel
1 Knoblauchzehe
500 g Tomaten
½ Gemüsebrühwürfel
½ TL Thymian
1 TL Basilikum
1 TL Kräutersalz
frisch gemahlener Pfeffer
4 EL süße Sahne
4 EL geriebener Käse zum
Bestreuen

ZUBEREITUNG

Den Weizen mahlen, mit den Eiern,
dem Joghurt, dem Mineralwasser
und den Gewürzen verrühren und
½ Stunde quellen lassen.
In der Zwischenzeit den Mangold
nach obigem Rezept zubereiten.
Für die Tomatensoße das Öl erhitzen, die gewürfelte Zwiebel und die
zerdrückte Knoblauchzehe andünsten, die abgezogenen Tomaten
und den halben Gemüsebrühwürfel hinzugeben und 15 Minuten auf
kleiner Hitzestufe köcheln lassen.
Mit den Gewürzen und der Sahne
abschmecken.
Aus dem Pfannkuchenteig die
Pfannkuchen backen und mit dem
Mangold füllen.
Diese in eine gefettete Auflaufform
geben, die Tomatensoße darübergießen und mit dem geriebenen
Käse bestreuen.
Bei 220 Grad im Backofen auf der
mittleren Leiste so lange backen,
bis der Käse geschmolzen ist.

# Blumenkohl

## ZUTATEN

1 Blumenkohl
½ Zwiebel
1 Petersilienzweig
1 Selleriezweig
2–3 Minzeblätter

## ZUBEREITUNG

Den Blumenkohl waschen; sind Raupen und Blattläuse daran, empfiehlt es sich, ihn kurz in kräftiges Salz- oder Essigwasser zu legen.
Den Strunk abschneiden, schälen und in Scheiben schneiden. Er wird mitgekocht, damit eine kräftige Gemüsebrühe (zur Weiterverarbeitung für Suppen und Soßen) entsteht.
Den Kopf mit den Kräutern und den Strunkscheiben in leicht gesalzenem Wasser gar kochen (15 Minuten). Den Blumenkohl aus dem Kochwasser holen (die Brühe kann ruhig noch weiterkochen) und in einer Schüssel warm stellen.

Servieren Sie ihn mit Buttersoße zu Kartoffeln oder Pfannkuchen.

# Buttersoße

## ZUTATEN

40 g Butter
40 g Mehl
⅛ l Mehl
gut ⅛ l Brühe, in diesem Fall Blumenkohlwasser
1 Lorbeerblatt
Zitronensaft
weißer Pfeffer
1 EL Butter

## ZUBEREITUNG

Das Mehl in der Butter andünsten und mit Milch ablöschen. Dann die Brühe hinzugießen, mit dem Lorbeerblatt 3–5 Minuten aufkochen. Würzen und das Butterstückchen hinzugeben.

## VARIATION

Dünsten Sie Zwiebeln mit, geben Sie je nach Geschmack Weißwein, Kümmel, Meerrettich, Ei, Sahne oder Käse zu. Würzen und Färben Sie mit Curry, Senf, Kräutern oder Kapern.

# Fenchelgemüse

## ZUTATEN

4–6 Fenchelknollen
40 g Butter
Salz, Pfeffer
Fenchelkraut
etwas Wasser
100 g geriebener Emmentaler Käse

## ZUBEREITUNG

Den Wurzelansatz der Knollen abschneiden und die derben, angetrockneten äußeren Blätter entfernen. Die Knollen längs halbieren und in der Butter dünsten. Etwas Wasser hinzugießen und zugedeckt etwa 30 Minuten garen. Vor dem Anrichten den Käse und das gehackte Fenchelkraut darüberstreuen.

## VARIATION

Sie können die Fenchelknollen auch in wenig Salzwasser weichkochen und aus der Brühe eine Käsesoße (siehe oben) herstellen.

# Spargel

## ZUTATEN

1 kg Spargel
Salz

## ZUBEREITUNG

Die Spargelstangen vorsichtig schälen, die holzigen Teile abschneiden. In leicht gesalzenes kochendes Wasser geben und etwa 30 Minuten kochen.
Aus dem Spargelwasser können Sie eine Buttersoße (siehe „Blumenkohl") oder eine Spargelcremesuppe herstellen (siehe im Kapitel „Resteverwertung").

Servieren Sie den Spargel mit zerlassener Butter oder mit einer

# Sauce Hollandaise

## ZUTATEN

2 Eidotter
1 EL Weißwein
Saft von ½ Zitrone
Salz, Pfeffer
200 g Butter

## ZUBEREITUNG

Die Eidotter mit dem Weißwein, dem Zitronensaft und den Gewürzen in einem Schüsselchen verquirlen. Die Schüssel in heißes (nicht kochendes) Wasser stellen und die Masse cremig rühren. Die geschmolzene Butter tropfenweise unter die Masse schlagen. Sofort servieren.

# Gedünsteter Brokkoli

## ZUTATEN

1 kg Brokkoli
2 TL Öl
½ l Gemüsebrühe
Kräutersalz
frisch gemahlener Peffer

## ZUBEREITUNG

Den Brokkoli putzen, dicke Stiele eventuell schälen und kleinschneiden.
Das Öl zur Gemüsebrühe geben und die Brokkoliröschen und -stiele etwa 15 Minuten garen. Mit Kräutersalz und Peffer abschmecken.

Entweder die Gemüsebrühe mit 2 Eidottern und 4 Eßlöffel Zitronensaft abschmecken oder sie für eine Käsesoße weiterverwenden.

# Käsesoße

## ZUTATEN

2 EL frisch gemahlener Weizen
40 g Butter
1 Zwiebel
½ l Flüssigkeit
(die abgegossene Brokkolibrühe mit Milch auffüllen)
1 Lorbeerblatt
Kräutersalz
frisch gemahlener Pfeffer
2 EL Bierhefeflocken
50 g geriebener Käse

## ZUBEREITUNG

Den frisch gemahlenen Weizen in einer Pfanne kurz rösten und abkühlen lassen.
Die kleingewürfelte Zwiebel in dem Fett glasig dünsten.
Den Weizen unter Rühren zu der Milch-Gemüse-Brühe geben, das Lorbeerblatt hinzufügen und aufkochen lassen.
Die Zwiebelwürfel und den geriebenen Käse hinzufügen und 5 Minuten ziehen lassen.
Mit Kräutersalz, frisch gemahlenem Pfeffer und den Hefeflocken abschmecken und über den gedünsteten Brokkoli geben.

Dazu paßt ein Kartoffelgratin.

# GEFÜLLTES GEMÜSE

## Füllung für Gemüse, Grundrezept:

ZUTATEN

1 Tasse halbgar gekochtes
Getreide (ungefähr 12 Minuten)
1 TL gekörnte Brühe
1–2 Eier
3 EL Quark und Sauerrahm (oder
Joghurt)
Kräutersalz, Pfeffer, verschiedene
feingeschnittene Kräuter zum
Würzen

ZUBEREITUNG

Die Zutaten gut vermengen und
kräftig abschmecken.

## Gefüllte Gurken

ZUTATEN

2 dicke Gurken
1 Knoblauchzehe
1 reife Tomate
oder 1 TL Tomatenmark
3–4 EL Öl (Sonnenblumenöl)

Füllung:
Grundrezept mit Hirse oder Reis
1 Blatt Borretsch
1 Blatt Kapuzinerkresse
1 Bund Dill
1 EL Pinienkerne

ZUBEREITUNG

Die Gurken schälen, in fingerlange
Stücke schneiden und aushöhlen.
Die Kräuter fein schneiden, etwas
Dill beiseite legen, mit den anderen Zutaten mischen und die Gurken locker füllen.
Das Öl erhitzen, die feingewiegte
Knoblauchzehe hinzugeben, dann
die Gurken senkrecht in den Topf
stellen. Kurz in heißem Öl anbraten, die geschälte Tomate beziehungsweise das Tomatenmark
hinzufügen und mit wenig heißem
Wasser ablöschen. Bei geschlossenem Deckel etwa 20 Minuten
köcheln lassen.
Vor dem Servieren den restlichen
Dill darüberstreuen.

Schmeckt mit grünem oder buntem Salat. Bei großem Hunger
kann man die Gurken auf einem
Reis- oder Hirseberg servieren.

## Paprika mit Gemüsefüllung

ZUTATEN

4 Paprikaschoten

Füllung:
500 g Zucchini
1 Zwiebel
1 Knoblauchzehe
4 EL Öl
1 TL Kräutersalz
1 TL Oregano
frisch gemahlener Pfeffer
250 g Quark
1 Bund Petersilie
1 Bund Schnittlauch
1 Ei
1 TL Kräutersalz
frisch gemahlener Pfeffer
4 Tomaten
1/8 l Gemüsebrühe

ZUBEREITUNG

Von den Paprikaschoten knapp
einen Deckel abschneiden und das
Innere entfernen.
Zucchini in kleine Würfel schneiden
und zusammen mit der gehackten Zwiebel und dem zerdrückten
Knoblauch im Öl andünsten, abkühlen lassen und mit Salz, Pfeffer
und Oregano würzen.

Den Quark mit dem Ei, der gehackten Petersilie, den Schnittlauchröllchen verrühren und mit frisch gemahlenem Pfeffer und Kräutersalz abschmecken.

Das Gemüse unterrühren und die Paprikaschoten damit füllen. Diese in eine feuerfeste Form füllen, die Gemüsebrühe hinzugießen und die enthäuteten, mit Kräutersalz und Oregano bestreuten Tomaten danebenlegen.

Im Backofen auf der untersten Leiste bei 200 Grad etwa 50 bis 60 Minuten garen.

## Geschmorte Tomaten, grün gefüllt

### ZUTATEN

8–10 große, feste Tomaten

Füllung:
Grundrezept mit Grünkern
½–1 grüne Paprika
2 EL Petersilie (feingehackt)
1 Zwiebel
1 Blatt Kapuzinerkresse, einige Spinat- oder Mangoldblätter, Liebstöckel, Pfeffer
40 g Butter
½ Becher Joghurt

### ZUBEREITUNG

Die feingehackte Zwiebel, die Paprika und die Petersilie werden in Butter glasig gedünstet und dann mit dem kleingeschnittenen Spinat oder Mangold und der Kapuzinerkresse unter die Füllung gemengt. Kräftig abschmecken.
Die ausgehöhlten Tomaten füllen, den Anschnitt als Deckel oben aufsetzen, alle nebeneinander in einen Brattopf mit heißer Butter setzen. Das Innere der Tomaten kommt, eventuell mit ½ Knoblauchzehe vermengt, als Fond in den Topf. Sollte es anhängen, etwas Wasser hinzugießen. Langsam gar schmoren. Nach 20 Minuten vom Feuer nehmen und den Joghurt einrühren.

## Gefüllte Zucchini

### ZUTATEN

4 Zucchini

Füllung:
800 g Tomaten
100 g Walnußkerne
70 g Emmentaler Käse
1 Bund Schnittlauch
2 große Eier

1 TL Kräutersalz
1 TL Oregano
½ TL Koriander
frisch gemahlener Pfeffer
etwas Zitronensaft
⅛ l Gemüsebrühe

### ZUBEREITUNG

Die Zucchini waschen und im Salzwasser 5 Minuten kochen, herausnehmen und abtropfen lassen.
Die Zucchini halbieren und das Innere vorsichtig mit einem Teelöffel auskratzen.
Die Tomaten abziehen. 2 Tomaten und das Innere der Zucchini würfeln, die übrigen Tomaten in Scheiben schneiden.
Eine Auflaufform mit den Tomatenscheiben auslegen, diese mit Pfeffer, Kräutersalz und Oregano bestreuen und die Brühe hinzugießen.
Die Tomaten- und Zucchiniwürfel mit den gehackten Walnüssen, den Eiern, dem Käse und den Schnittlauchröllchen vermischen. Mit Kräutersalz, Pfeffer, Koriander und Zitronensaft abschmecken. Die Masse in die Zucchini füllen.
Die Zucchinihälften auf die Tomaten legen und die Auflaufform in den kalten Backofen schieben. Bei 220 Grad 30 Minuten schmoren.

# Feuerpaprika

### ZUTATEN

6–8 rote Paprikaschoten

Füllung:
Grundrezept Gemüsefüllung mit
Reis (siehe Seite 64)
1 Zwiebel
1–2 Knoblauchzehen
Petersilie, Rosmarin, Thymian,
Kapuzinerkresse, Salz, Paprika,
Cayennepfeffer
2 EL Tomatenmark
½ Tasse Pinienkerne
und Korinthen gemischt
4 EL Olivenöl
¼–½ l Wasser
⅛ saure Sahne

### ZUBEREITUNG

Die gehackte Zwiebel und die
Knoblauchzehen mit den feingeschnittenen Kräutern in etwas Öl
dünsten. Gemeinsam mit den
Pinienkernen und der Hälfte des
Tomatenmarks unter die Grund-
masse mengen, kräftig würzen.
Die Paprikaschoten füllen und auf
jede 1 Eßlöffel saure Sahne geben.
Kräftig im Öl anbraten, restliches
Tomatenmark hinzugeben und
mit Wasser ablöschen. Langsam
weich schmoren (Deckel zu!).

# Gefüllte Auberginen

### ZUTATEN

2 große
oder 3–4 kleine Auberginen
1–3 Knoblauchzehen
2 große Zwiebeln
Saft von ½ Zitrone
2–4 EL Olivenöl
Füllung:
Grundrezept mit Reis
(siehe Seite 64)
1 EL Petersilie (feingeschnitten)
1 EL Basilikum
Pfeffer, Kräutersalz, Kreuzkümmel
50 g geriebener Käse

### ZUBEREITUNG

Die Auberginen waschen, der
Länge nach halbieren, mit einem
Eßlöffel das Innere herausholen,
so daß Schiffchen von etwa 1 cm
Wandstärke entstehen, mit Zitronensaft beträufeln.
Die Füllung aus Reis, Rahm, Quark,
Käse, Petersilie, Basilikum gut vermengen und alles kräftig mit frisch
gemahlenem Pfeffer, Kreuzkümmel und Kräutersalz würzen.
Die gefüllten Auberginen auf ein
gefettetes Backblech oder eine
flache Auflaufform legen und in
den Backofen schieben (Stufe 8/
200 Grad).

Die Zwiebeln in feine Ringe schneiden und gemeinsam mit den
gehackten Knoblauchzehen und
reichlich Öl in der Pfanne glasig
dünsten, am Schluß über die
Auberginen gießen.
Garzeit 20 Minuten, nach 10 Minuten gegebenenfalls auf 150 Grad
zurückschalten.

# Kohlrouladen
# mit Kartoffelfüllung

### ZUTATEN

10–12 schöne große Kohlblätter
(am besten Spitzkraut)
2 EL Öl

Füllung:
4–6 Kartoffeln, möglichst
frisch gekocht und noch warm
1 Bund Petersilie
1 Zwiebel
½ Möhre
Liebstöckelblätter
Sellerieblätter
oder 1 Stückchen Sellerieknolle
oder 1 Stengel Staudensellerie
Majoran
2 EL Öl
1–2 Eier
2 EL Joghurt
Kräutersalz, Muskat

Die Kohlblätter werden in Salzwasser halbweich gekocht, die dicksten Rippen etwas abflachen.

Die Zwiebel wird feingehackt, die Möhre geraspelt und beides mit der gehackten Petersilie, dem Sellerie und den Majoranblättern in Öl einige Zeit angedünstet.

Die noch warmen Kartoffeln werden mit der Gabel zerdrückt und mit den gedünsteten Gemüsen, dem Ei und dem Joghurt vermengt. Kräftig würzen!

Die fertige Füllung wird in die Mitte der Blätter gegeben, seitlich eingeschlagen und zusammengewickelt; wenn nötig, mit einem Rouladenspieß befestigen oder mit Faden umwickeln.

Im heißen Öl die Rouladen schön braun braten, ablöschen und bei geschlossenem Deckel 30 Minuten weich schmoren.

Reichen Sie Tomatensoße und Feldsalat dazu, bei großem Hunger auch Kartoffeln mit Petersilie.

## Schnelle Tomatensoße

### ZUTATEN

1 Zwiebel
2 EL Tomatenmark
1 EL Butter
2 EL Mehl (Weizen, Hirse)
½ l Brühe (oder Wasser und gekörnte Brühe)
Salz, Muskat
2–3 EL Sahne

### ZUBEREITUNG

Die kleingehackte Zwiebel in der Butter gut andünsten, das Mehl dazugeben, dann das Tomatenmark und mit der Brühe ablöschen. Würzen und zuletzt die Sahne unterrühren.

Statt des Tomatenmarks können Sie 4 vollreife, große Tomaten verwenden. Es empfiehlt sich, sie in heißem Wasser kurz aufzukochen, um die Haut abschälen zu können, kleinzuschneiden und vor dem Mehl zu der Zwiebel zu geben und mitzudünsten.

Selbstverständlich eignen sich auch tiefgekühlte Tomaten. Lassen Sie sie kurz antauen, dann löst sich die Haut ohne Probleme.

Für Feinschmecker noch folgendes Rezept:

## Tomatensoße exquisit

### ZUTATEN

4 große, vollreife Tomaten
1–2 EL Öl (Sonnenblumen)
1 Zwiebel
½ l Gemüsebrühe oder Kartoffelwasser
2 Pfefferkörner
2 Pimentkörner
1 Lorbeerblatt
1 Nelke
etwas Honig
1 Stückchen Zitronenschale
1 Zweiglein Thymian
1 TL Zitronensaft
1 TL Salz
1 Messerspitze Ingwer
3 EL süße Sahne oder Butterflöckchen oder 50 g Reibkäse

### ZUBEREITUNG

Die Zwiebel kleinschneiden und in Öl andünsten. Die in Scheiben geschnittenen Tomaten dazugeben und kräftig dünsten.

Das Mehl darüberstreuen, verrühren und mit der Brühe ablöschen. Die Gemüse hinzugeben und 15 bis 20 Minuten gut durchkochen. Dann alles durch ein Sieb streichen. Die Sahne unterrühren oder mit Reibkäse oder Butterflöckchen servieren.

# ÜBERBACKENES GEMÜSE

Es gibt drei Möglichkeiten, Gemüse zu überbacken:

## 1. Das Überbacken mit Käse

ZUTATEN

750 g Gemüse
100–150 g Käse

ZUBEREITUNG

Das Gemüse wird knapp gar gekocht, in eine gefettete Auflaufform gegeben mit geriebenem Käse bestreut und so lange im Backofen bei 220 Grad überbacken, bis der Käse geschmolzen ist.

## 2. Das Überbacken mit einem Milchprodukt und Käse

ZUTATEN

750 g Gemüse
250 g saure Sahne, süße Sahne, Milch oder Joghurt
1–2 Eier
100 g geriebener Käse
Gewürze richten sich nach der Gemüseart

ZUBEREITUNG

Das knapp gar gekochte Gemüse wird in eine gefettete Auflaufform gegeben.
Die Sahne mit dem geriebenen Käse und den verquirlten Eiern verrühren, je nach Gericht würzen und über das Gemüse geben. Im Ofen bei 220 Grad etwa 15–20 Minuten überbacken.

## 3. Das Überbacken mit Käse und Getreide

ZUTATEN

750 g Gemüse
½ l Gemüsebrühe
4 EL frisch geschrotetes Getreide
1 EL Butter oder 1 Ei
50 g geriebener Käse
eventuell gehackte Petersilie

ZUBEREITUNG

Das knapp gar gekochte Gemüse in eine gefettete Auflaufform geben.
Das Kochwasser in einem Topf auffangen, eventuell mit Gemüsebrühe zu einem ½ Liter auffüllen. 4 Eßlöffel frisch geschrotetes Getreide hineinrühren und so lange kochen, bis eine sämige Masse entstanden ist.

Die Butter (oder das verquirlte Ei), den Käse und eventuell die gehackte Petersilie unterrühren und über das Gemüse geben. Im Backofen bei 220 Grad etwa 15 Minuten überbacken.

Durch die Wahl unter den verschiedenen Getreidesorten können Sie immer eine andere Geschmacksrichtung erhalten.

Es folgen einige Rezeptbeispiele.

## Überbackener Blumenkohl

ZUTATEN

1 großer Blumenkohl
⅛ l Wasser
½ TL Meersalz
8 Tomaten (400 g)
1 kleine Zwiebel
100 g geriebener Käse
250 g saure Sahne oder Joghurt
Kräutersalz
frisch gemahlener Pfeffer
Paprika
2 Bund Petersilie

Den Blumenkohl im Salzwasser knapp gar kochen.

Eine gefettete Auflaufform mit den Tomatenscheiben auslegen, die Zwiebelwürfel darauf verteilen und mit Kräutersalz, frisch gemahlenem Pfeffer und 50 g geriebenem Käse bestreuen. Die abgetropften Blumenkohlröschen auf die Käseschicht legen.

Die saure Sahne oder den Joghurt kräftig mit Kräutersalz, frisch gemahlenem Pfeffer und Paprika abschmecken, mit der kleingehackten Petersilie verrühren und über den Blumenkohl geben. Den restlichen Käse darüberstreuen.

Den Auflauf auf der mittleren Schiene in den kalten Backofen schieben und bei 220 Grad etwa 15–20 Minuten überbacken.

Dazu passen frische Weizenfladen oder Petersilienkartoffeln oder Kartoffelpüree.

Eine äußerst einfache und delikate Methode, Zucchini zuzubereiten, sind:

# Gebackene Zucchini

## ZUTATEN

1–2 nicht zu große Zucchini
reichlich Olivenöl
Salz, Pfeffer

## ZUBEREITUNG

Die Zucchini in etwa ½ cm dicke Scheiben schneiden und auf einem eingefetteten Blech im Ofen, mit Olivenöl übergossen, hellbraun backen. Vor dem Servieren würzen.

Herstellen läßt sich das einfache Gericht auch in der Bratpfanne. Wer Knoblauch liebt, kann ihn reichlich verwenden.

# Gebackene Tomaten mit Schafskäse

(Farbtafel Seite 109)

## ZUTATEN

2 EL Öl
500 g Tomaten
200 g Schafskäse
1 Zwiebel
1 Knoblauchzehe
je 1 Zweig frisches Basilikum
und Thymian
Kräutersalz
frisch gemahlener Pfeffer

Eine Auflaufform mit dem Öl einfetten. Die Tomaten und den Schafskäse in Scheiben schneiden und dachziegelartig in die Auflaufform schichten (oder die Auflaufform mit Tomatenscheiben auslegen und den gewürfelten Schafskäse darüberstreuen).

Die gewürfelte Zwiebel und die zerdrückte Knoblauchzehe darübergeben und mit Pfeffer und Kräutersalz bestreuen. Die Auflaufform auf der mittleren Schiene in den kalten Backofen schieben und bei 200 Grad 15 Minuten backen.

Mit den frischen Thymian- und Basilikumblättchen bestreuen und noch weitere 5 Minuten backen.

Dazu passen frische Weizenfladen oder Weizenklöße.

Das Gericht reicht als Vorspeise für 4, als Hauptgericht für 2 Personen.

## Gebackenes Gemüse

ZUTATEN PRO PERSON

250 g Lauch
250 g Möhren
2 EL Öl
1 Knoblauchzehe
50 g milder Käse
½ Becher Joghurt

ZUBEREITUNG

Den Lauch in feine Ringe schneiden, die Möhren raspeln und beides miteinander vermischen. Auf einen geölten feuerfesten Teller geben.
Die zerdrückte Knoblauchzehe mit dem Öl vermischen und über die Gemüsemischung geben.
Im Ofen auf der untersten Schiene bei 200 Grad so lange backen (etwas 20–30 Minuten), bis das Gemüse weich ist.
Dann den geriebenen Käse darüberstreuen und warten, bis er geschmolzen ist.
Mit Joghurt servieren.

Probieren Sie auch andere Gemüsemischungen, wie rote Bete, Zucchini, Wirsing usw.

## Kohl, überbacken

ZUTATEN

750 g Weißkohl
etwa ½ l Wasser
1 Gemüsebrühwürfel
2 EL Öl
4 EL frisch geschroteter Weizen
1 Ei
2 TL Curry
Kräutersalz
50 g geriebener Käse

ZUBEREITUNG

Den Weißkohl putzen und in schmale Streifen schneiden, in einen Topf geben. Den Brühwürfel in dem Wasser auflösen und die Hälfte zum Kohl gießen. Auf den Kohl das Öl geben.
Zugedeckt bei kleiner Hitzestufe 15 Minuten schmoren lassen.
Die Kohlbrühe abgießen und auffangen, den Kohl in eine gefettete Auflaufform geben.
Die aufgefangene Brühe auf ½ l Gemüsebrühe auffüllen. Mit Curry und Kräutersalz würzen, 4 Eßlöffel frisch geschroteten Weizen hinzugeben und kochen, bis eine sämige Masse entstanden ist.
Das Ei und den Käse unterrühren, und das Ganze über den Kohl gießen.

Im Backofen auf der mittleren Schiene bei 220 Grad etwa 15 Minuten überbacken.

## Fenchel-Gratin

ZUTATEN

3 Fenchelknollen (etwa 750 g)
250 g Tomaten
500 g Kartoffeln
⅛ l Milch
1 EL Weizen
1 Ei
100 g geriebener Käse
Pfeffer, Kräutersalz, Muskat

ZUBEREITUNG

Die Fenchelknollen dünsten; die Kartoffeln kochen und schälen.
Die Fenchelknollen, die Tomaten und die Kartoffeln in Scheiben schneiden und abwechselnd in eine gefettete Auflaufform schichten. Dabei jede Schicht leicht salzen und pfeffern.
Die Milch mit dem Ei, dem Weizen und der Hälfte des Käses verrühren, mit Pfeffer, Kräutersalz und frisch geriebener Muskatnuß abschmecken; das Ganze über den Auflauf gießen.
Mit dem restlichen Käse überstreuen und bei 220° C etwa 20 Minuten backen.

# GEMÜSE IM TEIG

In älteren vegetarischen Kochbüchern wird mit allen Mitteln versucht, Pflanzenkost auf Fleisch zu trimmen. Rezepte wie: vegetarisches Huhn, vegetarischer Fisch, Tomatenbraten oder Nußfleischschnitzel sind nicht selten.

Diese Absicht liegt der Bioküche fern!

Wenn auch einige der folgenden Rezepte an Wiener Schnitzel erinnern, es soll kein solches vorgetäuscht werden.

Panierte Gemüse sind zarter und schmackhafter als die ausgetrockneten Fleischstücke, die normalerweise unter Panade versteckt serviert werden! Gemüse werden durch das Panieren mit Eiweiß, Fett und Kohlenhydraten auf sinnvolle Weise ergänzt.

Sämtliche Gemüse, die sich zum Panieren eignen, schmecken auch in Teig ausgebacken. Einziger Nachteil ist die größere Menge Öl, die dann benötigt wird. Es kann jedoch abgesiebt und einige Male wiederverwendet werden (im Kühlschrank aufbewahren – dunkel, kühl, zugedeckt). Die Qualität und die Verdaulichkeit leiden allerdings durch das Erhitzen.

Altes, ranziges Speiseöl darf auf keinen Fall in den Ausguß gekippt werden, es schadet der Kleinfauna und -flora in unseren Gewässern und in den Kläranlagen. Es wird besser mit Küchenpapier aufgesaugt und in den Mülleimer gegeben.

Auf jeden Fall sollte Fritieröl so sparsam wie möglich eingesetzt werden.

## Panade, Grundrezept

### ZUTATEN

1–2 Eier
100 g Vollkornweizenmehl
50–100 g feiner Vollkornweizenschrot oder Brösel aus Weizenbrot (Hefeteig), nach Belieben gemischt mit Sesam, geriebenen Mandeln, Nüssen oder Mandelplättchen
Kräutersalz, Muskat, Kräuter nach Belieben

### ZUBEREITUNG

Zum Panieren stellt man am besten 3 Teller bereit. Den ersten füllt man mit Mehl, den zweiten mit zerschlagenem Ei und Gewürzen, den dritten mit den Bröseln oder dem Schrot und den Nüssen.

Die Gemüsescheiben mit der Gabel zuerst im Mehl, dann im Ei und zuletzt im Bröselteller wenden und sofort in der Pfanne ausbacken. Trockene Gemüse kann man gleich im Ei und in den Bröseln wenden.

Wenn Sie eine dicke Kruste lieben, wiederholen Sie den Paniervorgang ein zweites Mal.

## Panierte Gurkenscheiben

### ZUTATEN

1 Schlangengurke oder 2 Land-
gurken (sind die Kerne schon zu
groß, empfiehlt es sich, gefüllte
Gurken zu bereiten)
1 EL kleingehackter Dill
Panade
(siehe Grundrezept Seite 71)

### ZUBEREITUNG

Die Gurken schälen und in Scheiben schneiden (knapp 1 cm dick),
den Dill unter das Panierei mischen, panieren, ausbacken.
Garzeit etwa 8 Minuten.

Mit Bohnen- oder buntem Salat
servieren.

Eine große Platte mit allen angeführten panierten Gemüsesorten
ergibt ein köstliches Spätsommer-
essen.
Es empfiehlt sich hierzu, Gurken,
Zucchini und Auberginen im Backofen auszubacken (gut vorheizen)
und nur die Tomaten in der Pfanne
zuzubereiten.
Reichen Sie verschiedene Salate
dazu.

## Panierter Blumenkohl

### ZUTATEN

1 Blumenkohl
Kräutersalz
Panade
(siehe Grundrezept Seite 71)
50 g geriebener Käse
60–100 g Butter

### ZUBEREITUNG

Den Blumenkohl im Salzwasser
gerade bedeckt knapp gar kochen; er sollte noch fest sein. In
möglichst gleich große Blümchen
brechen und laut Grundrezept
panieren. Der geriebene Käse
kommt in den 3. Teller. In Butter
goldbraun braten.

Schmeckt zu Petersilienkartoffeln,
Erbsen und Karotten oder jungen
grünen Bohnen.

Genau so können auch Rosen-
kohlröschen paniert werden.

## Panierte Tomatenscheiben

### ZUTATEN

6 große Tomaten
(möglichst Fleischtomaten)
Panade mit Rosmarin
und Thymian
(siehe Grundrezept Seite 71)
3–6 EL Öl
(am besten Maiskeimöl,
Oliven- oder Sesamöl)

### ZUBEREITUNG

Die Tomaten in etwa 1 cm dicke
Scheiben schneiden, mit der Gabel
in der Panade wenden und sofort
in der Pfanne hellbraun backen.
Garzeit etwa 5 Minuten.
Auf einer heißen Platte anrichten
und mit Zitronenscheiben servieren.
Am besten reicht man grünen oder
bunten Salat dazu, für sehr Hung-
rige Reis oder Hirse.

Farbtafel 8:
Kartoffeln vom Blech
(Rezept Seite 100)

72

## Panierte Auberginenscheiben

### ZUTATEN

1–2 Auberginen
Panade
(siehe Grundrezept Seite 71)
50–100 g geriebener Käse
(Raclette oder Gouda)
3–6 EL Olivenöl

### ZUBEREITUNG

Die Auberginen in knapp 1 cm dicke Scheiben schneiden, panieren und backen.
Wenn beide Seiten goldgelb sind, die Scheiben in Käse wenden und nochmals kurz in die Pfanne legen. Sie können den Käse aber auch gegen Ende der Garzeit einfach über die Scheiben streuen.
Garzeit 10–15 Minuten.

Beilagen: grüner oder bunter Salat.

Farbtafel 9:
Salbeimäuse,
Kräutervinaigrette
(Rezept Seite 50)

## Ausbackteig, Grundrezept

### ZUTATEN

125 g Weizenmehl
2 Eier
3 EL Öl oder zerlassene Butter
1/8 l Flüssigkeit
(Bier, Weißwein, Milch)

### ZUBEREITUNG

Das Mehl mit dem Öl, den Eidottern und dem Salz verrühren. Die Flüssigkeit langsam hinzugießen und den Teig glattschlagen.
1/2 Stunde zugedeckt stehenlassen.
Vor Gebrauch das Eiweiß schlagen und unterziehen.

## Ausgebackene Kürbis- und Zucchiniblüten

### ZUTATEN

8–20 Kürbisblüten
(verwenden Sie nur die männlichen oder überschüssige weibliche Blüten)
Ausbackteig mit Wein
Öl (Maiskeimöl)

### ZUBEREITUNG

Die Blüten in den Teig tauchen und in Öl schwimmend 4 Minuten ausbacken.

Als Beilage zu Gemüse und Getreidegerichten oder zu Salaten.

## Salbeimäuse

(Farbtafel links)

### ZUTATEN

20–30 Salbeiblätter mit Stiel
Ausbackteig mit Bier oder Wein
Öl zum Ausbacken
(Olivenöl oder Maiskeimöl)

### ZUBEREITUNG

Die Blätter in den Teig tauchen und im Öl schwimmend ausbacken.
Der Teig bläht sich auf und die Blätter sehen tatsächlich aus wie goldbraune Mäuschen.

Köstlich als kleine Hauptmahlzeit zu grünem und Rohkostsalat.

# GEMÜSEKUCHEN

Im kleineren Familienkreis, ebenso wie bei Festen, erfreuen sich Gemüsekuchen und Pizzas das ganze Jahr über großer Beliebtheit. Je nachdem, was gerade zur Hand ist (im Garten wächst), können sie beliebig variiert werden.

Als Teig empfiehlt sich folgendes Grundrezept:

## Kuchenboden, Grundrezept

### ZUTATEN

250 g Mehl
(Weizen oder Weizen und Hirse)
10–20 g Hefe
⅛ l Milch (oder Wasser)
1 TL Kräutersalz

### ZUBEREITUNG

Mit der erwärmten Milch die Hefe glatt anrühren.
Das Mehl in eine Schüssel geben und in der Mitte einen dickflüssigen Vorteig rühren. Mit einem Tuch bedecken und an einer warmen Stelle gehen lassen. Die 10 Minuten für den Vorteig lohnen sich; Sie sparen Hefe, und der Teig wird lockerer.
Anschließend die übrigen Zutaten beigeben und den Teig so lange kneten, bis er sich von der Schüssel und von der Hand löst. Zugedeckt gehen lassen, bis er etwa die doppelte Größe erreicht hat.
Auf einem gefetteten Blech auswellen oder eine runde Kuchenform damit ausdrücken.

Besitzen Sie eine Kühltruhe oder ein 3-Sterne-Kühlfach und müssen Sie hin und wieder sparsam mit Ihrer Zeit umgehen, dann können Sie leicht einmal eine größere Teigmenge herstellen und portionsweise einfrieren, die Hefepilze werden nach dem Auftauen sofort wieder aktiv.
Wenn Sie Brot backen, zweigen Sie am besten jedesmal ein Teigstück für einen Gemüsekuchen ab, es kann gut 1 Tag im Kühlschrank aufbewahrt werden. Selbst mit Sauerteig schmeckt ein Gemüsekuchen (zum Beispiel mit Zwiebeln oder Kohl)!
Für den Belag eines Gemüsekuchens können Sie von folgenden Grundzutaten ausgehen:

## Belag für Gemüsekuchen, Grundrezept

### ZUTATEN

500–1000 g Gemüse
4–6 EL Fett
40–60 g Mehl
(Weizen, Hirse, Mais)
2–3 Eier
¼ l saure Sahne
250 g Quark (muß nicht sein)
Kräuter nach Geschmack
Salz, Pfeffer
Butterflöckchen und Brösel oder Sesam und Reibkäse zum Bestreuen

### ZUBEREITUNG

Die zerkleinerten Gemüse kurz andünsten und mit den Zutaten vermengen, zuletzt würzen. Sie können die gedünsteten Gemüse auch direkt auf den gefetteten und mit Brösel bestreuten Boden geben und den Belag darüber verteilen. Tomaten dürfen nicht, Gurken, Zucchini, Kürbisse müssen nicht unbedingt angedünstet werden.

# Bunter Gemüsekuchen

ZUTATEN

1 rote Paprikaschote
1 grüne Paprikaschote
1 Zucchini
1 Gemüsezwiebel
3 EL Olivenöl
Petersilie, Basilikum, Knoblauch,
Rosmarin
¼ l saure Sahne
60 g Mehl
2–3 Eier
nach Belieben 250 g Quark
Salz, Pfeffer, Muskat
2–4 Tomaten
Salbeiblätter
Öl zum Beträufeln
Sesam zum Bestreuen
Kuchenboden für Gemüsekuchen

ZUBEREITUNG

Die Paprikaschoten, die Zwiebel
und die Zucchini in Würfel schneiden und gemeinsam mit den
gehackten Kräutern im Öl etwa
5 Minuten dünsten. Vom Feuer
nehmen und mit dem Mehl, dann
mit den Eiern (dem Quark) und der
Sahne mischen. Würzen.
Den Belag auf dem Kuchenteig
verteilen, Salbeiblätter und Tomatenscheiben darauf verteilen und
etwas eindrücken. Mit Sesam

bestreuen und mit Öl beträufeln.
Im vorgeheizten Backofen bei
guter Hitze (200–250 Grad)
30–40 Minuten backen.

# Lauchkuchen

ZUTATEN

3–5 Lauchstangen
1 Zwiebel
Petersilie
60 g Butter
Salz, Pfeffer
½ Tasse Hefebrotbrösel
¼ l Sahne
40 g Mehl
2–3 Eier
Kräuter nach Geschmack
100 g geriebener Käse
(mittlerer Gouda)
Kuchenboden für Gemüsekuchen

ZUBEREITUNG

Die Lauchstangen in etwa 1 cm
dicke Scheiben schneiden und mit
der gehackten Zwiebel und Petersilie in der Hälfte der Butter andünsten.
Den Kuchenboden mit den Bröseln bestreuen und das Gemüse
darauf verteilen.
Das Mehl, die Sahne, die gehackten Kräuter und die Eier verrühren,
gut würzen und auf dem Gemüse

verstreichen. Den geriebenen Käse
und die Butterflöckchen darüberstreuen. 30 Minuten bei 220 Grad
im vorgeheizten Ofen backen.

# Schwäbischer Zwiebelkuchen

ZUTATEN

1 kg große Zwiebeln
3–4 EL Sonnenblumenöl
40–60 g Mehl
¼ l saure Sahne oder Sauermilch
250 g Quark
2–3 Eier
Salz, Pfeffer,
Kümmel nach Geschmack
Butterflöckchen
Kuchenboden für Gemüsekuchen

ZUBEREITUNG

Die Zwiebeln kleinschneiden und
im Öl glasig dünsten, dann mit
dem Mehl, den Eiern, dem Quark
und der Sahne mischen, kräftig
würzen.
Alles auf dem Kuchenboden verteilen, Butterflöckchen darüberstreuen und bei 220 Grad im vorgeheizten Backofen etwa 40 Minuten backen.

Fleischesser nehmen statt der Butterflöckchen Speckwürfel.

77

# Champignonkuchen

## ZUTATEN

Kuchenboden für Gemüsekuchen
(siehe Grundrezept Seite 76)
500 g Champignons
1 Zwiebel
40 g Butter
Kräutersalz
frisch gemahlener Pfeffer
Curry nach Geschmack
je 1 Bund Petersilie, Schnittlauch
und Dill
3 Eier
⅛ l Sahne

## ZUBEREITUNG

Die gewürfelte Zwiebel in der Butter
andünsten und die geputzten,
blättrig geschnittenen Champignons dazugeben. Mit Pfeffer würzen und etwa 7 Minuten dünsten.
Mit Kräutersalz (und eventuell
Curry) abschmecken und mit der
feingehackten Petersilie und dem
Schnittlauch verrühren.
Die Sahne mit den Eiern verquirlen,
die Dillspitzen unterziehen und mit
Pfeffer und Kräutersalz abschmekken.
Die Champignons auf dem
Kuchenboden verteilen, die Ei-
Sahne darübergießen und bei
220° C etwa 35 Minuten backen.

# Pizza „Margherita"

Die Pizza soll in Neapel erfunden
worden sein. Das folgende Rezept
ist allerdings schon eine verfeiner-
te Form, denn ursprünglich war die
Pizza nur ein Brotfladen, der mit Öl
bestrichen, ofenfrisch gegessen
wurde. Im Unterschied zum Gemüsekuchen hat die Pizza nie einen
Guß aus Sahne oder Joghurt und
Eiern und schmeckt damit knuspriger.

## ZUTATEN

6 Tomaten
150 g Mozzarellakäse,
Bel Paese oder Gouda
½ Tasse geriebener Käse
(Parmesan, Emmentaler)
Salz, Pfeffer, Basilikum,
Majoran, Oregano,
Thymian, Salbei
Oliven
Peperoni nach Geschmack
Olivenöl
Kuchenboden für Gemüsekuchen
(siehe Grundrezept Seite 76)

## ZUBEREITUNG

Den Kuchenboden mit Olivenöl
bepinseln, einige Käsescheiben
darauflegen. Die Tomaten in
Scheiben schneiden und darüber
verteilen, dann die Kräuter und
Gewürze. Zuletzt die restlichen
Käsescheiben anordnen und den
Reibkäse darüberstreuen. Mit 2–4
Eßlöffeln Olivenöl übergießen.
Backzeit 15–20 Minuten bei
250 Grad (vorheizen!).
Zum Servieren mit frischem Basili-
kum bestreuen.

## VARIATIONEN

Verwenden Sie verschiedene Käse-
und Olivensorten. Geben Sie
Paprika, Auberginen, Zucchinischeiben hinzu. Nehmen Sie Zwiebelringe oder Pilze – oder alles
zusammen.
Die Gemüse, Pilze und Zwiebeln
sollten zuvor in Olivenöl angedünstet werden.

# HÜLSENFRÜCHTE

Der Nährwert von Hülsenfrüchten ist seit altersher bekannt. Der Prophet Daniel ernährte sich am babylonischen Hofe von Linsen und Wasser.

Hülsenfrüchte enthalten viel Protein, dessen Qualität bei einzelnen Sorten nahezu der von Fleisch entspricht (Sojabohnen, Mungbohnen).

Werden Hülsenfrüchte gemeinsam mit Getreideprodukten genossen, steigert sich die Verwertbarkeit des Proteins, da sich die enthaltenen Aminosäuren optimal ergänzen. Diese Tatsache ist besonders wichtig für Leute, die ihren Eiweißbedarf ausschließlich aus pflanzlicher Nahrung decken, also auch auf Eier und Milch verzichten.

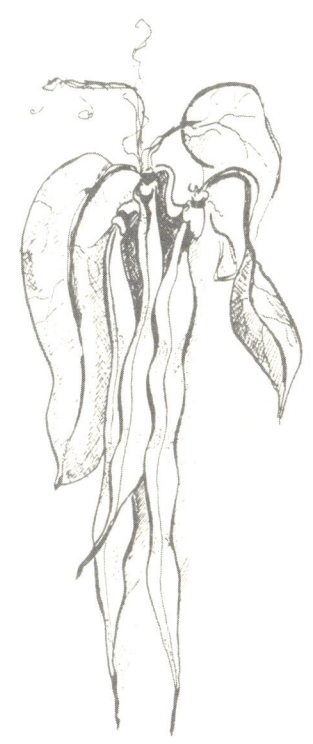

## REGELN FÜR DAS KOCHEN VON HÜLSENFRÜCHTEN

Die Hülsenfrüchte werden in kaltem Wasser gewaschen und über Nacht in abgekochtem kaltem Wasser im Verhältnis 1:3 eingeweicht. Am nächsten Tag werden sie im Einweichwasser (eventuell etwas Wasser hinzugeben) ungefähr 1 Stunde gargekocht.

Es lohnt sich, einen Dampfdrucktopf zu verwenden. Ohne Einweichen können Sie die Hülsenfrüchte in 25–30 Minuten garen.

Sojabohnen und halbierte Erbsen sollten nicht im Drucktopf gegart werden, sie schäumen und kleben zusammen.

# Linsensalat

## ZUTATEN

250 g Linsen
1¼ l Wasser
2 Gemüsebrühwürfel
1 Lorbeerblatt
1 Knoblauchzehe
Kräutersalz und Pfeffer

Marinade:
4 EL Öl
3 EL Obstessig
1 TL Senf
1 Zwiebel
Kräutersalz und Pfeffer
1 Bund Petersilie

## ZUBEREITUNG

Die Linsen waschen und über Nacht in 1 ¼ l Wasser einweichen. Am nächsten Morgen die Linsen zusammen mit den Gemüsebrühwürfeln, dem Lorbeerblatt, dem Kräutersalz und dem Pfeffer aufkochen und auf kleiner Hitzestufe in etwa 30 Minuten weich kochen. Falls vorhanden, das überschüssige Wasser abgießen. Die zerdrückte Knoblauchzehe zu den Linsen geben.

Aus Öl, Obstessig, Kräutersalz, Pfeffer, Senf und der in feine Würfel geschnittenen Zwiebel eine Marinade rühren und über die fertigen Linsen gießen. Gut durchziehen lassen. Mit gehackter Petersilie bestreuen.

Der Linsensalat sollte nicht direkt aus dem Kühlschrank serviert werden, sondern Zimmertemperatur haben.

# Grüne Erbsensuppe

## ZUTATEN

300 g getrocknete grüne Erbsen
2 l Wasser
2 Petersilienstengel
2 Sellerieblätter
1 Lorbeerblatt
1 TL getrockneter Thymian
250 g Möhren
1 große Zwiebel
1 Stange Lauch
100 g Spinat-, Salat- oder Mangoldblätter
1 TL Meersalz
2 Gemüsebrühwürfel
250 g frische grüne Erbsen (ersatzweise tiefgefrorene)
1 EL Butter
Kräutersalz
frisch gemahlener Pfeffer
1 EL Bierhefeflocken
gehackte Petersilie zum Bestreuen

## ZUBEREITUNG

Die gewaschenen und getrockneten Erbsen in 2 l kochendes Wasser schütten, die Petersilienstengel, die Sellerieblätter, das Lorbeerblatt und den Thymian hinzufügen und alles halb zugedeckt 30 Minuten bis 1 Stunde auf kleiner Hitzestufe kochen, bis die Erbsen nahezu weich sind.

Die Möhren und die Zwiebel in Würfen. den Lauch in dünne Ringe und den Spinat grob in Streifen schneiden und zusammen mit dem Salz und den Gemüsebrühwürfeln zu den Erbsen geben. Weitere 20 Minuten schwach kochen.

Die Petersilienstengel, die Sellerieblätter und das Lorbeerblatt entfernen und die Suppe pürieren.

Die frischen Erbsen hinzufügen und noch einmal 10 Minuten auf kleiner Hitzestufe kochen.

Vor dem Servieren die Butter in die Suppe rühren, mit Kräutersalz und Pfeffer abschmecken, 1 Eßlöffel Hefeflocken unterrühren und mit gehackter Petersilie bestreuen.

## Serbische Bohnensuppe

### ZUTATEN

250 g getrocknete weiße Bohnen
1 l Wasser
Wasser zum Auffüllen
3 Gemüsebrühwürfel
1 Lorbeerblatt
2 EL Öl
2 große Zwiebeln
1 Knoblauchzehe
4 große Tomaten
2 Paprikaschoten
1 TL Paprikapulver
1 TL Cayennepfeffer
Kräutersalz
1 Bund frisches Basilikum
(ersatzweise getrocknetes)
1 TL Obstessig
6 EL Sahne

### ZUBEREITUNG

Die getrockneten weißen Bohnen
über Nacht in 1 l Wasser einweichen.

Am nächsten Tag das Einweichwasser auf 1 ¼ l auffüllen und
zusammen mit den Gemüsebrühwürfeln und dem Lorbeerblatt etwa
40 Minuten auf kleiner Hitzestufe
kochen, bis die Bohnen weich sind.
Danach das Lorbeerblatt herausnehmen.

In der Zwischenzeit in einer Pfanne
das Öl erhitzen. Die gewürfelten
Zwiebeln, die zerdrückte Knoblauchzehe, die abgezogenen
Tomaten und die in Streifen
geschnittenen Paprika etwa
5 Minuten darin dünsten.
Von den Bohnen 4 Eßlöffel voll
abnehmen, die restlichen Bohnen
zusammen mit der Gemüsebrühe
pürieren.
Die gedünstete Gemüsemischung
und die Bohnen zur Suppe geben
und 5 Minuten ziehen lassen.
Mit Paprikapulver, Cayennepfeffer,
Kräutersalz und Obstessig abschmecken, die Sahne unterziehen
und mit frischen Basilikumblättern
bestreuen.

## Geröstete Sojabohnen

### ZUTATEN

2–3 Tassen gekochte
Sojabohnen
1 EL Öl
Kräutersalz nach Belieben

### ZUBEREITUNG

Die Bohnen auf ein gefettetes
Backblech geben, mit Salz bestreuen und bei 100 Grad etwa
1 Stunde in der Röhre braun bakken.

Die gerösteten Bohnen schmecken
heiß zu Reis. Kalt können sie
gemahlen und wie Nüsse verwendet werden.

# SPROSSEN SELBSTGEZOGEN

Viele wertvolle Bestandteile der Hülsenfrüchte gehen durch die langwierige Zubereitung verloren. Ein hoher Zellulosegehalt macht sie zudem schwer verdaulich. Angesichts dieser Nachteile kommt dem Keimen immer stärkere Bedeutung zu. Wenn durch Zufuhr von Wasser und Sauerstoff der Keimprozeß in Gang gesetzt wird, verändern sich die im Samen konzentrierten und gespeicherten Stoffe und werden für den menschlichen Organismus leichter verwertbar.

Der gekeimte Samen verfügt neben einem hohen Gehalt an Kohlenhydraten, Fetten und Eiweiß über wertvolle Vitamine ($B_1$, $B_2$, C, E und A), Mineralstoffe, Spurenelemente und biologische Wirkstoffe. Das enthaltene Eiweiß ist äußerst hochwertig.

Es gibt eigentlich keinen Grund mehr, Hülsenfrüchte auf eine andere Art zuzubereiten.

Neben sämtlichen Bohnen-, Erbsen- und Linsenarten eignen sich unsere üblichen Getreidesorten und Buchweizen zum Keimen, ebenso Sonnenblumen-, Kürbis- und Pinienkerne, Luzerne-(Alfalfa), Sesam-, Kresse- und Rettichsamen. Letztere sollten bei allen Sorten zugegeben werden, da sie das Wachstum von Schimmel-, Hefepilzen und Bakterien hemmen.

Zum Einstieg sind fertige Keimmischungen empfehlenswert, es gibt sie inzwischen in den meisten Naturkostläden zu kaufen. Verwenden Sie niemals gebeiztes, behandeltes Saatgut!

Zum Herstellen von Sprossen müssen die Samen gut verlesen werden. Zerbrochene Samen faulen leicht. Dann werden sie gewaschen und in einem Gefäß über Nacht eingeweicht. Vorsicht, das Volumen der Samen vergrößert sich beim Einweichen! Auf 1 Tasse Samen kommen 4 Tassen Wasser. Das Einweichwasser kann zu Suppen, Soßen und Gemüsen verwendet werden.

Für Anfänger empfehlen wir folgenden einfachen „Keimapparat":

Legen Sie in den gelochten Einsatz Ihres Dampfdrucktopfes einige Lagen ungefärbtes weiches Papier (zum Beispiel das zarte Einwickelpapier für Salate aus dem Bioladen), und feuchten Sie es gut an. Stellen Sie dann den Einsatz in eine flache Form oder Schüssel, und gießen Sie so viel Wasser hinzu, daß der Wasserspiegel gerade bis zum Einsatzboden reicht. Geben Sie nun die eingeweichten Samen locker auf das feuchte Papier, und bedecken Sie den Einsatz mit einem Tuch oder einem Stück Pappe. Die Samen brauchen Feuchtigkeit und Sauerstoff; kein Licht, aber Wärme.

Stellen Sie den Keimapparat an einen gleichmäßig warmen Ort. Wird es in der Nacht sehr kalt, legen Sie ein Wolltuch darüber. Spülen Sie den Einsatz 2 bis 4mal am Tag unter fließendem Wasser, und erneuern Sie mindestens täglich das Wasser in der Schüssel.

Besitzen Sie keinen gelochten Einsatz, können Sie auch einen normalen, porösen Blumentopf verwenden. Kochen Sie ihn aus, geben Sie ein Stück Papier auf den Boden, daß die Samen nicht herausfallen, und stellen Sie ihn auf 3 Steinchen in einen Untersatz mit Wasser. Mit einem Tuch zudecken!

Die Keimdauer beträgt für die meisten Sprossen 3–4 Tage. Sojabohnen brauchen 5–6 Tage, Sonnenblumenkerne werden rasch scharf, und man sollte sie bereits nach 1–2 Tagen stoppen. Fertige, ausgekeimte Samen können einige Tage im Kühlschrank aufbewahrt werden.

Manche Samenhülsen sind sehr hart und sollten für magenempfindliche Leute entfernt werden. Geben Sie hierzu die Sprossen in eine Schüssel, und gießen Sie

Wasser hinzu, bis die schwimmenden Schalen mit dem überlaufenden Wasser fortgeschwemmt werden. Im allgemeinen können die Hülsen jedoch als verdauungsfördernde Ballaststoffe mitverzehrt werden.

Sprossen finden in der Küche vielfältige Verwendung. Sie können roh als Brotbelag und in Salaten gegessen werden und schmecken in Suppen, Eintöpfen und Gemüsen. Getreidesprossen können auch den Brotteig anreichern.

Haben Sie Ihre Liebe zum Keimen entdeckt, dann lohnt sich für Ihren Haushalt ein richtiger Keimapparat.

Es gibt verschiedene Modelle im Handel, einfache Keimboxen und mehrstöckige Keimtürme. Sie erleichtern das Keimen und sparen Platz. Die meisten sind aus Kunststoff hergestellt. Hin und wieder entdeckt man einen aus Ton.

Sollten Sie einmal einen Töpferkurs besuchen, bauen Sie sich Ihr eigenes Modell.

# Sprossenfrühstück

## ZUTATEN

1 Tasse junge Sonnenblumensprossen
1 Tasse Weizensprossen
½ Tasse Sesamsprossen
1 Banane
1–2 Äpfel
1–2 EL Honig
Zitronensaft
1 EL Rosinen
⅛ l Joghurt
Walnüsse

## ZUBEREITUNG

Die Banane mit der Gabel zerdrükken, die Äpfel reiben und mit dem Honig, dem Joghurt und dem Zitronensaft vermengen (Sie können bis hierhier auch den Mixer verwenden).
Die Sprossen und die Rosinen untermischen und das Ganze mit grobgehackten Walnüssen überstreuen.

Sie können jederzeit andere Früchte verwenden.

## Sprossenminestrone
### (Farbtafel Seite 92)

### ZUTATEN

1 Tasse Adzukibohnensprossen
1 Tasse Mungbohnensprossen
1 Tasse Erbsensprossen
1 Tasse Kichererbsensprossen
1 Tasse Linsensprossen
1–2 Möhren
4 Mangoldblätter
einige Spinatblätter
1 Stange Lauch
2 Knoblauchzehen
1 Stück Sellerie oder
2 Stengel Staudensellerie
1 rote Paprikaschote
3 EL Olivenöl
Petersilie, Liebstöckel, Basilikum
¾–1 l Wasser
Salz, Parmesan

### ZUBEREITUNG

Die Sprossen gemeinsam mit den übrigen, kleingeschnittenen Zutaten im Olivenöl andünsten; aufgießen und 15–20 Minuten kochen. Würzen.
Zuletzt mit Basilikumblättern überstreuen und Parmesan unterrühren. Sie können den Parmesan auch extra servieren.

### VARIATION

In eine solche Minestrone passen auch Kartoffelstückchen, geriebene Kartoffeln oder Teigwaren. Sie werden dann von Anfang an mitgekocht.
Ebensogut können bereits gekochte Teigwaren verwendet werden. Diese werden dann am Ende der Kochzeit dazugegeben.

## Gedünstete Erbsensprossen

### ZUTATEN

2–3 Tassen 3–4 Tage alte Erbsensprossen
20 g Butter
1 Zwiebel
1 Möhre
Petersilie, Liebstöckel, Sellerieblätter
2 EL Bierhefeflocken
(nach Belieben)
Salz

### ZUBEREITUNG

Die Erbsensprossen mit den zerkleinerten Gemüsen und Kräutern in der Butter 10 Minuten dünsten. Würzen.

## Gemischter Sprossensalat
### (Farbtafel Seite 92)

### ZUTATEN

1 Kopfsalat oder 1 Schüssel Salatmischung aus dem Garten
2 Tassen Sprossenmischung aus Linsen, Rettich, Alfalfa, Mungbohnen

Marinade: Vinaigrette
(siehe Seite 50)
200 g Hüttenkäse
Kresse

### ZUBEREITUNG

Die Sprossen und den Kopfsalat mit der Vinaigrette anmachen. Den Hüttenkäse locker untermengen. Mit Kresse überstreuen.

# SUPPEN UND EINTÖPFE

Grundlage für Suppen und Eintöpfe ist immer eine Gemüsebrühe. Diese wird entweder direkt aus Gemüse- und Kräuterzutaten oder aus übrigem Kartoffel- und Gemüsekochwasser hergestellt.

Als Einlagen eignen sich Reis, Hirse und alle anderen Getreide, Kartoffeln und Teigwaren. Sie können in der Brühe gegart oder bereits gekocht gegen Ende der Garzeit zugegeben werden (Resteverwertung).

Zum Binden eignen sich Mehl, feingeriebene Kartoffeln, Bierhefeflocken, Sahne und Ei.

Überstreuen Sie die Suppen mit geriebenem Käse, geben Sie Butterflöckchen, geröstete Brotwürfel oder Zwiebeln darüber, und würzen Sie, wie immer, mit frischen Kräutern!

Nicht immer ist in der Küche Gemüsebrühe oder Kartoffelwasser vorrätig. Daher bieten gekörnte Brühen auf Hefeextraktbasis und Gemüseextrakte aus Reformhäusern und grünen Läden eine willkommene Erleichterung. Allerdings schmuggelt sich dann durch die Hintertür wieder ein standardisierter Einheitsgeschmack ins Essen!

Wollen Sie dem entgehen, und haben Sie darüber hinaus einen Garten, in dem es hin und wieder zu einer Gemüseschwemme kommt, dann stellen Sie eine eigene Gemüsebrühe her.

## Gemüsebrühe, Grundrezept

### ZUTATEN

1 kg Gemüse (Möhren, Sellerie, Petersilienwurzel, Pastinaken, rote Bete, Lauch, Kohlrabi, Kohlrübe, Weißkohl)
2–4 Zwiebeln
½ kg Liebstöckel, Petersilie, Spinat, Mangold, Kapuzinerkresse, Beinwell und Brennesseln gemischt
1 Lorbeerblatt, 3 Pimentkörner, 6 Pfefferkörner, Salz

### ZUBEREITUNG

Das Gemüse und die Zwiebeln in kleine Stücke schneiden und in Öl kräftig anbraten, weiterdünsten. 2–3 l Wasser dazugießen, würzen und etwa 30 Minuten kochen. Dann die geschnittenen Blattgemüse und die Kräuter hinzugeben und 15–20 Minuten weiterkochen. Zum Schluß alles durch ein Sieb streichen, in Gläser oder Flaschen füllen und einkochen (20 Minuten).

## Grüne Suppe, Grundrezept

(Farbtafel Seite 91)

### ZUTATEN

1 Schüssel Grünes aus dem
Garten (Brennesseln, Sauerampfer, Beinwell, Spinat,
Mangold, Zwiebelröhrchen,
Knoblauch, Lauch, Petersilie und
und und . . .)
40 g Fett
1 l Gemüsebrühe oder 1 l Wasser
und 1 EL gekörnte Gemüsebrühe
⅛ l (saure) Sahne
2 EL Mehl
nach Belieben 1 Ei
Salz, Bierhefeflocken, Pfeffer,
Muskat, Schnittlauch

### ZUBEREITUNG

Das kleingehackte Grünzeug in
dem Fett andünsten, ablöschen
und je nach Sorte 5–20 Minuten
weichkochen.
Das Mehl mit der Sahne verrühren,
hinzugeben und kurz weiterkochen.
Wer will, kann die Sahne ohne Mehl
verwenden und mit Ei legieren.
Die Suppe vor dem Anrichten mit
Schnittlauch überstreuen.

## Brennesselsuppe

### ZUTATEN

etwa 300 g junge Brennesselblätter
1 Zwiebel
40 g Butter
Liebstöckel, Knoblauchspitzen,
Kräutersalz, Pfeffer, Muskat
1 l Brühe
⅛ l saure Sahne
1–2 EL Mehl
eventuell 1 Ei

### ZUBEREITUNG

Die Zwiebel kleinhacken und in der
Butter andünsten.
Die kleingeschnittenen Brenn-
nesselblätter, die Knoblauchspitzen und das gehackte Liebstöckel
hinzugeben, mit der Brühe ablöschen und etwa 20 Minuten
köcheln.
Das Mehl mit der sauren Sahne
verrühren und hinzugeben, kurz
aufkochen. Wer will, kann mit 1 Ei
legieren. Mit Kräutersalz, Pfeffer
und Muskat würzen.
Sie können die Brennessel zur
Hälfte auch mit Beinwell ersetzen.

## Polnische Brennesselsuppe

### ZUTATEN

Brennesselsuppe, wie gehabt
4 hartgekochte Eier
in Butter geröstete Brotwürfel
(Hefevollkornbrot)

### ZUBEREITUNG

In die fertige Brennesselsuppe die
halbierten Eier geben und das
Ganze mit Brotwürfeln überstreuen.

## Schnelle Salatsuppe

### ZUTATEN

1 große Zwiebel
2 EL Öl
4–5 Köpfe Salat
200 g Mangold oder Spinat
1 l Gemüsebrühe
⅛ l süße Sahne
1 Eigelb
Kräutersalz
frisch gemahlener Pfeffer
gehackte Petersilie zum
Bestreuen

Die in Würfel geschnittene Zwiebel im Öl andünsten.

Den Salat putzen, waschen, in Streifen schneiden, zur Zwiebel geben und kurz mitdünsten.

Mit der Gemüsebrühe auffüllen, aufkochen lassen und mit Pfeffer und Kräutersalz abschmecken.

Das Eigelb mit der Sahne verschlagen und unter die Suppe ziehen. Mit gehackter Petersilie bestreut servieren.

## Kerbelsuppe

ZUTATEN

1 Schüsselchen kleingeschnittener Kerbel
40 g Butter
1 kleine Zwiebel
1 l Brühe, Salz, Muskat
2 EL Hirsemehl
1/8 l saure Sahne oder 1 Ei

ZUBEREITUNG

Die Zwiebel kleinschneiden und in der Butter andünsten, mit der Brühe ablöschen. Das Hirsemehl hineinstreuen und etwa 5 Minuten kochen. Würzen.

Die Sahne mit dem Kerbel mischen und unterrühren.

## Tomatensuppe

(Farbtafel Seite 91)

ZUTATEN

6 Tomaten
1 Zwiebel
Petersilie
40 g Butter oder Öl
1 l Gemüsebrühe
40 g Mehl
2 EL Sauerrahm
Kräutersalz, Bierhefeflocken, Muskat, Thymian, Rosmarin, Basilikum,
1 Lorbeerblatt, 2 Nelken

ZUBEREITUNG

Die feingeschnittene Zwiebel und die Petersilie andünsten.

Die Tomaten am Stielende kreuzweise einschneiden, das Grüne entfernen und mitdünsten. Das Mehl entweder kurz mitdünsten oder später mit der Sahne hinzugeben. Ablöschen.

Die Nelken in das Lorbeerblatt stecken und mitkochen. Rosmarinstückchen und Thymianblättchen hinzugeben. Würzen. Zuletzt die Sahne hineinrühren. Vor dem Anrichten das Lorbeerblatt mit den Nelken sowie die zusammengerollten Tomatenschalen herausfischen. Mit Basilikum überstreuen.

## VARIATIONEN

Statt der frischen Tomaten können Sie 1–3 Eßlöffel Tomatenmark verwenden.

Sie können die Suppe natürlich auch mit weiteren frischen Kräutern servieren, 100 g Reis oder Hirse (gekocht) hinzugeben, mit Eiern legieren, mit Eierstich, gerösteten Hefebrotwürfeln oder Goldwürfeln anrichten.

## Goldwürfel

(Farbtafel Seite 91)

ZUTATEN

4–5 Scheiben Hefevollkornbrot
1 Ei
1–3 EL Milch
Kräutersalz, Muskat
20–40 g Butter

ZUBEREITUNG

Das Brot in Würfel schneiden. Das Ei mit der Milch und den Gewürzen verquirlen, die Würfel hineingeben und vollsaugen lassen.

Kurz vor dem Anrichten der Suppe die Brotwürfel in der Butter goldbraun rösten.

## Französische Zwiebelsuppe

### ZUTATEN

2 EL Butter
2 EL Öl
500 g Zwiebeln
1 TL Meersalz
2 EL Weizen
1 l Gemüsebrühe
4–8 Scheiben Vollkornbrot
(je nach Größe)
etwas Butter zum Bestreichen
2 Knoblauchzehen
100 g geriebener Käse

### ZUBEREITUNG

Die Butter mit dem Olivenöl erhitzen.
Die Zwiebeln in sehr dünne Scheiben schneiden und zusammen mit dem Salz dazugeben. Unter gelegentlichem Umrühren etwa 15 Minuten dünsten, bis die Zwiebeln goldbraun sind. Mit dem gemahlenen Weizen überstäuben und mit der Gemüsebrühe auffüllen.
Das Ganze noch einmal 15 Minuten schwach kochen. Eventuell mit Kräutersalz und frisch gemahlenem Pfeffer abschmecken.
In der Zwischenzeit das Vollkornbrot rösten, mit der Butter einpinseln und mit den Knoblauchzehen einreiben. Portionsweise in einen Suppenteller geben, die Zwiebelsuppe darüberschöpfen und den geriebenen Käse gesondert dazu reichen.

## Spargelsuppe

### ZUTATEN

400–500 g Spargel
(nicht gerade den besten und teuersten verwenden)
1–1 ¼ l Wasser
Salz
⅛ l Creme fraîche
1 Ei
Kräutersalz
viel Schnittlauch

### ZUBEREITUNG

Die Spargel schälen und in 2–4 cm lange Stücke schneiden, in Salzwasser weich kochen. Vor dem Anrichten mit Ei und Creme fraîche legieren und mit Schnittlauch überstreuen.
Sollte die Suppe stärker gebunden oder Creme fraîche gespart werden, dünsten Sie kurz 40 g Mehl in 40 g Butter und löschen mit der Spargelbrühe ab.

Entsprechend stellt man Lauch- und Blumenkohlsuppe her. Bei diesen kann auch eine kleingeschnittene Zwiebel mitgedünstet werden.

Selleriesuppe wird ebenso hergestellt, man kann die Knolle und das Kraut verwenden.

Kombinationen verschiedener Gemüse kann jeder nach persönlichem Geschmack zusammenstellen.

## Grünkernsuppe

### ZUTATEN

100 g Grünkern
1–2 EL Wasser
1 kleine Zwiebel
1 kleine Möhre
Petersilie, Liebstöckel, Sellerieblätter
40 g Fett
¾ – 1 l Wasser oder Brühe
Salz
1 Ei
2 EL Sahne oder Milch
Muskat

Die kleingehackte Zwiebel mit einem Teil der Petersilie, dem Liebstöckel und der Sellerie in Fett andünsten und ablöschen.

100 g frisch geschroteten Grünkern (in 2–3 Eßlöffel Wasser verrührt) in die kochende Suppe rühren. Salzen, 15–20 Minuten kochen, das Ei mit der Milch verquirlen, mit Muskat würzen und die restliche Petersilie hineinrühren.

## Gazpacho

### ZUTATEN

5 Tomaten
1 Paprikaschote
½ Salatgurke
1 Zwiebel
1 Knoblauchzehe
Kräutersalz
frisch gemahlener Pfeffer
5 EL Sonnenblumenöl
Saft von ½ Zitrone
½ l Buttermilch,
Kefir oder Joghurt
gehackte Petersilie zum
Bestreuen

### ZUBEREITUNG

Die Tomaten, die Paprika, die Gurke und die Zwiebel in sehr kleine Würfel schneiden (wer mag, kann auch alles im Mixer pürieren). Mit Kräutersalz, Pfeffer und der zerdrückten Knoblauchzehe abschmecken.

Das Öl mit dem Zitronensaft verrühren, dazugeben und etwa 1 Stunde kalt stellen.

Vor dem Servieren mit der Buttermilch vermengen und mit der gehackten Petersilie bestreuen.

Mit gerösteten Vollkornbrotwürfeln, die man nach Geschmack mit einer zerdrückten Knoblauchzehe einreiben kann, servieren.

## Minestrone

(Farbtafel Seite 91)

### ZUTATEN

4 EL Öl
1 große Zwiebel
750 g gemischtes Gemüse nach Jahreszeit (z.B. 1 kleiner Blumenkohl, 3 Möhren, 1 Stange Lauch, 1 kleiner Sellerie, 1 Petersilienwurzel, 1 Handvoll grüne Bohnen oder Gemüse Ihrer Wahl)

4 Kartoffeln
1 ½ l Wasser
3 Gemüsebrühwürfel
6 Tomaten
je 1 TL Thymian, Basilikum, Oregano
Kräutersalz
frisch gemahlener Pfeffer
100 g fertiggekochte Nudeln oder Reis
100 g geriebener Käse

### ZUBEREITUNG

Die Zwiebel würfeln und im Öl andünsten.

Das gemischte Gemüse und die Kartoffeln putzen, kleinschneiden und zu der Zwiebel geben. Kurz andünsten, mit 1½ l Gemüsebrühe auffüllen und in etwa 20 Minuten gar kochen.

In den letzten 10 Minuten die abgezogenen, geviertelten Tomaten hinzufügen.

Mit den Gewürzen abschmecken und die Nudeln in die Minestrone geben.

Bei Tisch mit geriebenem Käse bestreuen.

## Möhren-Erbsen-Kartoffel-Eintopf

ZUTATEN

500 g Kartoffeln
250 g Möhren
500 g junge Erbsen
40 g Butter
1 Zwiebel
1 Bund Petersilie, Liebstöckel,
Kräutersalz
1 EL gekörnte Brühe
3/4 – 1 l Wasser

ZUBEREITUNG

Die Möhren würfeln und mit der kleingeschnittenen Zwiebel, dem Liebstöckel und der Hälfte der Petersilie andünsten, die Erbsen hinzugeben, weiterdünsten.
Mit Brühe aufgießen, würzen und die gewürfelten Kartoffeln hinzugeben.
Vor dem Anrichten mit der restlichen Petersilie überstreuen.

Neben Erbsen und Kartoffeln können Sie diesen Eintopf auch mit Blumenkohl zubereiten oder auch gekochten Spargel hinzugeben.

## Borschtsch

(Farbtafel Seite 19)

ZUTATEN

500 g rote Bete
3 EL Sonnenblumenöl
1 ½ l Gemüsebrühe
2 Möhren (etwa 125 g)
1 Stange Lauch
½ kleiner Sellerie (etwa 125 g)
2 Zwiebeln
250 g Weißkohl oder Sauerkraut
250 g Kartoffeln
1 Lorbeerblatt
4 Nelken
1 TL Pfeffer
1 TL Kümmel
4 Tomaten (etwa 250 g)
1 Knoblauchzehe
frisch gemahlener Pfeffer
Kräutersalz
3 EL Obstessig
350 g saure Sahne oder Joghurt

ZUBEREITUNG

Die rote Bete waschen, bürsten und mit der Schale in Würfel schneiden (milchsaure rote Bete kann auch verwendet werden).
Den Sellerie in Würfel, die Möhren in Scheiben und den Lauch in dünne Ringe schneiden. Alles in der Gemüsebrühe und dem Öl 20 Minuten köcheln lassen.

Danach gewürfelte Zwiebeln, in Streifen geschnittener Weißkohl (oder Sauerkraut), geschälte, in Scheiben geschnittene Kartoffeln und die Gewürze (Lorbeerblatt, Kümmel, Pfeffer, Nelken) hinzugeben und weitere 30 Minuten auf kleiner Hitzestufe kochen.
In den letzten 10 Minuten die abgezogenen, in Würfel geschnittenen Tomaten mitkochen.
Mit der zerdrückten Knoblauchzehe, dem Kräutersalz, Pfeffer und Obstessig abschmecken.
Vor dem Anrichten die saure Sahne unterrühren oder bei Tisch dazu reichen.
Borschtsch kann man heiß und kalt essen. Gut schmecken dazu frische Weizenfladen; in der Sowjetunion ißt man Borschtsch mit Buchweizengrütze.

Farbtafel 10:
Minestrone
(Rezept Seite 89),
Tomatensuppe
(Rezept Seite 87),
grüne Suppe
(Rezept Seite 86),
Goldwürfel
(Rezept Seite 87)

# Wirsing-Zucchini-Tomaten-Topf

## ZUTATEN

40 g Butter
2 Zwiebeln
300 g Zucchini
1 kleiner Wirsingkohl (etwa 300 g)
250 g Tomaten
⅛ l Wasser
2 TL Kräutersalz
1 TL Oregano
frisch gemahlener Pfeffer
1–2 TL Curry
2 EL Bierhefeflocken
50 g geriebener Käse

## ZUBEREITUNG

Die abgezogene Zwiebel in Ringe, die Zucchini in dünne Scheiben und den geputzten Wirsingkohl in Streifen schneiden.

Das Fett in einer Pfanne zerlassen und die Zwiebeln darin glasig dünsten. Zucchini und Wirsingkohl dazugeben, kurz andünsten, mit Wasser auffüllen und etwa 20 Minuten auf kleiner Hitzestufe kochen lassen.

In den letzten 10 Minuten die abgezogenen Tomaten dazugeben und mit Kräutersalz, Pfeffer und Oregano bestreuen.

Das fertige Gericht mit Curry abschmecken und die Hefeflocken darüberstreuen (nicht mehr kochen).

Nach Geschmack vor dem Servieren noch mit geriebenem Käse überstreuen.

Dazu passen Pellkartoffeln oder Naturreis.

Farbtafel 11:
Sprossenminestrone
(Rezept Seite 84),
gemischter Sprossensalat
(Rezept Seite 84)

# Möhren-Wirsing-Topf

## ZUTATEN

4 große Zwiebeln
4 Möhren (etwa 250 g)
1 Wirsingkohl (etwa 750 g)
500 g Kartoffeln
2 TL Meersalz
2 TL Kümmel
frisch gemahlener Pfeffer
¼ l Gemüsebrühe
gehackte Petersilie zum Bestreuen

## ZUBEREITUNG

Die Zwiebeln und Kartoffeln schälen, die Möhren putzen und alles in Scheiben, den geputzten Wirsingkohl in Streifen schneiden.

In einen Topf schichtweise abwechselnd Zwiebeln, Wirsing, Möhren und Kartoffeln geben und jede Lage mit Meersalz, Pfeffer und Kümmel würzen.

Mit der Gemüsebrühe auffüllen, den Deckel schließen und in etwa 25 Minuten gar dünsten. Nicht umrühren!

Vor dem Servieren mit gehackter Petersilie bestreuen.

# Bunter Reiseintopf

## ZUTATEN

1 rote Paprikaschote
1 große Zwiebel
1 kleine Möhre
1 kleine Zucchini
3 Tomaten
2–3 EL Öl
¾–1 l Brühe
300 g gekochter Reis
100 g gekochte Bohnen
Salz, Rosenpaprika, Cayennepfeffer oder scharfer Paprika,
Thymian, Oregano, Salbei, Basilikum, Rosmarin
eventuell Käse zum Überstreuen

## ZUBEREITUNG

Die kleingehackte Zwiebel in Öl
andünsten, die kleingeschnittene
Paprikaschote, die Zucchini und
die Möhre hinzugeben und kräftig
andünsten. Die Tomaten und die
gehackten Kräuter hinzufügen,
etwas mitdünsten und dann mit
der Brühe ablöschen. Würzen.
Die letzten Minuten den Reis und
die Bohnen mitköcheln lassen.
Garzeit 20 Minuten.

Die gekochten Bohnen können Sie
durch frische ersetzen.

Im Garten kommt es hin und wieder vor (zum Beispiel nach dem
Sommerurlaub), daß die grünen
Bohnen zu reif geworden, die
Kerne aber noch nicht getrocknet
sind. Solche Kerne können Sie verwenden und von Anfang an mitdünsten und mitkochen. Besonders hübsch sehen die jungen
roten, dunkelblauen, braunen und
gefleckten Feuerbohnenkerne aus.

# Joghurt-Gemüse-
Eintopf

## ZUTATEN

⅛ l Wasser
1 TL Meersalz
2 EL Öl
2 große Zwiebeln
500 g Kartoffeln
750 g Möhren, Kohlrabi, Lauch,
Sellerie, gemischt
1 Zitrone
250 g Joghurt
1 Bund Petersilie
Kräutersalz
frisch gemahlener Pfeffer

## ZUBEREITUNG

Das Wasser mit dem Salz und dem
Öl zum Kochen bringen.
Die Zwiebelringe, die geschälten,
in Scheiben geschnittenen Kartoffeln und das geputzte, kleingeschnittene Gemüse in das
kochende Wasser geben.
Die Zitrone in dünne Scheiben
schneiden und auf das Gemüse
legen.
Den Topf schließen und alles
20 Minuten kochen lassen.
Den Joghurt kräftig mit Kräutersalz und Pfeffer abschmecken und
mit der kleingehackten Petersilie
verrühren.
Die Zitronenscheiben entfernen
und den Petersilienjoghurt über
das Gemüse geben.

Statt mit Joghurt und Petersilie
können Sie das Gericht auch mit
Schafskäse und Dill bestreuen.

# PILZE

Pilze stellen eine schmackhafte Bereicherung unseres Küchenzettels dar. Sie sind eiweißreich, allerdings ist die Verwertbarkeit von Pilzeiweiß nicht allzu hoch. An Vitaminen enthalten sie Vitamin B und D.

Pilzsammeln kann zur Leidenschaft werden. Leider hat sich gezeigt, daß allzu viele Pilzsammler den Pilzbestand unserer Wälder und mit ihm sogar die Wälder selbst gefährden, da den Pilzen wichtige Aufgaben im Gleichgewicht des Waldes zufallen.

- Wenn Sie Pilze suchen, sammeln Sie nur solche, die Sie sicher kennen. Kommen Sie bitte nicht mit übervollen Körben zur Pilzberatungsstelle und gehen dann mit drei eßbaren Pilzen nach Hause.
- Schneiden Sie Pilze mit dem Messer einen Fingerbreit über dem Boden ab, damit das Myzel nicht verletzt wird.
- Lassen Sie alte Pilze stehen!
- Sammeln Sie wegen möglichen Blei- und Cadmiumgehalts nicht an befahrenen Straßen oder auf Müllplätzen.
- Verwenden Sie zum Sammeln keine Plastiktüten.
- Putzen Sie die Pilze möglichst schon im Wald, und bereiten Sie sie zu Hause sofort zu.
- Die im folgenden aufgeführten Pilzrezepte können Sie auch mit Zuchtchampignons herstellen.

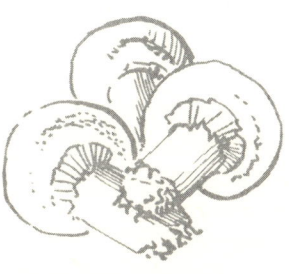

## Pilze, Grundrezept

### ZUTATEN

500 g Pilze
40 g Butter
1–2 Zwiebeln
1 Bund Petersilie
Kräutersalz
Pfeffer

### ZUBEREITUNG

Die Pilze putzen, harte Stiele abschneiden, gegebenenfalls die Haut abziehen und zu weiche Röhren oder Lamellen abschaben. Nur wenn unbedingt nötig, kurz waschen (sie saugen sich mit Wasser voll und lassen sich dann nicht mehr gut anbraten).
Die großen Pilze in Scheiben schneiden, die kleinen zur Freude der Kinder ganz verwenden.
Die Pilze dann in der heißen Butter mit der in Scheiben geschnittenen Zwiebel und der Hälfte der Petersilie anbraten beziehungsweise andünsten. Salzen, pfeffern. Je nach Wassergehalt entstehen auf diese Weise Bratpilze oder ein einfaches Pilzgemüse, das durch weitere Zugaben veredelt werden kann (siehe Rezeptteil).

Um Pilzsuppe herzustellen, wird Gemüsebrühe zu dem Grundrezept gegeben und mit Mehl, Sahne oder Ei legiert. Zum Schluß die restliche Petersilie hinzugeben. Garzeit 10–20 Minuten.

Eine leckere Hauptmahlzeit ist ein mit Pilzen gefülltes Omelett auf Reis mit grünem Salat serviert. Das Grundrezept für Omeletts finden Sie im Kapitel „Eierspeisen".

## Rote Pilzsuppe

### ZUTATEN

500 g Mischpilze
1 Zwiebel
Petersilie, Liebstöckel
60 g Butter
2 EL Vollkornweizenmehl
1–2 EL Tomatenmark
3/4–1 l Gemüsebrühe
1/8 l saure Sahne
Kräutersalz, Peffer

### ZUBEREITUNG

Die Pilze putzen, waschen, mit der in Scheiben geschnittenen Zwiebel, dem Liebstöckel und der Hälfte der Petersilie andünsten, Mehl darüberstreuen, Tomatenmark hin-

zugeben und mit der Gemüsebrühe ablöschen.
Zuletzt die restliche Petersilie darübersteuen.
Zubereitungszeit 15–20 Minuten.

## Krautpilze

### ZUTATEN

500 g Pilze (sehr gut eignen sich junge Reizker)
500 g Weißkohl
1 Zwiebel
40 g Butter
Petersilie, Kräutersalz, Pfeffer wenn nötig, Wasser zum Aufgießen

### ZUBEREITUNG

Die Pilze putzen und halbieren, mit der feingehackten Zwiebel, der Petersilie und dem in Streifen geschnittenen Weißkohl in heißem Fett andünsten und mit Wasser ablöschen. Mit Salz und Pfeffer würzen und zugedeckt fertigschmoren.
Garzeit 20–30 Minuten.

Servieren Sie Petersilienkartoffeln dazu.

## Pilzschnitzel

### ZUTATEN

4–8 große trockene Pilzhüte (Schirmpilze, Champignons, Scheiben vom Steinpilz oder Riesenbovist)
Saft von 1/2 Zitrone
1 Ei
Muskat, Kräutersalz, Pfeffer
feiner Weizenschrot
40 g Butter
Zitronenscheiben

### ZUBEREITUNG

Die Pilzscheiben mit Zitronensaft beträufeln und pfeffern, das Ei zerschlagen und mit Muskat und Kräutersalz kräftig würzen.
Dann die Pilzscheiben in Ei, anschließend in Weizenschrot wenden (eventuell wiederholen) und in der Pfanne braten.
Garzeit etwa 10 Minuten.
Schmeckt ausgezeichnet zu Gemüsereis und buntem Salat.

# Pilzgulasch

## ZUTATEN

500–1000 g Mischpilze
3 EL Öl
3 große Zwiebeln
1–2 rote Paprikaschoten
1 EL Tomatenmark oder 4 frische
oder tiefgekühlte Tomaten
einige Blätter Liebstöckel
1 TL gekörnte Brühe oder ⅛ l
Gemüsebrühe
scharfer Paprika, Rosenpaprika,
Kräutersalz
⅛ l Sauerrahm
Petersilie

## ZUBEREITUNG

Die Pilze säubern, eventuell kurz
waschen und in Stücke schneiden.
Mit den kleingeschnittenen Zwiebeln in Öl kräftig anbraten.
Die Paprikastreifen hinzugeben,
Tomatenstücke und Liebstöckel
hinzufügen und wenn nötig ablöschen. Ansonsten nur die gekörnte
Brühe einstreuen.
Mit Paprika und Kräutersalz würzen und zum Schluß Sauerrahm
und gehackte Petersilie hinzugeben. Garzeit 20 Minuten.

Im Reisring mit grünem oder Kohl-
salat servieren.

# Pilzrührei

## ZUTATEN

100 g Pilze, nicht zu feucht
40 g Butter
3–4 Eier
Muskat, Kräutersalz
2 EL Schnittlauch

## ZUBEREITUNG

Die Pilze in kleine Stücke schneiden
und in der Butter braten, die Eier
verschlagen, mit Muskat und Kräutersalz würzen und über die Pilze
gießen, kurz anbraten lassen und
dann mit der Gabel durchziehen.
Zuletzt den Schnittlauch untermengen.

Schmeckt köstlich zu Vollkornbrötchen und Kräuterbutter.

# Pilzsalat „Gärtnerin"

Es gibt wenige seltene Pilzsorten,
die sich roh zu Pilzsalat eignen
(zum Beispiel Rötlicher Gallert-
trichter, der Eispilz und das Judas-
ohr).
Normalerweise wird ein Pilzsalat
aus gekochten Pilzen oder aus
sauer eingekochten Pilzen hergestellt. Bei letzteren verwenden
Sie keinen oder nur wenig Essig für
die Marinade. Sie können nach
Belieben Obst und Gemüse (roh
oder gekocht) hinzugeben.

## ZUTATEN

500 g Pilze
etwa ½ Tasse Wasser
Kräutersalz
½ Sellerieknolle
1 Möhre
1 Zwiebel oder Zwiebelröhrchen
1 Tomate
Sellerieblätter, Liebstöckel,
Petersilie

Marinade:
2–3 EL Essig
1 TL Honig
Kräutersalz
2 EL Öl

## ZUBEREITUNG

Die Pilze 5–10 Minuten in wenig
Salzwasser kochen. Die Gemüse
und Kräuter raspeln beziehungsweise fein schneiden.
Alles mit der Marinade ohne Öl
anmachen und gut 1 Stunde ziehen
lassen. Vor dem Anrichten das Öl
hinzugeben.

## Sauer konservierte Pilze

ZUTATEN

1–2 kg Pilze (am besten eignet sich Hallimasch)
2 Möhren
2–3 Zwiebeln
1 TL Senfkörner
2–3 Lorbeerblätter
1 TL Pfefferkörner
1 EL Salz
Essig zum Übergießen

ZUBEREITUNG

Am besten nur die Hüte von kleinen bis mittelgroßen Hallimaschpilzen verwenden. Diese in Salzwasser mit Lorbeerblättern, Pfeffer und Senfkörnern mindestens 10 Minuten kochen.
Anschließend die Pilze mit Möhrenscheiben und Zwiebelringen in Einweckgläser füllen, mit dem gesalzenen Essig übergießen und 30 Minuten einkochen.

## Saurer Pilzeintopf

ZUTATEN

500 g sauer konservierte Pilze
500 g frisch gekochte Kartoffeln
2 EL Mehl
40 g Butter
1 kleine Möhre
1 kleine Lauchstange
Petersilie, Liebstöckel
1 Lorbeerblatt
2 Nelken
½ Zwiebel
1–2 Essiggurken
Kräutersalz, Pfeffer, Paprika
Petersilie zum Überstreuen.

ZUBEREITUNG

Die Gemüse und die Kräuter kleinschneiden und in der Butter andünsten. Ablöschen.
Das Lorbeerblatt mit den Nelken in die Zwiebel stecken und mitkochen.
Das Mehl in einer Pfanne ohne Fett braun rösten.
Die Kartoffeln schälen und in Scheiben in die Brühe geben, dann die Gurkenscheiben und die Pilze untermengen, würzen. Zuletzt das Mehl hineinrühren und noch 4 Minuten köcheln lassen. Mit Petersilie überstreuen.

## Champignonsoße

ZUTATEN

1 Zwiebel
3 EL Öl
200 g Champignons
Kräutersalz, Pfeffer
frisch geriebene Muskatnuß
je 1 TL Curry und Oregano
¼ l Gemüsebrühe
¼ l süße oder saure Sahne
1 Eigelb
1 Knoblauchzehe

ZUBEREITUNG

Die Zwiebel in dem Öl andünsten.
Die geputzten und blättrig geschnittenen Champignons und die Gewürze dazugeben und 5 Minuten auf kleiner Flamme kochen lassen.
Mit der Gemüsebrühe auffüllen und noch einmal aufkochen lassen.
Das Eigelb mit der Sahne verquirlen und unterziehen. Mit der zerdrückten Knoblauchzehe abschmecken.
Die Soße paßt gut zu einfachen Kartoffel- und Getreidegerichten.

# DIE
# VIELSEITIGE KARTOFFEL

Die Kartoffel ist zum unentbehrlichen und beliebten Volksnahrungsmittel geworden, und es ist fast unvorstellbar, daß die Alte Welt jahrhundertelang ohne sie ausgekommen ist.

Kartoffeln enthalten viel Stärke (etwa 20%), wenig Eiweiß, kaum Fett, Mineralstoffe, Vitamine (vor allem Vitamin C), Zellulose und Wasser.

Um das hochwertige Eiweiß, die Mineralstoffe und die Vitamine zu erhalten, sollten die Kartoffeln nach Möglichkeit in der Schale gegart werden, am besten im Dämpfer oder im Backofen.

Haben Sie aber eine Vorliebe für Salzkartoffeln, dann verwenden Sie das Kartoffelwasser weiter zu Suppen und Soßen, oder trinken Sie es noch warm, es ist ausgesprochen schmackhaft!

## Kartoffelkuchen

### ZUTATEN

1 kg Kartoffeln
2 Eier
30 g Butter
1 kleine Zwiebel
1 Knoblauchzehe
2 TL Kräutersalz
2 TL Majoran
1 TL Koriander
100 g gemahlene Wal- oder Haselnüsse
100 g geriebener Emmentaler Käse

### ZUBEREITUNG

Die Kartoffeln kochen, pellen und noch heiß reiben.

Die Eidotter, die Butter, die gehackte Zwiebel und die gemahlenen Nüsse unter die Kartoffelmasse rühren. Mit Kräutersalz, Majoran, Koriander und der zerdrückten Knoblauchzehe würzen.

Die Eiweiße steifen schlagen und unterheben. Die Masse in eine gefettete Auflaufform geben und mit Käse bestreuen.

Auf der mittleren Schiene in den kalten Backofen schieben und 25 bis 30 Minuten bei 220 Grad backen.

## Kartoffeln vom Blech
### (Farbtafel Seite 73)

ZUTATEN

1 kg Kartoffeln
Öl (Maiskeimöl)
Kümmel

ZUBEREITUNG

Die Kartoffeln waschen, nicht schälen. Dann halbieren und mit der Schnittfläche auf ein gut geöltes Backblech legen. Mit Öl bepinseln und mit Kümmel bestreuen. Garzeit: 45 Minuten.

Anstelle von Kümmel können Sie auch Sesam verwenden.

Eine weitere Variante wäre:

## Kartoffeln provençal

ZUTATEN

1 kg Kartoffeln
4–6 Zwiebeln
2–4 Knoblauchzehen
Basilikum, Rosmarin, Salbei, Thymian, Majoran, Oregano
Olivenöl

ZUBEREITUNG

Die Zwiebeln werden wie die Kartoffeln halbiert und zwischen diese auf das geölte Blech gelegt. Die Knoblauchzehen in Scheiben schneiden und mit den Kräutern über die Kartoffeln streuen. Mit Olivenöl begießen. Garzeit: 45 Minuten bei 200–220 °C.

VARIANTEN

Sie können die Kartoffeln auch ohne Gewürze aufs Blech geben und nach etwa 2/3 der Garzeit mit Raclettekäsescheiben oder Reibkäse bedecken.

Kinder lieben Chips. Ihnen zuliebe sollten Sie die genannten Rezepte auch mit Kartoffelscheiben herstellen. Solche Chips werden köstlich knusprig und die Garzeit verkürzt sich um 10 Minuten.

Servieren Sie einmal verschiedene Sorten auf einem Blech, mit grünem Salat und Tomatenketchup. Haben Sie kein eigenes, eingekochtes Ketchup, stellen Sie eines aus Tomatenmark her, und servieren Sie es ruhig warm zu den Chips, es schmeckt!

## Schnelles Tomatenketchup

ZUTATEN

4 EL Tomatenmark
2 EL Weinessig
2 EL Rotwein
½ EL geriebener Meerrettich
1 EL geriebene Zwiebel
1 Messerspitze Ingwer
1 Messerspitze Piment
1 Lorbeerblatt
2 Nelken
2–4 EL Honig
Salz

ZUBEREITUNG

Alles mischen und etwa 15 Minuten kochen.
Vor dem Servieren das Lorbeerblatt mit den eingesteckten Nelken herausnehmen.

Außerdem schmecken Kartoffeln vom Blech zu Kräuterquark und grünen Salaten.

## Pellkartoffeln mit Grüner Soße

Wann immer es geht, servieren wir Kartoffeln als Pellkartoffeln. Dadurch, daß wir sie vor dem Kochen nicht schälen, gehen die wertvollen Inhaltsstoffe nicht ins Kochwasser, sondern bleiben in den Kartoffeln. Die jungen frischen Kartoffeln servieren wir mit Schale (das ist nur eine Umgewöhnung des Geschmacks), im Winter pellen wir die Kartoffeln – je nach Gericht – kurz vor dem Essen oder bei Tisch.

### ZUTATEN

750 g Kartoffeln
1 TL Kümmel
Wasser zum Kochen

### ZUBEREITUNG

Die Kartoffeln werden gewaschen, gebürstet und mit dem Kümmelwasser aufgesetzt. Stellen Sie Ihren Zeitwecker ab dem Kochen der Kartoffeln auf 15 Minuten. In den meisten Fällen sind sie dann gar, sonst muß man sie eventuell noch ein paar Minuten weiterkochen lassen.

Servieren Sie die Pellkartoffeln als Beilage zu gedünstetem Gemüse oder verarbeiten Sie sie den Rezepten entsprechend weiter!

## Grüne Soße

Eine klassische Beigabe zu Pellkartoffeln ist die Grüne Soße. Oft hat sie auch den Beinamen Frankfurter Grüne Soße, denn der Überlieferung nach soll Goethes Mutter diese Soße sehr gerne zubereitet haben.
Nach alter Tradition sollte sie mindestens 7 verschiedene Küchenkräuter enthalten, die nicht mit dem Mixer zerkleinert werden, sondern per Hand mit einem Wiegemesser, damit die kostbaren Kräutersäfte erhalten bleiben.

### ZUTATEN

¼ l saure Sahne
2 Becher Joghurt
1 EL Zitronensaft
3 hartgekochte Eier
½ TL Honig
mindestens je 1 EL gehackte Petersilie, Schnittlauch, Dill, Borretsch, Kerbel, Pimpinelle und Sauerampfer

### ZUBEREITUNG

Die saure Sahne mit dem Joghurt, dem Zitronensaft, dem Honig und einem feingewürfelten, hartgekochten Ei verrühren.
Die Kräuter waschen, sehr fein wiegen und unter die Soße mengen.
Das Ganze in eine Schale geben, die übrigen 2 hartgekochten Eier halbieren, in die Soße legen und mit etwas Petersilie bestreuen.

## Panierte Kartoffeln

### ZUTATEN

4–6 große Kartoffeln
Panade
(siehe Grundrezept Seite 71)
40 g Butter

### ZUBEREITUNG

Die Kartoffeln in der Schale knapp gar kochen, in starke (2 cm) Scheiben schneiden, panieren und in der Butter auf beiden Seiten goldbraun braten.

Paßt sehr gut zu allen Gemüsen und Salaten.

## Kartoffel-Tomaten-Auflauf

ZUTATEN

750 g Kartoffeln
6–8 Tomaten
1 Zwiebel
1 Knoblauchzehe
Salz
60 g Butter
100 g geriebener Käse (mittelalter Gouda)
2 EL Sesam
Salbei, Basilikum

ZUBEREITUNG

Die Kartoffeln in der Schale garen, schälen und in etwa 1 cm dicke Scheiben schneiden. In eine gefettete Auflaufform abwechselnd mit Tomatenscheiben dachziegelartig in Schichten anordnen, jede Schicht etwas salzen.
In einem Pfännchen die feingehackte Zwiebel und die Knoblauchzehe in der Butter dünsten und über den Auflauf gießen.
Wenn es schnell gehen soll, einfach die Zwiebel und Knoblauchzehe gemeinsam mit Butterflöckchen darüber verteilen.
Kleingeschnittene Salbei- und Basilikumblätter, den Käse und zuletzt die Sesamsamen darüberstreuen und im Ofen backen, bis der Käse goldbraun wird; etwa 20 Minuten bei Stufe 4 (225 Grad). Vor dem Anrichten noch einige frische Basilikumblätter darübergeben.

Servieren Sie den Auflauf mit Spiegeleiern zu grünem Salat oder zu Blattspinat.

## Quark-Kartoffel-Auflauf

ZUTATEN

750 g Kartoffeln
500 g Quark
3 Eier
1 Zwiebel
1 Bund Petersilie
2 EL Weizengrieß
knapp ⅛ l Milch
Kräutersalz
Pfeffer
Muskat
Paprika
50 g geriebener Käse

ZUBEREITUNG

Die Kartoffeln kochen, pellen, in Scheiben schneiden und in eine gefettete Auflaufform geben.
Die Zwiebel in kleine Würfel schneiden, in etwas Fett andünsten und abkühlen lassen.
Den Quark mit den Eidottern, der Milch, dem Grieß, der gehackten Petersilie und den Zwiebelwürfeln verrühren und mit Muskat, Paprika, Pfeffer und Kräutersalz kräftig abschmecken. Das steif geschlagene Eiweiß darunterheben.
Die Quarkmasse über die Kartoffeln geben, mit dem Käse bestreuen und auf der mittleren Schiene in den kalten Backofen schieben. Bei 220 Grad etwa 30 Minuten backen.

## Kartoffelauflauf mit Pilzen und Tomaten

ZUTATEN

750 g Kartoffeln
200 g Champignons
250 g Tomaten
100 g geriebener Emmentaler
Kräutersalz
frisch gemahlener Pfeffer
frisch geriebene Muskatnuß
1 TL Majoran
1 Knoblauchzehe
Butterflöckchen zum Bestreuen

## ZUBEREITUNG

Die Kartoffeln kochen, pellen und in Scheiben schneiden. Die Pilze ebenfalls in Scheiben schneiden. Beides miteinander vermengen und mit Kräutersalz, frisch gemahlenem Pfeffer, frisch geriebener Muskatnuß, Majoran und der zerdrückten Knoblauchzehe würzen.

In eine geölte Auflaufform geben und mit Tomatenscheiben belegen, die noch mit Kräutersalz, Pfeffer und Majoran bestreut werden. Den geriebenen Käse und die Butterflöckchen darüber verteilen. Den Auflauf auf der mittleren Schiene in den kalten Backofen schieben und bei 220 Grad etwa 30 Minuten backen.

## Niedernauer Kartoffeln

### ZUTATEN

750–1000 g Kartoffeln
1 EL Butter
1 Zwiebel
Petersilie
1 Ei (kann auch weggelassen werden)
⅛ l Sauerrahm
Salz
Schnittlauch zum Bestreuen

## ZUBEREITUNG

Die gekochten Kartoffeln schälen und in Stückchen schneiden.
Die feingehackte Zwiebel mit der Petersilie andünsten, die Kartoffelstückchen mitdünsten, salzen.
Den Rahm und das Ei verquirlen und über die Kartoffeln verteilen. Kurz ziehen lassen und mit Schnittlauch (oder anderen Kräutern) bestreut servieren.

### VARIANTE

Sie können der Sahne-Ei-Mischung auch 50–100 g geriebenen Käse zugeben.

## Kartoffelbrei

### ZUTATEN

750–1000 g Kartoffeln (nach Möglichkeit eine mehlige Sorte)
⅜–½ l Milch
2 EL Butter
1 TL Salz, etwas Muskat

### ZUBEREITUNG

Die Kartoffeln in der Schale kochen und schälen, solange sie heiß sind. Währenddessen die Milch mit der Butter und den Gewürzen erhitzen.

Die Kartoffeln durch die Presse drücken und in die kochendheiße Milch rühren. Den Brei schlagen, bis er schaumig ist. Wenn nötig nachwürzen. Sofort servieren.

### VARIATIONEN

Einen solchen Kartoffelbrei können Sie vielfach variieren.
Mischen Sie zum Beispiel 2–3 Eßlöffel geriebenen Käse unter. Geben sie gehackte Kräuter oder geröstete Zwiebel dazu. Mischen Sie mit Möhrenbrei (im Frühjahr, wenn sich die eingelagerten Möhren nicht mehr zu Rohkostgerichten eignen) oder mit Erbsenmus, das Sie herstellen, indem Sie die weichgekochten Hülsenfrüchte durch ein Sieb drücken.

Im Kapitel „Resteverwertung" finden Sie einige Rezepte mit Kartoffelbrei.

Unseren Kindern schmecken Gerichte wie Kroketten, Sesam- oder Mandelbällchen, daher haben wir uns angewöhnt, gleich die doppelte Menge Kartoffelbrei zuzubereiten.

## Gaisburger Marsch

ZUTATEN

500 g Kartoffeln von der
mehligen Sorte
500 g Vollkornspätzle
20 g Butter
1 kleine Möhre oder Pastinake
1 Zwiebel
1 kleine Lauchstange
1 Stück Sellerie
Petersilie, Liebstöckel
1 ½ l Wasser
gekörnte Brühe nach Belieben,
Salz, Muskat
40 g Butter
1–2 Zwiebeln

ZUBEREITUNG

Die Kartoffeln roh schälen und im
Dämpfer oder mit Salzwasser
knapp bedeckt gar kochen.
Währenddessen die feingeschnittenen Gemüse in etwas Butter
dünsten, mit wenig Wasser ablöschen und kochen.
Sind die Kartoffeln gar, das Kartoffelwasser zu der Gemüsebrühe
gießen und die Kartoffeln zugedeckt, bei schwacher Hitze, noch
etwas nachdämpfen lassen.
In der Zwischenzeit die Spätzle in
die Brühe geben und die feingeschnittene Zwiebel in der Butter
anbräunen.
Vor dem Anrichten die mehligen
Kartoffeln in den Eintopf geben
und alles mit der angebräunten
Zwiebelbutter übergießen.
Legen Sie keinen Wert auf mehlige
Kartoffeln, können Sie die Kartof-
felstücke gleich in der Gemüsebrühe mitkochen.

## Kartoffelsuppe

ZUTATEN

5 Kartoffeln
40 g Butter oder Öl
1–2 Knoblauchzehen
1 Zwiebel
1 Möhre
1 kleine Lauchstange
einige grüne Bohnen oder eine
Handvoll junger Erbsen
Sellerieblätter oder -knolle
Petersilie, Liebstöckel,
Majoran, Kapuzinerkresse,
Bohnenkraut
etwa 1 ¼ l Wasser
Salz

ZUBEREITUNG

Die feingehackten Zwiebeln und
Knoblauchzehen im Fett andünsten.

Die kleingeschnittenen Gemüse,
die roh geschälten und gewürfelten Kartoffeln und die Kräuter hinzugeben und mitdünsten. Ablöschen und etwa ½ Stunde kochen.

Im Kapitel „Resteverwertung" finden Sie eine weitere Kartoffel-
suppe aus gekochten Kartoffeln.

## Kartoffelpuffer

ZUTATEN

12 mittelgroße Kartoffeln
2 Eier
1 EL Mehl
½ l Buttermilch
(kann auch weggelassen werden)
Salz
Öl zum Braten

ZUBEREITUNG

Die rohen Kartoffeln schälen und
reiben. In ein Sieb geben und
abtropfen lassen (das Wasser
kann zu Suppen verwendet werden). Besser noch in ein Säckchen
oder Tuch geben und auspressen.
Den ziemlich trockenen Kartoffelbrei mit den übrigen Zutaten ver-

rühren, mit einer Suppenkelle in das heiße Fett geben und ausstreichen. Wenden, wenn die Ränder braun werden.

VARIATIONEN

Je nach Geschmack kann die Teigmischung abgeändert werden.
Nehmen Sie statt Sauermilch Milch, geben Sie eine feingeriebene Zwiebel hinzu, mischen Sie gehackte Kräuter oder 100 g geriebenen Käse unter; wenn der Teig zu feucht ist, geben Sie ruhig bis zu 3 Eßlöffel Mehl hinzu. Allerdings kann dann ein zusätzliches Ei nicht schaden.
Manche Leute reiben auch 1–3 gekochte Kartoffeln in den Teig.

## Gefüllte Kartoffeln

ZUTATEN

4–8 große Kartoffeln
1 Ei
1 Zwiebel
Petersilie
2 EL Sauerrahm
1 EL Mehl
Pfeffer, Salz, Muskat, Majoran, Basilikum, Knoblauch, Sellerie
Butter
Brühe

ZUBEREITUNG

Die rohen Kartoffeln schälen, halbieren und aushöhlen. Das Innere reiben und in einem Sieb abtropfen lassen.
Die Zwiebel und die Petersilie in Butter andünsten, zu dem Mehl, dem Sauerrahm, den geriebenen Kartoffeln und dem Ei geben und mit Gewürzen und Kräutern (einen Teil zum Dekorieren aufheben) mischen.
Die Kartoffelhälften mit dem Teig füllen und in eine gefettete Form setzen. Etwa 1 cm hoch mit Brühe aufgießen. 35–40 Minuten bei etwa 200 Grad backen.
Dann mit Butterflöckchen oder/ und geriebenem Käse (eventuell Parmesan) bestreuen. Bei knapp 250 Grad noch 5–10 Minuten bräunen.

VARIATIONEN

Sie können die Kartoffeln auch jeweils mit einer Tomatenscheibe zudecken und mit Butterflöckchen und Bröseln (später mit Parmesan) oder Sesam bestreuen.

Gefüllte Kartoffeln schmecken zu Spinat und zu Salaten.

## Kartoffelgratin

ZUTATEN

750 g Kartoffeln
2 Joghurt
2–3 TL Kräutersalz
frisch gemahlener Pfeffer
1–2 TL Senf
Butterflöckchen zum Bestreuen

ZUBEREITUNG

Die Kartoffeln kochen, pellen und noch warm durch die Kartoffelpresse drücken.
Den Joghurt mit dem Kräutersalz, dem Pfeffer und dem Senf vermischen und unter die Kartoffelmasse heben. Diese in eine gefettete Auflaufform geben und mit Butterflöckchen bestreuen.
Auf der mittleren Schiene in den kalten Backofen schieben und bei 220 Grad etwa 20 Minuten backen.

Kartoffelgratin ist eine pikante Beilage zu gedünstetem Gemüse.

## Kartoffelsalat, Grundrezept

ZUTATEN

750–1000 g Kartoffeln
Salz, Pfeffer
1–2 Zwiebeln
1 Tasse Gemüsebrühe
2–4 EL Essig
1 TL Senf
3–4 EL Öl

ZUBEREITUNG

Zuerst alle Kartoffeln noch warm schälen, dann in Scheiben schneiden und in eine Schüssel geben. Jede Schicht etwas salzen und pfeffern. Die feingehackten Zwiebeln hinzugeben.

Die Gemüsebrühe erhitzen, den Senf darin verrühren und den Essig hinzugeben, heiß über die Kartoffeln gießen und die Schüssel zudecken.

Erst wenn die Marinade eingezogen ist, das Öl beifügen und den Salat vorsichtig anmachen, auf keinen Fall rühren!

An Variationsmöglichkeiten ist kein Mangel:

## Grüner Kartoffelsalat

ZUTATEN

1 kg Kartoffeln
⅛ l Gemüsebrühe
⅛ l Obstessig
1 Zwiebel
Meersalz
frisch gemahlener Pfeffer
1 Bund Dill
1 Bund Petersilie
5 Blätter frischer Salbei
1 Zweig Zitronenmelisse
1 Salatgurke
1 Becher saure Sahne
oder Joghurt

ZUBEREITUNG

Die Kartoffeln waschen, pellen und in Scheiben schneiden.

Die Brühe mit dem Obstessig, dem Salz, dem Pfeffer und den Zwiebelwürfeln aufkochen und über die Kartoffeln gießen. Ab und zu vorsichtig wenden, bis der Sud von den Kartoffeln aufgesogen ist.

Die Kräuter hacken, die Salatgurke würfeln und beides unter den Kartoffelsalat mischen.

Bei Tisch den Joghurt extra dazu reichen und mit dem Salat mischen.

Dazu passen hartgekochte Eier.

## Bunter Kartoffelsalat

ZUTATEN

750 g Kartoffeln
1 roter Rettich oder 6 Radieschen
1 Gurke
1 Möhre (geraspelt)
2 Tomaten
Petersilie, Schnittlauch,
Kresse, Dill
100 g Gouda
(in Würfel oder Streifen geschnitten)
1 Becher Joghurt
2 hartgekochte Eier

ZUBEREITUNG

Den Kartoffelsalat nach dem Grundrezept zubereiten. Die Radieschen und die Gurke in Scheiben schneiden, die Möhre raspeln, die Tomaten vierteln und die Kräuter fein hacken. Alles zusammen mit dem Käse vorsichtig unter den Kartoffelsalat heben. Vor dem Servieren die Eier vierteln und damit den Salat garnieren. Den Joghurt bei Tisch portionsweise übergießen.

106

# EIERSPEISEN

Leute, die Eier und Milch zu sich nehmen, brauchen sich keine Gedanken darüber zu machen, wie sie ihren täglichen Proteinbedarf decken sollen.

Eierspeisen sind schmackhaft und vielseitig zuzubereiten und liefern uns hochwertigstes Protein.

Haben Sie allerdings keine Möglichkeit, frische Eier von freilaufenden Hühnern zu erhalten, und sind auf Eier aus Legebatterien angewiesen, dann sollten Sie Ihren Eierkonsum überdenken. Es sei denn, Sie wollen dazu übergehen, eigene Hühner zu halten, was manche Leute sogar auf dem Balkon eines Hochhauses fertigbringen.

Die Hühner in Legebatterien leben in Einzelhaft auf engstem Raum zusammengepfercht. Sie dürfen nicht laufen, scharren, hacken und haben keine Möglichkeit zu sozialen Kontakten.

Neben tierschützerischen Argumenten treten gesundheitliche in den Vordergrund: In der Massentierhaltung steigt die Infektionsgefahr. Die Hühner werden bereits vorbeugend mit einer Vielzahl von Medikamenten behandelt. Arzneimittelrückstände in Eiern sind längst keine Seltenheit. So wurden zum Beispiel anämieauslösende Antibiotikareste nachgewiesen. Auch in der tierfreundlicheren Bodenhaltung sind Medikamente an der Tagesordnung, da üblicherweise sehr viele Hühner gemeinsam gehalten werden.

## Gefüllte Eier

### ZUTATEN

4 Eier
3 EL saure Sahne
3 EL Quark
Kräutersalz

### ZUBEREITUNG

Die Eier ungefähr 10 Minuten hart kochen, kalt abschrecken und nach dem Abkühlen schälen und längs halbieren. Das Eigelb herausnehmen, mit der Gabel zerdrücken, mit dem Quark, der Sahne und dem Salz mischen.
Die fertige Füllung wieder in die Eihälften verteilen (sie können auch mit dem Spritzbeutel gefüllt werden).

### VARIATIONEN

Auch hier ist wieder Gelegenheit zum Spielen. Verwenden Sie Senf, Meerrettich, verschiedene gehackte Kräuter, Oliven, Peperoni, Tomatenmark, Paprika.

Servieren Sie gefüllte Eier zu Salatplatten, auf Kartoffelsalat oder Getreidesalaten.

### Spiegelei Im Brotrand

ZUTATEN

4–8 Eier
4–8 Brotscheiben
40 g Butter
Kräutersalz

ZUBEREITUNG

Das Innere der Brotscheiben herauslösen, so daß ein etwa 3 cm breiter Rand stehenbleibt.
Die Butter in der Pfanne erhitzen, die Brotringe auf einer Seite anbraten, wenden und dann jeweils in die Mitte ein Spiegelei geben. Langsam braten.
Das Innere der Brotscheiben kann in Würfel geschnitten mitgeröstet werden. Sie können es aber auch für Brösel trocknen lassen.
Sie können jedoch auch auf Tomatensuppe serviert werden.

Solche Spiegeleier im Rand erfreuen besonders die Kinder und ergeben zusammen mit Kartoffel- und grünem Salat eine vollwertige Mahlzeit.

### Grünes Rührei

ZUTATEN

4 Eier
4 EL Milch
40 g Butter
Salz, Muskat
gemischte Kräuter
(zum Beispiel Petersilie, Dost, Minze, Schnittlauch)

ZUBEREITUNG

Die Eier mit der Milch, den gehackten Kräutern (außer Schnittlauch) und den Gewürzen verquirlen.
Die Masse in die heiße Butter geben und mit der Gabel durchziehen, bis sie gestockt ist. Nicht zu fest und braun werden lassen!

Sofort mit Schnittlauch überstreut zu Joghurtspinat und Kartoffeln oder zu Salaten und Butterbrot servieren.

### Ei-Tomaten-Aufstrich

ZUTATEN

½ geriebene Zwiebel
(muß nicht sein)
1 TL Butter
2–3 geschälte Tomaten
2 Eier
1 TL Tomatenmark nach Belieben
Kräuter

ZUBEREITUNG

Die geriebene Zwiebel andünsten, mit den zerkleinerten Tomaten ablöschen und zerkochen lassen.
So viel verquirltes Ei unterrühren, bis die Masse stockt.
Um die Farbe und den Geschmack zu intensivieren, kann etwas Tomatenmark zugegeben werden.
Nach Belieben Kräuter untermengen.
Kühl als Brotaufstrich servieren.

Farbtafel 12:
gebackene Tomaten
mit Schafskäse
(Rezept Seite 69),
gekochte Weizenklöße
(Rezept Seite 34)

108

# Eierstich

## ZUTATEN

2 Eier
4 EL Milch
Salz
Muskat nach Belieben

## ZUBEREITUNG

Die Zutaten verquirlen, in ein gefettetes Förmchen oder Gläschen füllen und zugedeckt im Wasserbad langsam fest werden lassen. Nicht kochen!
Garzeit etwa 10 Minuten.
Die Form stürzen und die erstarrte Masse in Würfelchen schneiden. In Tomatensuppe geben.

Farbtafel 13:
Weichkäse
(Rezept Seite 119),
Pfefferkäse, Kräuterkäse,
Weinblätterkäse
(Rezepte Seite 121)

# Eiersalat

## ZUTATEN

4–6 hartgekochte Eier
1 Tasse Gemüsebrühe
2 EL Essig
2 EL Öl
1 EL Senf
1 TL Honig
Salz
Kräuter
(zum Beispiel Petersilie, Dost, Minze, Dill, Kapuzinerkresse, Kresse)

## ZUBEREITUNG

Die Eier in Scheiben schneiden und in einer flachen Schüssel schichten. Die Zutaten und die gehackten Kräuter vermengen und langsam löffelweise nach und nach über die Eier geben. Mit einem Minzezweig garnieren.
Als Bestandteil einer großen Salatplatte servieren. Schmeckt aber auch zu Kartoffeln und grünem Salat.

# Omelett, Grundrezept

## ZUTATEN

4 Eier
1 Prise Salz, Muskat
4 EL Sahne oder Creme fraîche
40 g Butter

## ZUBEREITUNG

Die Eier, die Gewürze und die Sahne verquirlen, knapp die Hälfte der Butter in Flöckchen untermischen.
In einer großen Pfanne die restliche Butter erhitzen und die Eimasse hineingießen. Sie sollte den Pfannenboden gerade bedecken und sofort stocken.
Nach etwa 1 Minute die eine Hälfte des Omeletts überklappen und auf eine (möglichst angewärmte) Platte gleiten lassen.

Das Omelett kann vor dem Zusammenklappen gefüllt werden, zum Beispiel mit gehackten Kräutern, gedünstetem Gemüse, geschmorten Pilzen und, wenn Sie das Muskat weglassen, mit Beeren, Früchten und Marmeladen.

Sie können die gehackten Kräuter auch in die Omelettmasse geben und mitbacken.

## Zwiebelomelett

ZUTATEN

Omelett
(Grundrezept siehe Seite 111)
1 Zwiebel

ZUBEREITUNG

Die Zwiebel in der Hälfte der Butter bräunen, etwas abkühlen lassen und unter die Omelettmasse mengen.

## Verlorene Eier

ZUTATEN

4–8 Eier
etwa 1 l Wasser
Salz
3–5 EL Essig

ZUBEREITUNG

Das Wasser mit den Gewürzen in einem großen niedrigen Topf aufkochen. Die Eier aufschlagen und vorsichtig hineingleiten lassen. Sie sollen nicht kochen, sondern nur 3–4 Minuten ziehen.
Mit dem Schaumlöffel vorsichtig herausheben und auf Reis mit Tomatensoße und Salat servieren. Sie können auch in der Tomatensoße angerichtet werden.

## Eierpfannkuchen, Grundrezept

ZUTATEN

300 g Vollkornmehl
gut ½ l Milch
2–3 Eier
1 Prise Salz
Öl

ZUBEREITUNG

Das Mehl mit der Milch, den Eiern und dem Salz zu einem dickflüssigen Teig verrühren.
Gut 2 Löffel Öl in der Pfanne erhitzen und mit einem Schöpflöffel eine Portion Teig hineingeben, verteilen und goldbraun backen. Wenden, etwas Öl daruntergeben und die 2. Seite bräunen. Auf einer heißen Platte am Herd oder im Backofen anrichten.
Von diesem Grundrezept können Sie etwa 10 Pfannkuchen backen. Zubereitungsdauer ½ Stunde.

VARIATIONEN

Das Grundrezept kann durch Zugabe von Zwiebeln, Kräutern und Gewürzen, von Apfelstückchen oder -ringen, Rosinen und Nüssen abgeändert werden.

## Gefüllte Pfannkuchen

ZUTATEN

500 g Spinat
1 Zwiebel
20 g Butter
1 Tasse Quark
2 EL Hefeflocken
Muskat, Pfeffer, Paprika
Kräuter nach Geschmack
100 g geriebener Käse
Butterflöckchen
Eierpfannkuchen
(Grundrezept siehe links)

ZUBEREITUNG

Die Pfannkuchen nach Vorschrift herstellen.
Die Zwiebel dünsten, die Kräuter und den Spinat hinzugeben. Wenn viel Brühe entstanden ist, alles in ein Sieb geben und abtropfen lassen. Mit den übrigen Zutaten (außer Käse und Butter) mischen. Jeweils etwas Füllung auf die Mitte der Pfannkuchen geben und aufrollen. Die Rollen nebeneinander in eine gut gefettete Form geben, mit dem Käse und den Butterflöckchen überstreuen und im Backofen backen (etwa 15 Minuten).
Die Zubereitungszeit beträgt etwa 1 Stunde.

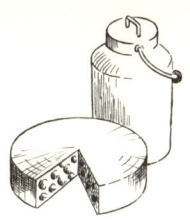
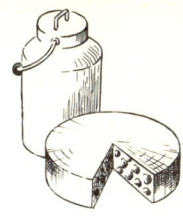

# MILCHPRODUKTE
# SELBST GEMACHT

## MILCH

Milch sollte man eigentlich nicht als Getränk, sondern besser als flüssiges Nahrungsmittel bezeichnen, weil sie fast alle Nährstoffe enthält, die der Mensch benötigt. Milch bindet die Verdauungssäfte im Magen und macht deshalb, vor dem Essen getrunken, appetitlos.

Verwenden Sie aus diesem Grunde Milch und alle Milchprodukte nicht als Durstlöscher, sondern als Zwischenmahlzeit, Nachtisch oder Beigabe zu den Mahlzeiten, um deren ernährungsphysiologische Ausgewogenheit zu sichern.

Im Handel gibt es mehrere Arten von Milch:

Rohmilch: naturbelassene Milch direkt vom Erzeuger.

Vorzugsmilch: verpackte Rohmilch von besonderen Höfen, die einer verstärkten Kontrolle unterstehen. Sie ist in der Regel nicht länger als 1 Tag haltbar.

Vollmilch: pasteurisierte Rohmilch, die auf 3,5% Fettgehalt entrahmt wurde. Zusätzlich zur Pasteurisierung findet meist noch eine Homogenisierung statt, das heißt, das Milchfett wird unter Hochdruck gleichmäßig verteilt, so daß sich auf der Milch keine Rahmschicht bilden kann.

Es gibt noch einige andere Milchsorten, bei denen im Gegensatz zur normalen Vollmilch der Fettgehalt noch weiter vermindert wurde. In der Regel ist Vollmilch 3–5 Tage haltbar.

H-Milch: Die Rohmilch wird auf 3,5% oder 1,5% Fettgehalt entrahmt, auf 135–150 Grad erhitzt und so haltbar gemacht. Dabei wird das hochwertige Milcheiweiß fast völlig zerstört, und bei den in der Milch enthaltenen Vitaminen treten Verluste bis 20% auf.

Wir bevorzugen in unserer Küche Roh- oder Vorzugsmilch, die wir nie über 35 Grad erhitzen (mit Ausnahme bei der Joghurtherstellung), um alle wertvollen Inhaltsstoffe zu erhalten.

Sollten Sie eine Abneigung gegen Milch haben, versuchen Sie einige der köstlichen Sauermilchprodukte, die ebenfalls von hohem gesundheitlichem Wert sind, meist gut vertragen und gerne gegessen werden.

## SAUERMILCHPRODUKTE

Sauermilchprodukte sind wahrscheinlich die ältesten aus Milch hergestellten Erzeugnisse. Rohe Milch wurde einfach der Selbstsäuerung überlassen.

Heute stellt man Sauermilchprodukte dadurch her, daß man pasteurisierte Milch mit bestimmten Milchsäurebakterien impft.

Alle Sauermilcherzeugnisse, ob es sich dabei um Joghurt, Kefir, Dickmilch oder Quark handelt, können Sie auf einfache Art selber herstellen. Bedenken Sie, daß Sie dadurch stets ein frisches Erzeugnis zur Hand haben, das weder Konservierungsstoffe, Aromastoffe noch irgendwelche Dickungsmittel enthält.

Noch ein Hinweis: Sollten Sie Ihre Milchprodukte kaufen, bevorzugen Sie Glasflaschen als Verpackungsmaterial. Plastikbecher und Einpackfolien aus Plastik für Lebensmittel sind problematisch, einmal bei ihrer Herstellung, zum anderen, weil sie gesundheitsgefährdend sein können und darüber hinaus noch umweltbelastend sind.

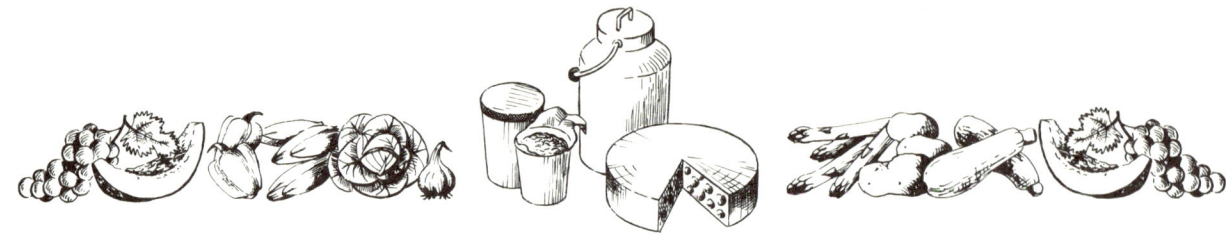

## DICKMILCH

Dickmilch entsteht durch die Einwirkung von Milchsäurebakterien auf die Rohmilch. Da diese Milchsäurebakterien überall in der Rohmilch vorhanden sind, braucht man nichts weiter zu tun, als die frische Rohmilch in einer flachen Schüssel an einem warmen Ort stehenzulassen. Je nach Temperatur wird sie in 12–24 Stunden sauer und dick geworden sein.

Um den Vorgang zu beschleunigen oder falls man nur pasteurisierte Milch zur Hand hat, kann der Milch 1 Eßlöffel bereits vorhandene Dickmilch, Buttermilch, Joghurt, Kefir oder 1 Teelöffel Zitronensaft zugefügt werden.

Dickmilch schmeckt gut mit zerbröseltem Vollkornbrot, mit Honig und Zimt.

Außerdem dient sie als Grundlage für viele Soßen oder findet beim Kochen ihre Verwendung.

## KEFIR

Die Heimat des Kefirs ist der Kaukasus. Die Kefirbakterien setzen nur einen Teil des Milchzuckers in Milchsäure um, den Rest in Alkohol. Deshalb moussiert Kefir leicht und stopft (anders als Joghurt). Er sollte frisch genossen werden, denn er ist nicht so lange haltbar und säuert auch im Kühlschrank noch nach.

Da keinerlei Wärmespeicherung nötig ist, ist er völlig problemlos in der Herstellung. Das einzige Problem besteht in der Beschaffung dieses Pilzes, der aussieht wie ein „Miniblumenkohl". Sie sollten ihn sich von irgend jemand schenken lassen. Für ungeduldige Leute gibt es im Reformhaus auch ein gefriergetrocknetes Kefirferment zu kaufen.

UND SO WIRD ES GEMACHT:

Ein Glas wird mit 1 Liter Milch nicht ganz bis zum Rand gefüllt und der abgebrauste Kefirpilz hineingelegt. Das Glas wird abgedeckt. Nach 24 Stunden wird der fertige Kefir durch ein Haarsieb gegossen und bis zum Verzehr im Kühlschrank aufbewahrt. Der im Haarsieb zurückgebliebene Pilz wird unter kaltem Wasser kräftig abgebraust und erneut mit Milch übergossen.

Das Abbrausen des Kefirpilzes sollte man täglich vornehmen, da das fertige Produkt sonst leicht zu säuerlich schmeckt. Auch wenn Sie keinen Kefir herstellen wollen, muß der Pilz ständig mit Milch bedeckt sein, die alle 24 Stunden erneuert werden sollte, da der Pilz sonst Fäden zieht.

Bei guter Behandlung wird er sich ständig vermehren. Sie müssen dann einen Teil der blumenkohlartigen Gebilde verschenken oder wegwerfen.

Probieren Sie selbst aus, wie viele Kefirpilze nötig sind, um einen Kefir Ihres Geschmacks zu erhalten.

Mögen Sie einmal keinen Kefir mehr, oder verreisen Sie für längere Zeit, können Sie den Pilz in etwas Milch einfrieren.

## JOGHURT

Um Joghurt selber herstellen zu können, brauchen Sie zunächst einmal Joghurtbakterien. Diese erhalten Sie durch einen gekauften Joghurt oder durch ein Joghurtferment.

UND SO WIRD ES GEMACHT:

1 Liter Milch wird auf etwa 40 Grad erhitzt (wenn man reinen Joghurt haben will, kocht man die Milch zunächst ab und läßt sie auf 40 Grad abkühlen).

3 Eßlöffel Joghurt (oder beim ersten Mal das Joghurtferment) werden mit der Milch verrührt. Man läßt die Milch etwa 10 Stunden bei 25–30 Grad stehen.

Um die Temperatur zu halten, müssen Sie sich einen sehr warmen Ort suchen, etwa die Ofennähe. Oder Sie verwenden eine gut isolierte Kochkiste, in die Sie den Joghurtansatz stellen. Sie muß sofort fest verschlossen werden, damit die Temperatur erhalten bleibt.

Am einfachsten geht es natürlich mit den Joghurtgeräten, die verhältnismäßig billig im Handel erhältlich sind und sehr wenig Strom verbrauchen. Der Vorteil dabei ist, daß der Joghurt portionsweise in Schraubgläsern hergestellt werden kann. Vergessen Sie nicht, von Ihrem Joghurt 3 Eßlöffel zurückzubehalten, damit Sie einen neuen ansetzen können.

Verwenden Sie Ihren frischen Joghurt in der Küche zum Kochen, für Salatsoßen, als Zwischenmahlzeit oder Nachtisch.

Verrühren Sie ihn nach Geschmack mit etwas Honig, oder servieren Sie ihn mit frischen Früchten.

## QUARK

Quark wird zwar heute überall preisgünstig angeboten, trotzdem möchten wir Sie dazu ermuntern, ihn einmal selbst zu machen. Er ist frischer und schmeckt unvergleichlich besser als der gekaufte. Sie können ihn als Grundlage für einen pikanten Brotaufstrich, als Beilage zu Pellkartoffeln, als Nachtisch allein oder mit frischen Früchten und zum Backen verwenden.

UND SO WIRD ES GEMACHT:

### ZUTATEN

1 l Rohmilch (ersatzweise Milch mit 3,5% Fettgehalt)
1 l Kefir oder Dickmilch

### ZUBEREITUNG

Die Milch und den Kefir in einen flachen Topf geben und über Nacht an einem warmen Ort (nahe der Heizung oder dem Ofen – im Sommer reicht auch die normale Zimmertemperatur) stehenlassen.

Am nächsten Morgen muß diese Milchmischung etwa 30 Minuten lang leicht erwärmt werden auf etwa 35 Grad, damit sich der sogenannte „Bruch" bildet. Hierbei trennt sich die Molke vom Milcheiweiß.

Dies gelingt Ihnen am besten, wenn Sie den Backofen auf 50 Grad aufheizen, ausschalten und den Topf mit dem Milchgemisch hineinstellen. Oder Sie stellen den Topf auf eine leicht vorgewärmte, aber ausgeschaltete Kochplatte.

Wird Ihnen die Mischung zu heiß, wird der Quark trocken und bröselig. Wenn Sie kein Speisethermometer zur Hand haben, prüfen Sie mit dem Finger, ob die Mischung etwa Ihre Körpertemperatur hat.

Nach etwa 30 Minuten legen Sie ein Sieb mit einem Mulltuch aus, das Sie vorher in kaltem Wasser ausgespült und gut ausgewrungen haben. Das Sieb hängen Sie über einen Topf und schöpfen die geronnene Milchmischung vorsichtig hinein. Die Molke läuft dabei in den Topf. Verknoten Sie die Enden des Tuches, und hängen Sie es über dem Topf auf.

Nach ungefähr 2 Stunden wird die Molke abgelaufen sein, und Sie erhalten Ihren köstlich duftenden frischen Quark.

Auf diese Weise kann man am schnellsten Quark herstellen. Wenn Sie es nicht so eilig haben, können Sie die Quarkherstellung auch mit Buttermilch oder Joghurt probieren.

Sie erhitzen dafür 2 l Milch auf knapp 30 Grad, fügen 2 Eßlöffel Joghurt oder Buttermilch hinzu, rühren gut um und lassen die abgedeckte Mischung bei Zimmertemperatur gut 24 Stunden stehen.

Wenn die Mischung fest geworden ist, schöpfen Sie sie in ein Mulltuch und lassen die Molke abtropfen. Das dauert noch einmal etwa 6 Stunden.

Lassen Sie die Molke nicht ganz austropfen, denn für die weitere Zubereitung müßten Sie dann nur mehr Milch oder Sahne hinzufügen, um eine cremige Quarkmasse zu erhalten. Sie können damit rechnen, daß Sie aus 2 l Milch ungefähr 400–500 g Quark erhalten.

Und jetzt probieren Sie unsere Gerichte mit Ihren selbstgemachten Milchprodukten aus:

## Kefirkaltschale

### ZUTATEN

1 l Kefir
70 g geriebenes Vollkornbrot
30 g Rosinen
abgeriebene Schale von
½ Zitrone
1 EL Honig
2 EL gemahlene Nüsse

### ZUBEREITUNG

Die Rosinen in etwas Wasser 1 Stunde einweichen.
Dann mit dem Honig, den Nüssen, dem geriebenen Vollkornbrot und der abgeriebenen Zitronenschale mischen. Zum Schluß den Kefir unterquirlen.

### VARIATIONEN

Die Rosinen und das Vollkornbrot können durch frische Beeren, der Jahreszeit entsprechend, ersetzt werden.
Statt Kefir kann man in allen Rezepten auch Buttermilch verwenden.

# Bulgarische Joghurtsuppe

ZUTATEN

1 große Salatgurke
1 TL Kräutersalz
2 Knoblauchzehen
3 EL Öl
100 g Walnüsse
4 Becher Joghurt
frisch gemahlener Pfeffer
Kräutersalz
2 EL gehackter Dill

ZUBEREITUNG

Die Gurke schälen und in sehr feine Würfel schneiden, einsalzen und in den Kühlschrank stellen.

Den Joghurt mit den zerdrückten Knoblauchzehen und den gehackten Walnüssen (einige Walnußhälften zum Garnieren aufbewahren) verrühren und mit Kräutersalz und Pfeffer abschmecken.

Die Gurkenwürfel und die Joghurtmischung miteinander vermengen. Mit Dill und den Walnußhälften garnieren und eiskalt servieren.

# Quarkklöße

ZUTATEN

400 g Quark
200 g fein gemahlener Weizen
2 Eier
1 Prise Salz
80 g Honig
2 Stengel Minze
½ Wassermelone oder andere Früchte nach Jahreszeit

ZUBEREITUNG

Den sehr trockenen, gut abgetropften Quark mit dem Weizen, den Eiern, dem Salz, dem Honig und den Minzeblättchen zu einem glatten Teig verkneten.

Mit bemehlten Händen 8–10 Klöße formen und sofort in siedendes, leicht gesalzenes Wasser legen und etwa 10 Minuten garen. Die Früchte mit einer Gabel zerkleinern und das Fruchtmus zu den heißen Klößen servieren.

VARIATION

Sie können Quarkklöße auch zu einer Tomaten- oder Käsesoße oder zu zerlassener Butter servieren.

Ersetzen Sie im Rezept dann den Honig und die Minze durch Kräutersalz, frisch gemahlenen Pfeffer, 1 gewürfelte Zwiebel und einen Bund gehackte Petersilie.

# Bunte Quarkkugeln

ZUTATEN

250 g Quark
100 g Butter oder Margarine
2 TL Kräutersalz und frisch gemahlener Pfeffer
Kräuter und Gewürze nach Geschmack

ZUBEREITUNG

Den Quark mit der Butter verkneten und kräftig mit Kräutersalz und Pfeffer abschmecken.

Kleine Kugeln formen und in den verschiedenen Kräutern und Gewürzen wälzen, zum Beispiel: in kleingehackter Petersilie, in Schnittlauchröllchen, in Oregano, in Paprika, in Curry, in ausgesiebter Weizenkleie, in Keimlingen.

Richten Sie die Quarkkugeln auf Salatblättern an und reichen Sie sie zu Vollkornbrot oder Vollkornbrötchen.

## Kräuterquark

### ZUTATEN

250 g (selbstgemachter) Quark
2–4 EL Milch oder Sahne (je nach Beschaffenheit des Quarks)
1 TL Kräutersalz
frisch gemahlener Pfeffer
viele Kräuter nach Geschmack (Schnittlauch, Petersilie, Dill, Sauerampfer, Pimpinelle, Liebstöckel, Zitronenmelisse)

### ZUBEREITUNG

Den Quark und die Milch mit dem Zauberstab des Handmixers verrühren, bis eine cremige Masse entstanden ist.

Mit Kräutersalz und Pfeffer abschmecken und die kleingehackten Kräuter daruntermischen.

Selbstverständlich können Sie auch nur Schnittlauch oder Dill nehmen.

Oder Sie rühren anstelle der Kräuter kleingeschnittene Tomaten unter den Quark. Ihrer Phantasie sind keine Grenzen gesetzt.

Der so hergestellte Quark eignet sich ausgezeichnet als Brotaufstrich oder als Beilage zu Pellkartoffeln.

## Sommerquark

### ZUTATEN

etwa 1 kg (selbstgemachter) Quark
1/8–1/4 l Milch (richtet sich nach der Beschaffenheit des Quarks)
3 EL Öl
3 TL Kräutersalz
reichlich frisch gemahlener Pfeffer
1 Zwiebel
1 Salatgurke
500 g Tomaten
1 großer Apfel
1 Bund Radieschen
1 Bund Petersilie
1 Bund Dill

### ZUBEREITUNG

Den Quark mit der Milch und dem Öl mit dem Zauberstab des Handmixers cremig rühren und mit Kräutersalz und Pfeffer abschmecken.

Die Zwiebel, die Gurke, den Apfel, die Radieschen und die Tomaten würfeln. Die Petersilie und den Dill fein hacken.

Alles vorsichtig unter den Quark rühren und eventuell noch einmal mit Kräutersalz und Pfeffer abschmecken.

Servieren Sie den Sommerquark mit Pellkartoffeln und Blattsalat.

## Kirschenmichel

### ZUTATEN

2 Eier
50 g Butter
80 g Honig
500 g Quark
75 g Weizen-Vollgrieß
2 TL Backpulver
abgeriebene Schale von 1 Zitrone
250 g Sauerkirschen ohne Steine
Fett für die Form

### ZUBEREITUNG

Die Eidotter mit der Butter und dem Honig schaumig rühren. Den gut abgetropften Quark unterheben.

Den Grieß mit dem Backpulver und der abgeriebenen Zitronenschale mischen.

Die Eiweiße sehr steif schlagen und zusammen mit dem Grieß und den Kirschen unter die Quarkmasse heben.

Alles in eine gefettete, feuerfeste Form geben und auf der untersten Leiste im Backofen bei 200 Grad etwa 40 Minuten goldgelb backen.

Sie können den Kirschenmichel als süßes Hauptgericht oder als Nachtisch servieren.

## WEICHKÄSE

Wenn Sie im Herstellen von Quark schon einige Erfahrung haben, sollten Sie auch einmal versuchen, einen Weichkäse selber herzustellen.

Sie brauchen dazu Milch, am besten Rohmilch von Kuh, Schaf oder Ziege, und Lab. Lab ist ein Ferment, das aus der Magenhaut von Kälbern gewonnen wird. Süße Milch gerinnt dadurch, das heißt, sie wird fest. Lab gibt es in flüssiger und in Tablettenform. Sie erhalten es in jeder Apotheke.

## Grundrezept (Farbtafel Seite 110)

### ZUTATEN

2 l Rohmilch
1 EL Buttermilch (oder Kefir oder Joghurt)
10 Tropfen Lab
etwas abgekochtes Wasser

### ZUBEREITUNG

Die Kuhmilch wird auf 32 Grad erhitzt (Ziegen- und Schafsmilch auf 29 Grad), vom Herd genommen und die Buttermilch wird gut untergerührt.

Das Lab wird mit etwas abgekochtem Wasser verdünnt, zur Milch gegeben und 2 Minuten eingerührt.

Die Milch sollte an einem warmen Ort etwa 1 Stunde stehenbleiben, bis sie geronnen, das heißt fest geworden ist. Mit einem großen Messer wird sie kreuz und quer in Stücke geschnitten und noch einmal ½ Stunde stehengelassen, damit sich die Molke absetzen kann.

Danach wird die Masse in Käseförmchen geschöpft. Hierzu eignen sich Formen aus Ton, Keramik, Porzellan oder speziellem Plastik, die viele Löcher haben. So kann die Molke, wenn sie randvoll gefüllt sind, gut abfließen, und die Käsemasse bleibt in der Form.

Nach etwa 24 Stunden ist die Molke soweit abgelaufen und der Käse so fest geworden, daß er aus der Form genommen werden kann.

Nach Geschmack wird er jetzt noch mit etwas Salz eingerieben.

## HARTKÄSE

Vielleicht hat Ihnen Ihr selbstgemachter Weichkäse besonders gut geschmeckt, und Sie möchten es probieren, auch selber einen Hartkäse herzustellen.

Sie sollten allerdings schon etwas Erfahrung in der Käsebereitung haben und sich von der etwas aufwendigen Herstellung nicht abschrecken lassen, die sich bei einer kleinen Milchmenge nicht lohnt. Sie brauchen nämlich schon 5 l Rohmilch, um einen Hartkäse von etwa 500 g herzustellen.

UND SO WIRD ES GEMACHT:

5 l frische Rohmilch (notfalls kann man auch pasteurisierte Milch nehmen, der man dann etwas Zitronensaft zufügt) werden etwa 12 Stunden an einen kühlen Ort, nicht aber in den Kühlschrank, gestellt.

Am besten lassen Sie die Milch über Nacht stehen, dann haben Sie am nächsten Morgen in aller Ruhe Zeit, Ihren Käse herzustellen.

Am Morgen wird etwa 1 Eßlöffel Buttermilch oder Joghurt in die Milch gerührt.

Nach etwa ½ Stunde Ruhezeit wird die Milch auf dem Herd unter ständigem Rühren langsam auf 32 Grad erwärmt. Die Temperatur sollte genau eingehal-

ten werden, deshalb wird sie am besten mit einem Speisethermometer nachgeprüft.

Der Topf wird vom Herd genommen, und etwa 20 Tropfen Lab (man kann es mit etwas Wasser verdünnen) werden in die Milch gerührt.

Nach etwa 20–30 Minuten ist die Milch geronnen, so daß die gallertartige Masse in etwa 1 cm breite Streifen und dann in Quadrate geschnitten werden kann.

Die Masse wird noch einmal 5 Minuten stehengelassen, bevor sie mit dem Schneebesen sorgfältig durchgerührt wird, bis der Käsebruch körnig und etwa erbsengroß ist.

Danach muß der Käsebruch noch einmal langsam auf 32 Grad erwärmt und in den folgenden 10 Minuten mit dem Schneebesen durch kreisförmiges Rühren in Bewegung gehalten werden. Erst dann wird er in ein Mulltuch gegeben, das leicht hin und her bewegt wird, damit die Molke schnell abfließen kann.

Sobald diese abgelaufen ist, wird der Käsebruch zusammen mit dem Tuch in eine runde Käseform gegeben. Die Tuchenden werden möglichst glatt gezogen und der Käse entweder unter eine Presse gestellt oder mit einem großen Stein beschwert.

Nach 12 Stunden wird der Käse mitsamt dem Tuch gewendet und weitere 12 Stunden gepreßt oder beschwert.

Danach kann man ihn entweder 1 Tag in eine Salzlösung legen oder mit Salz einreiben.

Aufbewahrt wird der Käse in einem kühlen, nicht zu trockenen Raum. Während der ersten 2 Wochen muß er jeden 2. Tag gewendet und mit der Hand oder einem feuchten Tuch abgewischt werden; danach genügt es einmal in der Woche.

Je nach Temperatur reift der Käse langsamer oder

schneller. 3–5 Wochen Reifezeit – nach Geschmack auch länger – sind normal. Probieren Sie selbst, wie Ihnen der Käse am besten schmeckt.

Noch ein Hinweis: Sämtliches Zubehör für die Käseherstellung, spezielle Formen für Weichkäse und Hartkäse, Käsepressen usw. gibt es zu kaufen. Bezugsquelle: Käsereibedarf Bunte Kuh, Nidderweg 12, 6479 Schotten 24.

## WAS KANN MAN MIT DER MOLKE TUN?

In vielen der vorangegangenen Rezepte haben Sie Molke übrigbehalten. Diese Molke enthält Reste von Milcheiweiß, Mineralfette und Vitamine und ist zum Wegwerfen viel zu schade.

Sie können sie folgendermaßen verwenden:

- als Erfrischungsgetränk: 1 Glas Molke mit 1 Teelöffel Honig und dem Saft von ½ Zitrone mischen; ½ Glas Molke mit ½ Glas Süßmost, gleich welcher Art, vermischen;
- beim Brotbacken können Sie Molke anstelle von Wasser verwenden;
- im Pfannkuchen- und Waffelteig steigert Molke das Backvermögen;
- in vielen Rezepten kann anstelle von Buttermilch Molke verwendet werden.

Molke ist aber nicht nur leicht bekömmlich und von hohem gesundheitlichem Wert, sie hat auch eine stark reinigende Wirkung. Man kann sie deshalb als Gesichtswasser verwenden, als Zusatz zum Badewasser und als Ersatz für das Geschirrspülmittel (zusätzlich zur Molke noch 2 Eßlöffel Essig zum Abwaschwasser geben). Gekühlt ist Molke etwa 1 Woche haltbar.

## Pfefferkäse
(Farbtafel Seite 110)

### ZUTATEN

1 selbstgemachter Weichkäse
aus 2 l Rohmilch
2 EL Weinbrand
2 EL geschrotete Pfefferkörner

### ZUBEREITUNG

Ein kleines Leinentuch mit dem Weinbrand befeuchten. Den Weichkäse darin einwickeln und über Nacht zugedeckt an einen kühlen Ort stellen.
Den Käse herausnehmen und in dem geschroteten Pfeffer wälzen.

## Provençalischer Käsetopf

### ZUTATEN

1–2 Weichkäse,
am besten aus Ziegenmilch
je 1 Zweig Rosmarin
und Thymian
(ersatzweise 1 EL getrocknet)
je 1 EL schwarze
und weiße Pfefferkörner
4 Wacholderbeeren
2 Lorbeerblätter
1 Zwiebel
½ l Öl

### ZUBEREITUNG

Den Käse mit den Gewürzen in ein Einmachglas schichten. Das Öl darübergießen. Es muß die gesamte Oberfläche bedeckt sein. Das Glas luftdicht verschließen und kühl stellen.
Nach 1 Woche kann der Käse gegessen und in das Glas immer wieder frischer gefüllt werden.

## Kräuterkäse
(Farbtafel Seite 110)

### ZUTATEN

1 selbstgemachter Weichkäse
2 EL feingehackte frische Kräuter
(Kerbel, Petersilie, Schnittlauch, Estragon)
½ TL Meersalz
1 Knoblauchzehe

### ZUBEREITUNG

Die feingehackten Kräuter mit dem Salz und der zerdrückten Knoblauchzehe mischen. Den Weichkäse darin wälzen.
Die Kräuterschicht gut andrücken und den Käse bis zum Verzehr kühl und trocken lagern.

## Weinblätterkäse
(Farbtafel Seite 110)

### ZUTATEN

1 selbstgemachter Weichkäse
Weinblätter oder Kastanienblätter
eventuell etwas Weißwein

### ZUBEREITUNG

Wenn Sie Ihrem Weichkäse eine säuerliche Würze geben wollen, schlagen Sie ihn in Weinblätter ein und lassen ihn 2 Tage in einem Tontopf reifen.
Die Blätter müssen nicht unbedingt frisch sein. Es gibt auch in Salzlake eingelegte Weinblätter. Wenn Sie die Blätter aus der Salzlake herausnehmen und noch kurz in Weißwein legen, verbessert es den Geschmack.
Man kann auch frische Kastanienblätter nehmen.

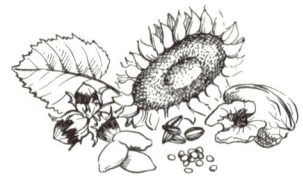

# KERNE, SAMEN, NÜSSE

Alle Sorten sind reich an Mineralstoffen, Spurenelementen, Vitaminen und enthalten vor allem lebensnotwendige essentielle Aminosäuren. Die Verwertbarkeit dieses Eiweißes ist sehr gut und kann durch Milchprodukte, Hülsenfrüchte und Getreidegerichte noch gesteigert werden. Außerdem enthalten die meisten Nüsse viel Fett, werden doch aus ihnen wertvolle Speiseöle gewonnen, die wichtige, mehrfach ungesättigte Fettsäuren enthalten.

Durch diesen hohen Fettgehalt sind Nüsse allerdings nur begrenzt als Eiweißlieferanten einzusetzen. Wollten wir nämlich unseren täglichen Proteinbedarf nur mit ihnen decken, würden wir die erlaubte Kalorienmenge rasch überziehen.

## ERDNÜSSE

Erdnüsse sind protein- und fettreich. Sie werden in tropischen und subtropischen Ländern angebaut und stehen unter den Öllieferanten der Erde an erster Stelle.

Die Erd- oder Aschantinuß gehört wie die Hülsenfrüchte zur Familie der Schmetterlingsblütler. Nach der Befruchtung senken sich die Blütenstiele herunter, und die Früchte reifen in der Erde.

Wir verwenden Erdnüsse zum Knabbern, geröstet auf Reisgerichten, zu Obstsalaten und als Erdnußbutter.

Die Proteine von Erdnüssen ergänzen sich bei bestimmten Mengenverhältnissen optimal mit Sojaprodukten und Sesamsamen, ebenso mit Sonnenblumenkernen.

## MANDELN

Die kalorienreichen Samen des Mandelbaumes werden in warmen Ländern Asiens, Südeuropas und vereinzelt sogar in Südwestdeutschland angebaut.

Man unterscheidet 3 Sorten: die süße, die bittere und die Krachmandel. Die bittere Mandel enthält Blausäure und wird hauptsächlich als Backzutat verwendet. Krachmandeln besitzen eine leicht brechende, knackige Schale und werden bei uns selten gehandelt.

Die süße Mandel wird zu Studentenfutter, als Gebäck- und Salatzutat, zum Panieren und vor allem zur Herstellung von Mandelmilch verwendet. Letztere schmeckt köstlich und kann in vielen Fällen die Kuhmilch ersetzen.

## LEINSAMEN

Leinsamen nennt man die braunen, glänzenden Samen des Flachses. Sie enthalten hohe Mengen an ungesättigten Fettsäuren.

In der Heilkunde werden die quellfähigen, schleimhaltigen Leinsamen zur verdauungsfördernden Behandlung von Magen- und Darmerkrankungen verwendet.

Wir verwenden Leinsamen zu Gebäck und Müsli.

## SESAMSAMEN

Sie sollten nur ungeschält verwendet werden. Enthülst geht der Gehalt an Mineralstoffen, Spurenelementen und Vitamin A verloren. Die in Sesam und in den anderen Nüssen enthaltenen Proteine können

durch die Eiweißstoffe in Hülsenfrüchten und Milch aufgewertet werden.

Wir verwenden Sesam zum Panieren verschiedener Gemüse, zum Bestreuen von Gebäck, zu Müsli, Aufläufen und Gemüsekuchen.

## PINIENKERNE

Sie gehören zu den kalorienärmsten Nüssen und enthalten besonders hochwertiges Eiweiß. 2 Eßlöffel decken bereits 12–14% des täglichen Proteinbedarfs eines Erwachsenen.

Wir verwenden sie zu Studentenfutter, Müsli, Gebäck, Obstsalaten, zu Reis und Getreidegerichten, in Grützen und auf Aufläufen.

## KÜRBISKERNE

Sie sind ebenfalls recht kalorienarm und eiweißreich. Sie schmecken in Studentenfutter und Müsli.

## SONNENBLUMENKERNE

Sie enthalten sehr viel verwertbares Protein. Versuche haben gezeigt, daß Sonnenblumenkerne dem Wachstum förderlicher sind als Fleisch. Die Verwertbarkeit ihres Eiweißes ist größer als bei Hülsenfrüchten. Wir verwenden Sonnenblumenkerne zum Backen, zu Müsli, zu Trockenobstmischungen, zu Obstsalaten und Studentenfutter.

Optimal für die gegenseitige Proteinvewertung ist eine Mischung aus ¾ Tassen Erdnüssen und 1 Tasse Sonnenblumenkernen.

## WALNUSS, HASELNUSS, ESSKASTANIE (MARONE)

Am fettreichsten sind unsere einheimischen Nüsse. Hasel- und Walnüsse wachsen in unseren Gärten und werden am liebsten frisch aus der Schale geknabbert. Unübertroffen sind junge Walnüsse, deren innere gelbe Haut noch bitter schmeckt und abgeschält werden muß.

Haselnüsse, die reich an Vitamin B und E sind, werden im ganzen zu Müsli, Gebäck und Studentenfutter, gehackt oder gemahlen zu Salaten, Teigwaren, Soßen und Panaden gegeben.

Die edleren Walnüsse können ebenso verwendet werden. Gemeinsam mit Honig sind sie ein wichtiger Rohstoff für die Weihnachtsbäckerei.

Haben Sie das Glück, einen schönen, ausladenden, schattenspendenden Walnußbaum im Garten zu haben, dann sollten Sie einmal im Juni einige grüne Nüsse für einen Likör ernten – es könnte zur lieben Gewohnheit werden!

Maronen sind in der südeuropäischen und französischen Küche bekannter als bei uns. Sie sind vitamin-, eiweiß- und ziemlich fettreich. Am besten schmecken sie direkt in der Herd- oder Kachelofenglut geröstet (zur Not auch auf dem Blech im Backofen).

Anscheinend wurden Maronen in der vegetarischen Küche der Jahrhundertwende häufig und vielfältig verwendet. In Urgroßmutters Kochnotizen fanden wir unter anderem: Kastaniensuppe, -puffer, -pudding, -röllchen, -strudel, -torte, -weckchen, -auflauf und Kastanienmus.

Ein weites Feld für eigene Versuche!

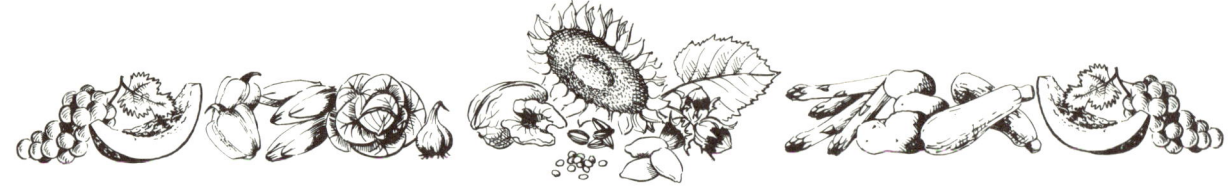

## Nußaufstrich, Grundrezept

ZUTATEN

500 g Nüsse
Öl
Salz oder Honig nach
Geschmack

ZUBEREITUNG

Die Nüsse auf einem Backblech bei 100 Grad im Backofen rösten, dann mahlen. Im Mixer mit Öl vermengen (das Öl vorsichtig nach und nach hinzugeben, damit der Aufstrich nicht zu flüssig wird). Entweder salzen oder Honig hinzufügen.

Sie können sämtliche Nußsorten verwenden, wobei Sie auch auf das Rösten verzichten können. Verwenden Sie nach Möglichkeit das passende Öl, zum Beispiel Sonnenblumenöl zu Sonnenblumenkernen, Sesamöl zu Sesam oder Walnußöl zu Walnüssen. Je nach Fettgehalt der Nüsse können Sie auch ganz auf Öl verzichten.

Dieser Brotaufstrich schmeckt auch zu Getreidegerichten, Süßspeisen, Soßen und Marinaden.

## Sesamknusper

ZUTATEN

Sesam und Honig im Verhältnis 1:1

ZUBEREITUNG

Den Sesam in einer trockenen Bratpfanne bei mittlerer Hitzestufe gut anrösten. Den Honig in einer Pfanne erhitzen und die Sesamsamen hineingeben.
Eine Backform fetten und die Masse etwa 1 cm hoch einfüllen, abkühlen lassen und kleinschneiden.

## Gomasio

ZUTATEN

Sesamsamen und Salz im Verhältnis 8:1

ZUBEREITUNG

Getrennt voneinander Sesam und Salz anrösten, mischen und in einem Mörser (einfacher im Mixer) zerdrücken.

Gomasio ist ein ausgezeichneter Brotaufstrich, schmeckt zu Reis, anderen Getreiden und zu Salaten.

## Studentenfutter

Haselnüsse, Walnüsse, Sonnenblumen-, Kürbis- und Pinienkerne, Mandeln mit Sultaninen, Rosinen und Korinthen mischen.
Schmeckt als Knabberei zwischendurch und rettet die Zähne Ihrer Kinder vor künstlich gefärbtem, aromatisiertem Zuckerzeug!

## Erdnuß-Snack

ZUTATEN

²/₃ Tasse gekochte Sojabohnen
2 EL Butter
2 Knoblauchzehen
1 ½ Tassen geröstete Erdnüsse
1³/₄ Tassen geröstete
Sesamsamen
Kräutersalz, Senf, Paprika

ZUBEREITUNG

Den Knoblauch in der Butter dünsten. Die Sojabohnen unterrühren, bis sie bräunen.
Mit den restlichen Zutaten mischen und abschmecken.

Zu empfehlen als Zwischenimbiß oder auf Reis zu Mischgemüse und Salat.

## Obstsalat mit Nüssen (Wintervariante)

### ZUTATEN

¾ Tasse geröstete Erdnüsse
1 Tasse Sonnenblumenkerne
(roh oder geröstet)
1 Tasse Kokosnuß
(oder Kokosflocken)
½ Tasse Rosinen
1 Apfel
1 Banane
1 Orange
1 Kiwi
2–3 EL Honig
Saft von ½ Zitrone
Minzeblätter
(wenn frische vorhanden)

### ZUBEREITUNG

Die Früchte kleinschneiden, einige
Kiwischeiben und die Minzeblätter
übriglassen.
Alles mischen und mit Honig, Zitronensaft und einem feingeschnittenen Minzeblatt anmachen.
Mit Kiwischeiben und Minze garnieren.

### VARIATION

Je nach Jahreszeit können andere
Früchte verwendet werden.

## Omis Nußlikör

### ZUTATEN

3 l guter Branntwein
(Sie können auch Weingeist in
der Apotheke kaufen und entsprechend verdünnen)
1 kg brauner Kandiszucker
½ l Wasser
20–30 grüne Walnüsse
gehackte, getrocknete Schale von
1 Zitrone
gehackte, getrocknete Schale von
1 Orange
1 Zimtstange
10—15 Gewürznelken
5 bittere Mandeln

### ZUBEREITUNG

Die Nüsse abreiben und kleinschneiden, die Mandeln schälen.
Mit den Gewürzen und dem Alkohol zusammen in einer bauchi-
gen Glasflasche ansetzen und
4 Wochen im warmen Zimmer an
die Sonne stellen.
Dann den Flascheninhalt durch ein
Sieb gießen. Den Zucker mit dem
Wasser kochen, abkühlen lassen
und beide Flüssigkeiten mischen.
Durch ein Tuch gießen und in Flaschen füllen, gut verschließen und
lagern. Am besten für mindestens
1 Jahr vergessen.

## Kastanienauflauf

In einen Topf gibt man ½ l Milch,
verquirlt darin 3 Eidotter, 1 Eßlöffel
Zucker, ein wenig Salz, 10 Eßlöffel
von beiden Schalen befreite geriebene Kastanien, ein wenig ge-
wiegte Zitronen- oder Orangenschalen, 3 Eßlöffel Graham-,
Hafer- oder gewöhnliches Weizenmehl und zuletzt den Schnee der
3 Eiweiße.
Diesen flüssigen Teig gießt man in
die mit Butter ausgestrichene
Form und bäckt den Auflauf in
1 Stunde fertig.

## Kastanienklöße

Ungefähr ½ kg Maronen werden
sauber geschält und mit wenig
Wasser weichgekocht.
Inzwischen wiegt man von ½ Zitrone die Schale recht fein.
Die Kastanien werden mit dem
Wasser fein zerrührt, dann mit
etwas Salz, Zitronenschale, 2–3
Eiern und so viel geriebener Sem-
mel vermischt, daß man einen weichen Teig erhält, aus dem man
runde Klöße formt, diese in wallen-
dem Wasser aufkocht und mit
brauner Butter oder Kraftbrühe
serviert.

# NACHSPEISEN

Der Nachtisch sollte einmal die ernährungsphysiologische Ausgeglichenheit der Mahlzeit sichern, zum anderen natürlich auch den Hang nach etwas Süßem befriedigen.

Frisches Obst – der Jahreszeit entsprechend –, das Ihnen eine Vielzahl von Vitaminen liefert, wird immer gern gegessen und bedarf keiner großen Vorbereitung.

Mit verhältnismäßig geringem Zeitaufwand können Sie diese Nachspeise variieren, indem Sie einen Obstsalat zubereiten oder Obst mit Milch oder Sauermilchprodukten kombinieren. Ob es sich dabei um einfache Gerichte, wie zum Beispiel Erdbeeren mit Milch oder Sahne, Früchte mit Joghurt oder Kefir oder um Quarkspeisen handelt, immer nehmen Sie zusätzlich zu den Vitaminen noch die wertvollen Inhaltsstoffe der Milch zu sich.

Wenn die Hauptmahlzeit aus einer Suppe oder einem Eintopf bestand, kann auch ein süßes Getreidegericht Ihr Essen abrunden.

Nicht nur für die kleinen „Schleckermäulchen" können Sie ab und zu, wenn Sie Zeit haben, ein Eis-Sahne-Dessert oder einen hausgemachten Pudding servieren.

## Gefüllte Orangen

### ZUTATEN

4 große unbehandelte Orangen
⅛ l süße Sahne
1 Apfel
1 Banane
2 EL Trockenfrüchte
Honig nach Geschmack
zum Verzieren einige Walnußhälften

### ZUBEREITUNG

Bei den Orangen einen Deckel abschneiden und aushöhlen.
Den Apfel und das Orangenfruchtfleisch würfeln, die Banane in Scheiben schneiden.
Die Sahne sehr steif schlagen, nach Geschmack mit etwas Honig süßen und unter das Obst heben. Alles in die ausgehöhlten Orangen füllen und mit Walnußhälften verzieren.

Farbtafel 14:
Hirse-Apfel-Auflauf
(Rezept Seite 28),
Bratäpfel
(Rezept Seite 130),
Eis-Sahne-Dessert
(Rezept Seite 129)

# Eis-Sahne-Dessert, Grundrezept

(Farbtafel Seite 127)

ZUTATEN

¼ l süße, eiskalte Sahne
2 EL Honig
½ Vanillestange

ZUBEREITUNG

Die Sahne steif schlagen. Die Vanillestange aufschneiden und mit einem spitzen Messer das Mark herauskratzen. Den Honig und das Vanillemark vorsichtig unterrühren.
Im Tiefkühlfach etwa 3 Stunden gefrieren lassen.

Dieses Rezept läßt sich beliebig mit allen Obstsorten abwandeln. Ihre Kinder werden begeistert sein. Im Winter gibt es bei uns zum Beispiel

Farbtafel 15:
Rotkohlsalat
(Rezept Seite 54),
Waldorfsalat
(Rezept Seite 58),
Fenchelsalat
(Rezept Seite 54)

# Orangeneis

ZUTATEN

¼ l süße Sahne
1 Ei
2 EL Honig
Saft von ½ Zitrone
Saft von 2–3 Orangen

ZUBEREITUNG

Das Eigelb mit dem Honig verquirlen und mit dem Saft der halben Zitrone und der Orangen verrühren.
Die Sahne und getrennt davon das Eiweiß steif schlagen, beides vermengen. Vorsichtig die Ei-Saft-Masse unterheben und im Tiefkühlfach 3 Stunden gefrieren lassen.
Vor dem Servieren mit etwas Kakaopulver bestreuen.

Im Sommer gibt es Erdbeereis. Ersetzen Sie den Zitronen- und Orangensaft durch 250 g Erdbeeren oder beliebiges anderes Obst.

Noch ein Tip: Im Handel sind kleine „Eis am Stiel"-Formen erhältlich. Wir füllen diese im Sommer mit reinem Apfel- oder Orangensaft und gefrieren ihn in der Tiefkühltruhe. Kinder möchten immer Eis essen. Auf diese Weise haben Sie kleine Portionen vorrätig und sparen es sich, viel Geld für die gezuckerten Fertigprodukte auszugeben.

# Weintraubengelee

ZUTATEN

500 g Weintrauben
½ l Apfelsaft
¼ TL Vanille
1 EL Honig
1 TL Agar-Agar

Agar-Agar ist eine Meeresalge, die es in gemahlener Form im Reformhaus zu kaufen gibt. Sie neutralisiert die Aromastoffe etwas, deshalb kann man Puddings mit Agar-Agar ruhig gut würzen.

ZUBEREITUNG

Die Weintrauben halbieren, entkernen und in eine Schüssel geben. Den Apfelsaft mit dem Honig, der Vanille und dem Agar-Agar verrühren und langsam heiß werden lassen, nicht kochen. Über die Weintrauben gießen.
Beim Abkühlen wird die Agar-Agar-Masse fest.

# Hausgemachter Schokoladenpudding

ZUBEREITUNG

Die Milch mit dem Haselnußmus, dem Honig, dem Kakao (verwenden Sie reines Kakaopulver und kein gesüßtes Fertigprodukt), der Vanille und dem Agar-Agar verrühren und langsam bis kurz vor dem Siedepunkt erhitzen. In Glasschalen füllen.
Der Pudding wird erst beim Erkalten fest.

VARIATIONEN

Sie können dem so hergestellten Pudding verschiedene Geschmacksnuancen geben: mit gemahlenen Nüssen, mit einigen Früchten, mit einer Prise Kaffeepulver usw.

# Bratäfpel mit Vanillesoße

(Farbtafel Seite 127)

ZUTATEN

8 Äpfel
2 EL geriebene Haselnüsse
2 EL Rosinen
2 EL gehackte Mandeln
oder Walnüsse
2 EL Honig oder Marmelade

ZUBEREITUNG

Die Äpfel waschen, nicht schälen. Mit dem Apfelstecher das Kernhaus entfernen, die Zutaten mischen und einfüllen.
Im Ofen etwa 45 Minuten braten (etwa 150 Grad).

Zum Herstellen einer Vanillesoße gibt es verschiedene Möglichkeiten. Die einfachste wäre, fertiges Soßen- beziehungsweise Puddingpulver zu verwenden. Sie bekommen es in „grünen Läden". Es enthält im allgemeinen Maisstärke, echte Bourbonvanille und Salz, aber keine künstlichen Farb- und Aromastoffe. Sie könnne die Soße aber auch selbst herstellen:

# Vanillesoße

ZUTATEN

1 l Milch
2 EL Stärkemehl (z.B. Pfeilwurzelmehl oder Maisstärke)
1–2 Eier
2 EL Honig
1 TL echtes Vanillepulver
(oder 1 Stück Vanillestange)
Den Honig und die Vanille können Sie auch durch echten Vanillezucker ersetzen.

ZUBEREITUNG

Die Geschmackszutaten mit dem Ei, der Stärke und ½ Tasse Milch gut verrühren. Die übrige Milch aufsetzen, kurz vor dem Kochen die Mischung hineinrühren und unter ständigem Rühren 2 Minuten kochen.

Sie können die Eier auch trennen und den Eischnee nach dem Kochen unterrühren.
Sind Sie oder Ihre Kinder an die gelbe Farbe der künstlich gefärbten Fertigsoßen gewöhnt, dann geben Sie doch einfach etwas Safran oder Kurkuma zu.

## Sommerlicher Obstsalat

ZUTATEN

1 Honigmelone
1 Banane
250 g Erdbeeren
250 g Kirschen
2 Pfirsiche
2 EL gehackte Walnüsse
1 EL Pistazienscheiben
2–4 EL Rum oder Cointreau,
wenn keine Kinder am Tisch
sitzen
1 Becher geschlagene Sahne
nach Geschmack

ZUBEREITUNG

Die Melone halbieren, aushöhlen
und das Fruchtfleisch würfeln. Die
Banane schälen und in Scheiben
schneiden. Die Erdbeeren halbieren, die Kirschen entsteinen und
das Fruchtfleisch von den Pfirsi-
chen würfeln.
Das Obst mit den Walnüssen und
Pistazienscheiben mischen und
etwa 1 Stunde im Kühlschrank
zugedeckt durchziehen lassen
(eventuell zuvor mit dem Alkohol
übergießen).
In den Melonenhälften servieren.
Nach Geschmack geschlagene
Sahne dazu reichen.

## Winterlicher Obstsalat

ZUTATEN

500 g Orangen
250 g Äpfel
150 g Birnen
4 Datteln
4 Feigen
50 g gehackte Nüsse
(Walnüsse oder Pinienkerne)
¼ l süße Sahne
Zitronensaft zum Beträufeln

ZUBEREITUNG

Die Orangen, Äpfel und Birnen in
kleine Würfel, die Datteln und Feigen in Streifen schneiden und unter
das Obst mischen.
Alles mit Zitronensaft beträufeln,
damit das Obst nicht braun wird.
Die Sahne steif schlagen und unter
das Obst ziehen. Mit gehackten
Nüssen bestreuen.

## Weizenpudding

ZUTATEN

⅜ l Wasser
60 g Weizen
4 EL Honig
1 Ei
5 EL Zitronensaft
1 EL gehackte Nüsse

ZUBEREITUNG

Das Wasser aufkochen und den
gemahlenen Weizen mit dem
Schneebesen einrühren. 2 Minuten
auf kleiner Hitzestufe unter ständigem Rühren kochen lassen.
Den Brei etwas abkühlen lassen.
Dann den Zitronensaft, den Honig
und das Eigelb unterrühren.
Das Eiweiß steif schlagen und
unterheben. Mit gehackten Nüssen
bestreuen.

## Bananenschnee

ZUTATEN

4 reife Bananen
¼ l süße Sahne
nach Geschmack etwas Kirsch-
oder Johannisbeersaft

ZUBEREITUNG

Die sehr reifen Bananen werden
mit der Gabel zerdrückt und
schaumig geschlagen.
Dann wird nach und nach ¼ l
geschlagene Sahne darunter
gemischt.
Am besten serviert man den Bana-
nenschnee in Portionsgläsern, in
die man zuerst etwas Saft von Kirschen oder Johannisbeeren gibt,
und garniert ihn mit einer Frucht.

# GETRÄNKE

Als Getränke bezeichnet man eigentlich nur Flüssigkeiten, die ohne oder mit geringem Nährwert dem Körper das lebensnotwendige Wasser zuführen, wie zum Beispiel Quellwasser, kohlensäurehaltige Mineralwässer, alle einheimischen Teesorten, Getreidekaffee und verdünnte Fruchtsäfte.

Wenn Sie diese Getränke nach unseren Rezepten zubereiten, werden Sie bald feststellen, daß sie besser den Durst löschen als die künstlich gefärbten, gezuckerten Brauselimonaden und Colagetränke.

Kochen Sie auch alle Tees möglichst aus den getrockneten Früchten und Kräutern, die es einzeln oder in verschiedenen Mischungen zu kaufen gibt, denn die fertigen Teepulver, die man nur in Wasser auflösen oder anrühren muß, bestehen zu einem großen Teil aus Zucker. Süßen Sie den Tee, wenn es erforderlich ist, lieber mit etwas Bienenhonig.

Wenn Sie Ihre Fruchtsäfte nicht selbst herstellen, wählen Sie beim Kauf die naturreinen Süßmoste, die weder aus einem Konzentrat noch mit einem Zucker- oder Wasserzusatz hergestellt werden.

Alle Milchgetränke sind keine Durstlöscher, sondern sollten als Ergänzung oder Zwischenmahlzeit angesehen und grundsätzlich nach dem Essen getrunken werden.

Wenn insbesondere Ihre Kinder Milch nicht mögen, versuchen Sie nicht, Sie mit Hilfe von Kakaogetränken zum Milchgenuß zu überreden; denn wenn Sie sich einmal die Inhaltsanalyse dieser Getränke ansehen, werden Sie feststellen, daß auch sie zum großen Teil (70 bis 86%) aus Zucker bestehen. Vertrauen Sie nicht der großartigen Werbung für Kakaogetränke, sondern weichen Sie dann lieber auf Sauermilchprodukte aus, die im allgemeinen sehr gerne gegessen werden und

auch alle wichtigen Inhaltsstoffe der Milch enthalten. Kochen Sie, wenn es gewünscht wird, bei besonderen Gelegenheiten wie Ihre Mütter Kakao aus reinem Kakaopulver, den Sie mit Honig süßen.

Schwarzer Tee, Bohnenkaffee und alkoholhaltige Getränke sind Genußmittel und sollten eigentlich immer die Ausnahme bleiben und nur in kleinen Mengen verwendet werden, denn nur dann können sie auch wirklichen Genuß bereiten.

## HAUSTEE

Ihren eigenen Tee, den Sie je nach Geschmack zum Frühstück, Abendessen oder als Durstlöscher trinken, können Sie leicht selbst herstellen.

Es eignen sich dazu: Brombeer-, Himbeer-, Erdbeer-, schwarze Johannisbeer- und Haselnußblätter, Ringelblumen, Schlüsselblumen, Pfefferminze, Thymian, Fenchel, Koriander, Kümmel, Melisse, Hagebuttenkerne und Hagebuttenschale.

Man nimmt 1 Teelöffel getrocknete Teekräuter pro Tasse, brüht mit kochendem Wasser auf, läßt ihn unter mehrmaligem Umrühren 5–10 Minuten ziehen, gießt ihn durch ein Sieb und süßt nach Geschmack mit Honig.

Finden Sie Ihre eigene Teemischung. Erlaubt ist, was schmeckt!

Sie können fertige Teemischungen sowie einzelne Sorten lose abgepackt in Naturkostläden, Reformhäusern, Apotheken und Drogerien kaufen. Bewahren Sie Ihre Teekräuter in gut verschlossenen Blechdosen auf.

## GETREIDEKAFFEE

Für einen Getreidekaffee kann man alle Getreidesorten verwenden. Die Getreidekörner werden in einer Pfanne auf kleiner Flamme unter gelegentlichem Umrühren oder im Backofen bei 50 Grad gut und gleichmäßig geröstet.

Zum Aufbewahren gibt man die gerösteten Körner in ein Schraubglas oder eine gut verschließbare Blechdose.

Kurz vor der Verwendung mahlt man die Getreidekörner, läßt sie ½ Minute im Wasser kochen und 2–3 Minuten ziehen.

Dann wird der Getreidekaffee durch ein Sieb abgegossen.

## Winterlicher Teepunsch mit Früchten

### ZUTATEN

1 ungespritzte Zitrone
1 ungespritzte Grapefruit
3 ungespritzte Orangen
1 l schwarzer Tee
4 EL Honig
¾ l frisch ausgepreßter
Orangensaft
(ersatzweise aus der Flasche)

### ZUBEREITUNG

Die Zitronen und die Orangen spiralförmig hauchdünn schälen. Die Zitrone auspressen.
Die weiße Haut der Orangen entfernen, die Grapefruit schälen, beide in Würfel schneiden und zusammen mit den Zitronen- und Orangenschalen in ein feuerfestes Gefäß geben.
Den Tee mit dem Orangensaft erhitzen, mit Zitronensaft und Honig abschmecken und über die Früchte gießen. Heiß servieren!

## SOMMERLICHE DURSTLÖSCHER

# Melissentee

ZUTATEN

1 Bund frische Melisse
(2 gehäufte EL
getrocknete
Melissenblätter)
1–1½ l Wasser
2 Zitronen
2 EL Honig
zum Garnieren Melissenblätter
und Zitronenscheiben

ZUBEREITUNG

Die Melissenblätter mit kochendem Wasser übergießen und 5 Minuten ziehen lassen.
Den abgekühlten Tee mit Zitronensaft und Honig abschmecken und mit Zitronenscheiben und Melissenblättern garnieren.

# Apfeltee

ZUTATEN

6 TL Apfeltee
1½ l Wasser
1 EL Honig nach Geschmack
½ Zitrone
1 Apfel

ZUBEREITUNG

Den Apfeltee mit kochendem Wasser übergießen und mit den Zitronenscheiben 10 Minuten ziehen lassen.
Eventuell mit Honig abschmecken und Apfelstücke hineingeben.

# Salbeitee

ZUTATEN

5 EL Salbeiblätter
½ l Wasser
½ l Milch
1 TL Fenchel
½ TL Anis
2 EL Honig nach Geschmack

ZUBEREITUNG

Den Salbeitee kochen, abkühlen lassen, mit der Milch auffüllen und mit Fenchel, Anis und nach Geschmack mit Honig abschmecken.

## FRISCHE OBST- UND GEMÜSESÄFTE

Wann immer es möglich ist, verwenden wir frische Obst- und Gemüsesäfte.
- Orangen und Zitronen werden auf einer einfachen Zitronenpresse ausgedrückt.
- Alle Beerenfrüchte kann man ebenso wie Trauben und Kirschen in einem kleinen Sieb, einer Fruchtpresse, mit Hilfe des Kartoffeldrückers oder eines Tuches auspressen.
- Rote Bete und Möhren werden auf einer Glasreibe fein gerieben und wie oben beschrieben ausgepreßt.
- Tomaten werden abgezogen, in Scheiben geschnitten und durch ein Tuch ausgepreßt.

In den meisten Fällen ist das Nachsüßen mit Honig nicht erforderlich.

## MILCHMIXGETRÄNKE

## Erdbeermilch

### ZUTATEN

200 g Erdbeeren
2 EL Honig
1 l Milch
1 Eiweiß
1 TL Zitronensaft
1 TL Honig

### ZUBEREITUNG

Die Erdbeeren mit dem Honig und der Milch mixen und dabei 4 Erdbeeren zum Garnieren übrigbehalten.
Das Eiweiß steif schlagen, den Zitronensaft und den Honig dazugeben.
Die Erdbeermilch in 4 Gläser geben, die Eiweißmasse auf die Gläser verteilen und mit der Erdbeere garnieren.

Auf die gleiche Art und Weise kann man aus allen Beeren eine Fruchtmilch zubereiten.

## Orangenmilch

### ZUTATEN

1 l Milch
4 Orangen

### ZUBEREITUNG

Die Orangen auspressen und langsam in die Milch einquirlen lassen, bis sie gleichmäßig geronnen ist.

Zitronenmilch bereitet man genauso zu.

## Buttermilch-fruchtgetränk

### ZUTATEN

1 l Buttermilch
2 Tassen beliebiger Fruchtsaft

### ZUBEREITUNG

Beide Zutaten miteinander verrühren.

### VARIATION

Statt Buttermilch kann man auch Molke verwenden.

## Getreidemixgetränk

### ZUTATEN

1 Tasse Hafer
(oder jedes andere Getreide)
1 EL Haselnußmus
2 EL Honig
Saft von 1 Zitrone
½ TL Zimt
1 Prise Vanille
2 Bananen

### ZUBEREITUNG

Der Hafer wird grob geschrotet und 12 Stunden in 1 l Wasser eingeweicht.
Danach wird der Schrot durch ein feines Haarsieb abgeseiht.
Aus diesem Haferwasser kann man jetzt zum Beispiel mit 1 Eßlöffel Haselnußmus, 2 Eßlöffeln Honig, dem Saft der Zitrone, den 2 Bananen und den Gewürzen ein wohlschmeckendes Mixgetränk herstellen, indem man alles im Mixer miteinander mischt.

Dieses Getränk ist kein Durstlöscher, sondern ist mehr als Beigabe oder Zwischenmahlzeit gedacht.

135

# RESTEVERWERTUNG

Grundsätzlich sollte so gekocht werden, daß keine Reste übrigbleiben. Durch das Aufwärmen leidet der Gehalt (vor allem an Vitaminen) und das Aussehen der Speisen. Manchmal entstehen bei der Resteverwertung jedoch Köstlichkeiten, für die es sich lohnt, von vornherein mehr zu kochen.

## VORSCHLÄGE FÜR EINE SCHMACKHAFTE RESTEKÜCHE:

- Gekochtes Getreide kann als Einlage zu Suppen und Gemüsefüllungen oder zu Salaten verwendet werden. Es schmeckt auch nur in Butter geröstet.
- Teigwaren können vielfältig weiterverarbeitet werden, zum Beispiel als Suppeneinlagen, zu Salaten und zu Aufläufen.
- Gemüse kann zu Salaten, zu Suppen, Eintöpfen und als Bestandteil von Füllungen oder Kuchenbelägen weiterverwendet werden.
- Sprossen können angekeimt im Kühlschrank aufbewahrt werden. Es sollte nach Möglichkeit nur soviel verwendet werden, wie gegessen wird (vor allem bei Salaten). Ansonsten gilt dasselbe wie für Gemüse.
- Gekochte Eier können für Salatmarinaden gehackt werden.
- Omelettreste können in Suppen geschnitten werden. Gleich aufessen wäre besser.
- Pfannkuchen und Waffeln dagegen ergeben (wenn ungesüßt) köstliche Suppeneinlagen.
- Kartoffeln eignen sich besonders gut zur Weiterverwendung. Sie sollten immer vorsätzlich die doppelte Menge kochen!

## Bunter Reissalat

### ZUTATEN

2–3 Tassen gekochter Reis
2 Tomaten
1 grüne Paprikaschote
100 g Käse (mittlerer Gouda)
einige eingelegte rote Paprikaschoten, Oliven und Essiggürkchen nach Geschmack
1–2 gekochte Eier
einige Spinatblätter
zum Anmachen eine Kräutervinaigrette, eventuell mit etwas Wasser

### ZUBEREITUNG

Alle Zutaten, außer den Spinatblättern und den Eiern, in Würfel schneiden, unter den Reis mengen, mit der Vinaigrette anmachen und mit Ei und den Spinatblättern garnieren.

### VARIANTEN

Sie können einen entsprechenden Salat mit gekochtem Weizen, Buchweizen, mit Hirse oder mit Nudeln herstellen.
Zu letzteren schmeckt eine Salatmayonnaise gut.

## Spargelcremesuppe

1¼ l Spargelbrühe
40 g Butter
40 g Mehl
2 EL Bierhefeflocken
oder Salz nach Geschmack
¼ l Sahne
1 Ei (nicht unbedingt nötig)
Muskat, Schnittlauch

ZUBEREITUNG

Das Mehl in der Butter andünsten, mit der Spargelbrühe ablöschen und mit den Hefeflocken, der Sahne und eventuell mit dem Ei legieren.
Mit Muskat würzen und mit Schnittlauch überstreuen.

## Flädlesuppe

ZUTATEN

4 Pfannkuchen vom Vortag
1½ l Gemüsebrühe
Schnittlauch

ZUBEREITUNG

Die Pfannkuchen in dünne Streifen schneiden und in der Brühe einmal aufkochen. Mit Schnittlauch bestreuen.

## Brotsuppe

ZUTATEN

125 g dünne Vollkornbrotscheiben
1¼ l Wasser
Kräutersalz
4 EL Sahne oder Buttermilch
1 EL Bierhefeflocken
1 Zwiebel
40 g Butter

ZUBEREITUNG

Die Brotscheiben im kochenden Salzwasser einmal aufkochen lassen.
Die Sahne oder Buttermilch und die Hefeflocken unterrühren. Die feingeschnittene und in der Butter gebräunte Zwiebel daraufgießen.

## Kartoffelsuppe

ZUTATEN

1 Zwiebel
½ Möhre
Petersilie, Bohnenkraut, Majoran, Basilikum, Knoblauch, Sellerie
40 g Butter
6–8 gekochte Kartoffeln
1¼ l Brühe
2 EL Hefeextrakt
Pfeffer, Muskat,
eventuell noch Kräutersalz

ZUBEREITUNG

Die Zwiebel, die Möhre und die Kräuter feingeschnitten in der Butter gut 5 Minuten dünsten. Mit der Brühe ablöschen.
Die Kartoffeln reiben und in die Suppe geben. Noch 15 Minuten kochen, mit Majoran oder Basilikumblättchen garnieren.

## Bratkartoffeln

ZUTATEN

1 kg gekochte Kartoffeln
Öl
Kräutersalz, Pfeffer
weitere Zutaten nach Geschmack:
Zwiebeln, Kräuter, Käse

ZUBEREITUNG

Die Kartoffeln in Scheiben schneiden und im heißen Öl knusprig braten, würzen. Werden Zwiebeln zugegeben, sollten sie feingehackt von Anfang an mitgeröstet werden. Kräuter können gegen Ende dazugegeben werden – sehr gut schmeckt eine Kräutermischung provençal. Auch Käsestückchen oder Reibkäse (mittlerer Gouda) passen.

Eine Variante wäre:

# Schweizer Rösti

## ZUTATEN

1 kg geriebene, gekochte
Kartoffeln
Butter
Salz

## ZUBEREITUNG

Die Kartoffeln in der heißen Butter
braten, mehrfach wenden, bis sie
schön knusprig braun sind.
Zum Schluß etwas zusammendrücken und wie einen Kuchen servieren.

# Sesamkroketten

## ZUTATEN

500 g gekochte, geriebene
Kartoffeln
50 g Butter
50 g geriebener Käse
1 Ei
2 EL Hefeextrakt
Muskat, Pfeffer, Kräutersalz
1 Tasse Öl zum Ausbacken
½ Tasse Brösel
½ Tasse Sesam

## ZUBEREITUNG

Die Butter schaumig rühren und
die übrigen Zutaten dazugeben
und untermischen.
Würzen. Bällchen oder Würstchen
formen, in der Sesam-Brösel-
Mischung wälzen und im Öl ausbacken.

Kroketten können auch aus Kartoffelbrei hergestellt werden (siehe
nächstes Rezept).

# Mandelbällchen

## ZUTATEN

500 g Kartoffelbrei
1–2 EL Mehl
1 Ei
geschälte und in Scheiben
geschnittene Mandeln
Öl zum Ausbacken

## ZUBEREITUNG

Den Kartoffelbrei mit dem Eigelb
und der Hälfte des Mehls verkneten und Bällchen daraus formen.
Im Mehl, dann im verquirlten
Eiweiß, schließlich in den Mandeln
wälzen und im heißen Öl ausbak-
ken.

# Schwäbische Schupf-
nudeln (Bubaspitzle)

## ZUTATEN

1 kg gekochte Kartoffeln
1 Ei
100 g Mehl
Petersilie, Zwiebel, Liebstöckel,
Sellerieblatt
40 g Butter

## ZUBEREITUNG

Die Zwiebel und die Kräuter werden in etwas Butter gedünstet.
Die mindestens 1 Tag alten Kartoffeln werden gerieben und mit den
übrigen Zutaten zu einem festen
Teig geknetet. Nun werden mit
Mehl fingerlange und fingerdicke
Würstchen oder Nudeln geformt.
1. Möglichkeit: in kochendem Salzwasser kochen, bis sie oben
schwimmen, herausnehmen, abtropfen lassen und mit gebräunter
Butter servieren.
2. Möglichkeit: in der heißen Butter
braun und knusprig backen.

Als Beilagen eignen sich Sauerkraut oder Salate.

# VORRATSHALTUNG

Wenn Sie glücklicher Besitzer eines Gartens sind, wird es Ihnen keine größeren Schwierigkeiten bereiten, Ihre Versorgung für den Winter sicherzustellen.

Einmal werden Sie darauf achten, daß Sie zu jeder Zeit etwas Frisches aus Ihrem Garten ernten können, zum anderen werden Sie versuchen, durch Herbstaussaaten – es eignen sich Spinat, Mangold, Erbsen, Möhren, Frühlingszwiebeln und Kopfsalat – Ihre Erntezeit vorzuverlegen.

Frosthart sind Rosenkohl, Grünkohl, Lauch, Schwarzwurzeln, Feldsalat und Portulak; Temperaturen bis −15 Grad verträgt Winterwirsing, bis −10 Grad Brokkoli und Winterendivien, bis −8 Grad Zuckerhut und bis −5 Grad Chinakohl.

Die Ernte des Sommers können Sie in einen kalten Keller ohne Energieaufwand einlagern. Möhren, Sellerie, Petersilienwurzeln und rote Bete bleiben bis in das nächste Frühjahr hinein frisch, Chicorée kann man in einem dunklen Raum bei 15 Grad treiben lassen.

Zwiebeln und Kohl werden aufgehängt, Kartoffeln überwintern in Kartoffelkisten, Äpfel und Birnen auf Horden.

Eine andere Konservierungsmethode, zu der man keinerlei Energie benötigt, ist die Milchsäuregärung. Man kann alles Gemüse auf diese Art konservieren; wir führen sie Ihnen am Beispiel des Sauerkrauts vor.

Auch das Trocknen von Obst und Gemüse ist sehr energiesparend, erhält die wertvollen Nährstoffe und wird zunehmend beliebter.

Auf die sonst üblichen Konservierungsmethoden, wie Einkochen, Geleeherstellung und Einfrieren, möchten wir nicht näher eingehen. Zum einen erübrigen sie sich durch die oben vorgestellten Konservierungsmethoden, zum anderen bemüht man sich, in der biologischen Küche möglichst ohne sie auszukommen, da sie entweder sehr energieaufwendig, nur mit Nährstoffverlusten oder mit Zucker durchgeführt werden können.

Auch wenn Sie weder einen Garten noch gute Lagerungsmöglichkeiten haben, brauchen Sie nicht zu resignieren.

Nutzen Sie die Angebote der Wochenmärkte, der Erzeuger direkt oder der „grünen Läden", die Ihnen auch in der kalten Jahreszeit frisches Wintergemüse liefern.

## OBST- UND GEMÜSESÄFTE

Obst- und Gemüsesäfte sind besonders reich an Vitamin C, das uns im Winter vor Erkältungskrankheiten schützt und den Appetit anregt.

Stellen Sie Ihre Lieblingssäfte selber her, wenn Sie genügend Obst und Gemüse im Garten haben oder es günstig erhalten können.

Bei sehr kleinen Obst- und Gemüsemengen können Sie einen elektrischen Entsafter verwenden. Der so hergestellte Saft muß dann allerdings noch sterilisiert, das heißt bei 75 Grad keimfrei gemacht werden, bevor er in heiße, gut gesäuberte Flaschen gefüllt wird, die man sofort verschließt. Bei größeren Mengen lohnt sich ein Dampfentsafter. Bis zu 5 Kilogramm Obst und Gemüse können in einem Arbeitsgang entsaftet und direkt in Flaschen abgefüllt werden.

In beiden Fällen können Sie auf einen Zuckerzusatz völlig verzichten, denn für die Haltbarkeit ist allein die einwandfreie Sterilisation verantwortlich.

## DAS TROCKNEN

Trocknen ist die einfachste, natürlichste und älteste Methode, Lebensmittel für längere Zeit haltbar zu machen.

Heute wird dieser Konservierungsart wieder mehr Beachtung geschenkt, weil hier ohne Zugabe von Konservierungsstoffen und Chemikalien und mit verschwindend geringer Energie den Nahrungsmitteln lediglich das Wasser entzogen wird. Bakterien haben dadurch keine Lebensgrundlage mehr, die Produkte können nicht schimmeln.

Das Trocknen hat folgende Vorteile:
- Vitamine und Nährstoffe werden durch die niedrigen Temperaturen geschont.
- Geschmack und Farbe bleiben erhalten.
- Trockennahrung ist jahrelang haltbar.
- Trockennahrung braucht nur wenig Platz zur Lagerung, sie ist sehr leicht.
- Trocknen ist sehr energiesparend, weil man zur Lagerung keine weitere Energie benötigt.

Man kann so gut wie alles trocknen. Zum Trocknen braucht man eine konstante warme Temperatur von 40–50 Grad und gut zirkulierende Luft.

Sie können im Sommer in der Sonne, auf dem Dachboden oder, wenn die Temperaturen draußen nicht reichen, in Ofennähe oder im Backofen trocknen. Der Backofen wird dabei auf 50 Grad gestellt, die Backofentür muß immer einen Spalt offen bleiben, damit die feuchte Luft entweichen kann.

Das Obst und Gemüse sollte zum Trocknen nicht gewaschen, sondern nur mit einem Tuch abgerieben werden. Je nach Größe wird es dann in Scheiben, Ringe oder Würfel geschnitten.

Man trocknet so lange, bis sich die getrockneten Produkte ledrig anfühlen und – wenn man sie zur Probe auseinanderbricht – eine gleichmäßige Farbe haben.

Die getrockneten Lebensmittel müssen so trocken und luftdicht wie möglich gelagert und vor Licht und Zugluft geschützt werden. Am besten eignen sich Blechdosen oder Gläser mit Schraubverschlüssen.

### GETROCKNETE FRÜCHTE

Äpfel und Birnen schneidet man in Ringe und entfernt das Kerngehäuse.

Zwetschgen entkernt und halbiert man.

Bananen werden in Scheiben geschnitten oder halbiert.

Aprikosen und Pfirsiche entsteint man und tunkt sie, damit sie nicht braun werden, in Zitronensaft (eventuell in Scheiben schneiden).

Kirschen entstielt man und läßt sie mit Stein möglichst lange in der Sonne vortrocknen.

Beeren werden in der Sonne vorgetrocknet, dann auf ein Blech gegeben und des öfteren gewendet.

### DÖRRGEMÜSE

Zwiebeln und Knoblauch werden bündelweise an einem luftigen, trockenen Ort aufgehängt (z.B. Vordach, Dachboden).

Tomaten werden halbiert und mit der Schnittfläche nach oben getrocknet.

Pilze, Paprika und Bohnen kann man auf Schnüre fädeln und an der Luft trocknen.

140

Alle festen Gemüsesorten, wie Kohl, Blumenkohl, Rosenkohl, Fenchel, Sellerie, Möhren und Kohlrabi, sollten vor dem Trocknen kurz in Salzwasser blanchiert werden. Bereits im Sommer können Sie Ihre Gemüsemischungen für Suppen und Soßen zusammenstellen.

Noch ein Tip: Getrocknetes Gemüse sollte vor dem Kochen immer in etwas Wasser eingeweicht werden.

### GETROCKNETE KRÄUTER

Auch Kräuter können Sie trocknen. Diese sollten niemals gewaschen werden. Man bündelt mehrere Zweige und hängt sie an einem trockenen, schattigen Ort auf.

---

## DIE MILCHSÄUREGÄRUNG

Auf der Suche nach alternativen Konservierungsmethoden kommt heute der Milchsäuregärung wieder eine besondere Bedeutung zu.

Milchgesäuertes Gemüse gilt nach Ansicht vieler Ärzte sowohl als Lebensmittel wie auch als Heilmittel. Seit Jahrhunderten hat man schon auf diese Weise konserviert. Die Methode ist denkbar einfach, und es gibt eigentlich nur wenige Punkte, die zu beachten sind.

Wir führen Ihnen die Milchsäuregärung am Beispiel des Sauerkrauts vor, einmal, weil es die bekannteste ist und weil bei ihr am wenigsten schiefgehen kann, zum anderen, weil das Sauerkraut neben seinem unvergleichlich milden Geschmack einen hohen gesundheitlichen Wert besitzt.

Sie brauchen unbedingt einen Gärtopf, den man Ihnen in jedem guten Haushaltsgeschäft besorgen kann.

## Sauerkraut

(Farbtafel Seite 55)

---

ZUTATEN
FÜR EINEN 10-l-GÄRTOPF

8 kg geputzter, kleingehobelter Weißkohl (etwa 10 kg ungeputzt)
2–4 EL Wacholderbeeren
2 EL Kümmel
4 große, säuerliche, in dünne Scheiben geschnittene Äpfel
80 g Meersalz
¼ l Molke
große Kohlblätter zum Abdecken
(Alle Zutaten sollten Zimmertemperatur haben, auch der Gärtopf.)

---

ZUBEREITUNG

Stellen Sie alle Zutaten und Geräte bereit. Putzen und hobeln Sie den Kohl (dabei ein paar große Kohlblätter zum Abdecken aufbewahren), und schneiden Sie die Äpfel in dünne Scheiben.

In den gut gesäuberten Gärtopf legen Sie den gehobelten Kohl schichtweise ein und stampfen jede Lage mit einem Krautstampfer kräftig fest. Nach jeder Schicht Kohl erfolgt eine Zwischenschicht mit Apfelscheiben, Gewürzen und ein wenig Molke.

Der Topf darf nicht bis zum Rand gefüllt sein. Die letzte Schicht sind

die grünen, ganzen Kohlblätter. Dann werden die Beschwerungssteine, die genau für Ihren Gärtopf passend beim Kauf mitgeliefert werden, darauf gelegt. Sie sollten stets mit Flüssigkeit bedeckt sein. Die Flüssigkeit erhält man durch die Molke und den gestampften Kohl. Zum Schluß wird der Deckel aufgesetzt und in die Wasserrinne Wasser gegeben.

Der Gärtopf muß zunächst 2 bis 3 Tage bei 20–22 Grad, dann für 2–3 Wochen bei 15 Grad und schließlich kalt gestellt werden (0–10 Grad). Nach 4–6 Wochen ist das Sauerkraut fertig.

Freuen Sie sich darauf, wenn Sie wie die Witwe Bolte bei Wilhelm Busch die erste Portion Ihres frischen Sauerkrauts aus dem Keller holen können.

In guten Kellern hält sich das Sauerkraut bis in den nächsten Sommer hinein.

### KRÄUTERESSIGE UND KRÄUTERÖLE

Einen Hauch Sommer können Sie konservieren, wenn Sie Ihre Lieblingskräuter in Essig und Öl einlegen.

## KRÄUTERÖLE

Die Kräuter müssen zunächst getrocknet werden, denn frische Kräuter machen das Öl trüb.

Hängen Sie sie 2–3 Tage an einem luftigen Ort auf, und übergießen Sie sie dann mit soviel Öl, daß sie ganz bedeckt sind. Verwenden Sie ein neutrales Öl (z.B. Sonnenblumenöl), wenn Sie Ihre Salate damit würzen wollen.

Die Flaschen werden gut verschlossen und 2–4 Wochen an einen kühlen Ort gestellt. Dann ist das Öl gebrauchsfertig.

# Basilikumöl

### ZUTATEN

1 Zweig Basilikum
1 Zweig geschlossener Lavende
1 Blatt Salbei
¾ l Sonnenblumenöl

### ZUBEREITUNG

Stellen Sie das Öl, wie oben beschrieben, her.

Mit den verschiedenen Kräutern können Sie Ihrem Öl immer neue Geschmacksrichtungen geben.

## KRÄUTERESSIGE

Um einen Kräuteressig herzustellen, verwendet man frische Kräuter. Sie werden ganz in die Flasche gesteckt.

Die Flasche wird gut verschlossen und im Sommer 14 Tage in die Sonne, im Winter an die Heizung gestellt.

Ganz nach Geschmack nimmt man dann die Kräuter heraus oder gießt immer etwas Essig nach.

Alle Kräuter und Gewürze können Sie in Essig einlegen. Wir geben Ihnen ein Beispiel für eine Mischung:

# Kräuteressig

### ZUTATEN

je 4 mittelgroße Zweige Thymian, Bohnenkraut, Minze, Rosmarin
2 große Estragonzweige
½ kleine Sellerieknolle
1 Stengel Petersilie
6 Schalotten
12 zerstoßene weiße Pfefferkörner
1 l Rotweinessig

### ZUBEREITUNG

Die Kräuter waschen und gut abtropfen lassen. Die Sellerie-

knolle und die Schalotten schälen und in Scheiben schneiden.

Alles in ein Gefäß geben, den Essig darübergießen, verschließen und 2 Wochen an einen warmen Ort stellen. Ab und zu umrühren.

Dann filtern, in eine Flasche füllen, verschließen und kühl stellen.

## KETCHUP UND MARMELADEN

## Tomatenketchup

Bei einer Tomatenschwemme lohnt es sich, das eigene Tomatenketchup herzustellen.

### ZUTATEN

2,5 kg Suppentomaten
500 g Zwiebeln
¼ l Essig
4 EL Honig
3 Lorbeerblätter
1 TL Paprikapulver
frisch gemahlener Muskat
2 TL Thymian
1 Bund gehackte Petersilie
2 Stengel Liebstöckel
im Mullsäckchen:
1 TL Pfefferkörner, 1 TL Nelken,
1 TL Koriander

### ZUBEREITUNG

Die Tomaten waschen und vierteln, die Zwiebeln würfeln und beides zusammen mit den Gewürzen und Kräutern in einen Topf geben.

Die festen Gewürze in ein Mullsäckchen geben, damit man sie leichter herausnehmen kann. Alles etwa 30–40 Minuten kochen lassen.

Das Mullsäckchen herausnehmen und die Tomatenmasse durch ein Sieb streichen.

In einen breiten Topf geben und unter gelegentlichem Umrühren dicklich einkochen.

Das fertige Ketchup sofort in Schraubgläser füllen und fest verschließen.

## Zwetschgenmus

Man kann übrigens auch Marmeladen ohne Zuckerzusatz herstellen. Wenn man auf sie nicht verzichten möchte, kocht man sie mit Honig oder mit einem biologischen Gelier- und Konservierungsmittel.

Bei diesem Zwetschgenmus benötigen Sie kein Gramm Zucker, weder für die Konservierung noch für die Geschmacksverbesserung. Die Zwetschgen sind süß genug.

### ZUTATEN

3–5 kg Spätzwetschgen

### ZUBEREITUNG

Die Bratpfanne des Backofens mit den entkernten und halbierten Zwetschgen füllen, auf den Boden des Backofens schieben und bei 200 Grad etwa 1 Stunde, danach bei 130 Grad 1 weitere Stunde köcheln lassen.

Die Zwetschgen mit dem Zauberstab des Handrührgerätes zerkleinern und noch weitere 1–2 Stunden unter gelegentlichem Umrühren einkochen lassen.

In saubere, ausgespülte, heiße Twist-off-Gläser füllen und sofort verschließen.

Wer mag, kann noch 4 Stangen Zimt mitkochen lassen oder kurz vor dem Einfüllen in die Gläser Zimtpulver unter das Zwetschgenmus rühren.

Farbtafel 16:
Quiche Marseille (Rezept Seite 277),
Napfkuchen (Rezept Seite 257), Sechskorn-Plätzchen (Rezept Seite 266).

Farbtafel 17:
Vierkorn-Schrotbrot (Rezept Seite 207).

# TEIL II: BACKEN

von Maren Bustorf-Hirsch

# Hinweise zur Benutzung des Backteils

Im ersten Teil dieses Buches haben Sie erfahren, auf welch vielfältige Weise man mit naturbelassenen Zutaten kochen kann. Genauso abwechslungsreich und schmackhaft kann auch das Backen mit vollwertigen Lebensmitteln sein. Neben Honig, Nüssen, Trockenfrüchten, Kräutern, Gemüsen und Milchprodukten steht hierbei natürlich das ganze Getreidekorn mit seiner einzigartigen biologischen Ausgewogenheit im Mittelpunkt. Dabei erfahren Sie in den Rezepten, daß man nicht nur mit Weizen und Roggen, sondern auch mit Dinkel, Gerste, Hafer, Hirse und Buchweizen überaus schmackhafte Brote und leckere Kuchen backen kann.

Ich habe mich bemüht, den Backteil so abzufassen, daß jeder genau das findet, was sie/er sucht.

Wer erst anfängt zu backen, kann anhand von ausführlichen Anleitungen und Tips die einzelnen Teigarten und ihre Verwendungsmöglichkeit beim Brot- und Kuchenbacken kennenlernen.

Für diejenigen, die ihre Ernährung umstellen möchten, habe ich die Besonderheiten beim Backen mit frisch gemahlenem Getreide aufgezeigt.

Aber auch die erfahrenen Bäcker lernen so manches neu ausprobierte und entwickelte Rezept kennen: Brote, Brötchen und Fladen aus vielen Ländern, einfache Kuchen und festliche Torten sowie gesunde Plätzchen und nicht zuletzt leckere Gemüsekuchen und pikantes Kleingebäck.

Bevor Sie anfangen, die einzelnen Rezepte auszuprobieren, möchte ich Ihnen einen Rat aus meiner eigenen Erfahrung und der mancher Teilnehmer an meinen Backkursen nicht vorenthalten: Eine Umstellung auf Vollkornprodukte kann im allgemeinen nicht von heute auf morgen erfolgen. Der Gaumen und manch skeptisches Familienmitglied müssen sich erst langsam an den kräftigeren Geschmack von Vollkorn gewöhnen. Am einfachsten gelingt es, wenn Sie zunächst einmal Vollkornbrötchen und -brote sowie Gemüsekuchen mit Hefe backen. Sicherlich werden Ihnen und Ihren Familienmitgliedern und Gästen bald auch Backferment- und Sauerteigbrote sowie süßes und salziges Vollkorngebäck schmecken.

Wenn Sie nämlich erst den kräftigen Geschmack von Vollkorn und seinen unvergleichlichen Duft schätzen gelernt haben und außerdem noch feststellen, wieviel Spaß dieses Backen bereitet und wieviel wohler und gesünder Sie sich bei dieser Kost fühlen, werden Sie – und da bin ich ganz sicher – bald um die üblichen Back- und Konditorwaren einen großen Bogen machen.

Ihre Maren Bustorf-Hirsch

# WARUM SOLL MAN MIT VOLLKORN BACKEN?

Immer mehr Menschen bemühen sich heute um eine naturbelassene Vollwerternährung. Aufgeschreckt durch Meldungen über Schadstoffe in Nahrungsmitteln oder durch das Auftreten zahlreicher Zivilisationskrankheiten, suchen sie nach einer Alternative zur üblichen Kost.

Bei der Vollwerternährung steht das Getreide im Mittelpunkt, nicht zuletzt deshalb, weil der Mensch über 30 Prozent seiner Nahrung in Form von Getreideprodukten zu sich nimmt, wie zum Beispiel Backwaren, Teigwaren, Müslis und gekochtes Getreide.

Welche Rolle das Brot bei der Ernährung spielt, kann man daran erkennen, daß seit Jahrhunderten der Begriff Brot gleichbedeutend mit dem Begriff Nahrung verwendet wurde. Stets war mit einer ausreichenden Getreideernte auch die Ernährung eines Volkes sichergestellt.

Heute ist es zumindestens für uns Bewohner der westlichen Industriestaaten anders. Wir brauchen uns um eine ausreichende Getreideernte keinerlei Gedanken zu machen. Wie so vieles andere, ist auch das Getreide im Überfluß vorhanden, und die Brotregale in den Lebensmittelgeschäften sind gefüllt.

Dabei ist Brot nicht gleich Brot: Die sauber und hygienisch abgepackte „Bauernschnitte" aus dem Supermarkt hat wenig mit einem köstlich duftenden, gut schmeckenden und selbstgebackenen Vollkornbrot gemein. Vom Geschmack einmal abgesehen, versorgt uns das Vollkornbrot mit lebenswichtigen Nährstoffen, während für den Verzehr der „Bauernschnitte" wohl eher der Satz gilt: Wir sitzen mit vollen Bäuchen vor vollen Töpfen und leiden trotzdem an einer Mangelernährung. Um diesen Satz zu erläutern, müssen wir etwas ausholen.

## DAS GETREIDEKORN
## IN SEINER ZUSAMMENSETZUNG

Betrachten wir das Vollkorn, ein ganz normales Getreidekorn, näher. Es sitzt bei den Hauptgetreidearten, die in unseren Breiten zum Backen verwendet werden, dem Weizen und dem Roggen, lose in Ähren und kann durch Ausdreschen von den harten Spelzen befreit werden.

Im wesentlichen besteht das Getreidekorn aus dem Keimling, dem Mehlkörper und den Randschichten, die wiederum unterteilt sind in Fruchtschale, Samen-

schale und Aleuronschicht. Diese werden auch als Kleie bezeichnet.

Die Frucht- und die Samenschale bestehen aus Zellulose und Mineralstoffen (z. B. Calcium, Phosphat, Eisen).

Die Aleuronschicht und der Keimling enthalten hochwertige Fette, Eiweiße, Mineralstoffe (wie Kupfer, Magnesium, Kalium und andere Spurenelemente), Fermente und Vitamine (E, $B_1$, $B_2$, $B_6$, Niacin).

Der Mehlkörper besteht hauptsächlich aus Stärke und einigen Eiweißstoffen, die in erster Linie für die Backfähigkeit verantwortlich sind.

Alle Schalen sind fest miteinander verbunden.

Die im Getreidekorn vorhandenen Substanzen haben die Aufgabe, das Korn, sobald es in die Erde gesät wird, bestmöglich mit „Nahrung" zu versorgen, bis dies die wachsende Getreidepflanze selbst übernehmen kann.

Andererseits versorgen sie auch den Menschen in ausgewogener Weise, so daß seine Ernährung und Gesundheit allein durch Getreide zu einem großen Teil gesichert wäre.

Zwar wurden diese Tatsachen erst in den letzten Jahrzehnten wissenschaftlich abgesichert, bekannt ist es aber seit Jahrtausenden: Zu allen Zeiten nämlich war das Getreide das Hauptnahrungsmittel der Völker. Je nach Region wurde dabei eine andere Getreideart verwendet.

Das Getreide wurde zunächst in gekochter Form als Brei aus ganzen oder gestampften Getreidekörnern gegessen, später als Fladen, die in heißer Asche gebacken wurden, und ganz zuletzt in gesäuerter Form als Brot verzehrt.

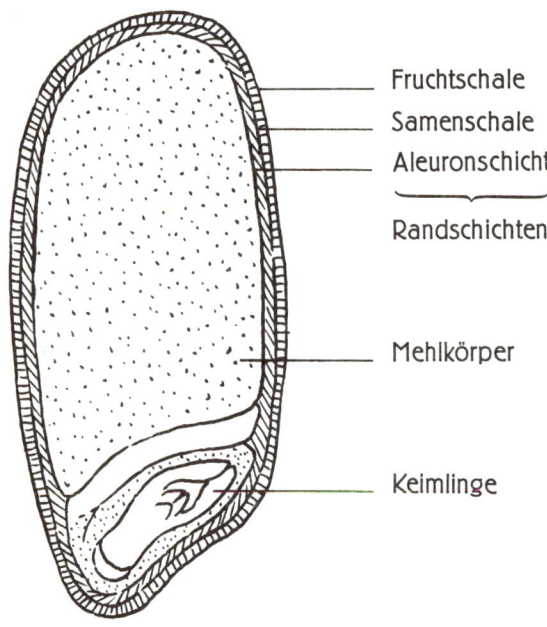

Fruchtschale

Samenschale

Aleuronschicht

Randschichten

Mehlkörper

Keimlinge

Zeichnung eines Getreidekorns im Querschnitt

Wie aber kam es dazu, daß dieses instinktive Wissen um die Rolle des Getreides mißachtet oder vergessen wurde?

## DAS MEHL

Solange das Getreidekorn unbearbeitet auf Speichern aufbewahrt wird, bleiben alle in ihm enthaltenen Wirkstoffe, die in einem einzigartigen, ausgewogenen Verhältnis zueinander stehen, über zwei bis drei Jahre hin erhalten. Dies zeigt sich darin, daß es auch nach dieser Zeit noch keimfähig ist und ausgesät werden kann.

Wird das Getreide gemahlen, werden durch die Zufuhr von Licht, Sauerstoff und Wärme Vitalstoffe und Vitamine zerstört, das Fett zersetzt sich, das Mehl wird ranzig. Bereits drei Stunden nach dem Mahlen verflüchtigen sich die Aromastoffe und der Zersetzungsprozeß beginnt; 6 Wochen später hat das Mehl keinerlei Gesundheitswert mehr.

Wen wundert es, daß Überlegungen auftraten, dieses empfindliche Produkt, das Vollkornmehl, zu konservieren und damit jederzeit verfügbar zu machen.

Man brauchte „nur" die Randschichten und den Keimling zu entfernen und behielt den Mehlkörper übrig. Er lieferte das fast unbegrenzt haltbare weiße Auszugsmehl. Allerdings ist es „leer": Mineralstoffe, Vitamine, hochwertige Fette und Eiweiße wurden entfernt, so daß es ernährungsphysiologisch gesehen nahezu wertlos ist. Die Randschichten werden als Viehfutter verwendet und die Keime, gesondert verpackt, teuer verkauft.

Die stete Verfügbarkeit war aber nicht der einzige Grund dafür, daß das weiße Auszugsmehl seinen Siegeszug in die Haushalte und Bäckereien antrat. Es war gleichzeitig ein Siegeszug des Weizens, der alle anderen Getreidesorten in den Hintergrund treten ließ.

Bereits in der Antike – in Griechenland und im alten Rom – verdrängte der Weizen die Gerste von ihrem angestammten Platz.

Der Weizen war wegen seiner guten Backeigenschaften sehr beliebt, damals aber noch wesentlich teurer als die Gerste und deshalb nur den Wohlhabenden vorbehalten. Es galt als „schick", möglichst helle und feine Brote zu essen. Um dies zu erreichen, wurde es üblich, möglichst viel Kleie auszusieben.

Den ärmeren Bevölkerungsschichten jedoch war es nicht möglich, auf einen Teil ihres Brotgetreides zu verzichten, dazu war es viel zu kostbar. So drückten sich im Brot bald soziale Unterschiede aus: die feinen, weißen Luxusbrote aus Weizen für die Reichen, die „Vollkornbrote" aus Weizen für die ärmere Bevölkerung und Fladen aus anderen Getreidesorten für die unterste Schicht und die Sklaven.

Diese römischen Gepflogenheiten gerieten im Laufe des Mittelalters fast in Vergessenheit und lebten erst wieder auf, als der französische Adel im 16. Jahrhundert Wert auf feines, kleiefreies Weizenbrot zu legen begann.

Was den Römern nicht gelang, die Franzosen schafften es:
Mit dem Vorbild ihrer Lebensführung vollzog sich eine Geschmackswende in Europa. In allen Ländern wurde verstärkt Weizen angebaut. Wann immer es möglich war, aß man möglichst helles Brot, das bald wieder Zeichen eines höheren sozialen Standes wurde. Selbst beim Roggen begann man, die Randschichten zu ent-

fernen, um ein kleiefreies und damit feineres Brot zu erhalten.

Die technische Entwicklung und der Aufbau des Verkehrswesens im letzten Jahrhundert taten ihr übriges: Es entstanden große Mühlen mit beachtlichen Mahlleistungen. Sie konnten rationell arbeiten, weil das allseits begehrte weiße Auszugsmehl lange haltbar und lagerfähig war.

| Vitamine | Vollkorn-mehl 1 kg | Weißmehl (Type 405) 1 kg | Verlust in % |
|---|---|---|---|
| Vitamin $B_1$ | 5,1 mg | 0,7 mg | 86 |
| Vitamin $B_2$ | 1,3 mg | 0,4 mg | 69 |
| Vitamin $B_6$ | 4,4 mg | 2,2 mg | 50 |
| Niacin | 57,0 mg | 7,7 mg | 86 |
| Vitamin E | 24,0 mg | 0,0 mg | 100 |

## DIE ENTDECKUNG DER VITAMINE

Mit dem Wissen um Vitamine und Mineralstoffe hat sich das Interesse für die verschiedenen Mehlsorten verstärkt.

Um die Beschaffenheit des Mehles erkennen zu können, müssen auf den Packungen sogenannte Typenzahlen angegeben sein. Sie geben einen Bezug zum Mineralstoffgehalt der Mehle an, nämlich wieviel Mineralstoffe in Milligramm sich in 100 g Mehl befinden. Es läßt sich grob sagen, je niedriger die Typenzahl, desto geringer der Mineralstoffgehalt und um so heller die Farbe des Mehles.

Weizenmehl Type 405, das handelsübliche Haushaltsmehl, enthält auf 100 g also 405 mg Mineralstoffe; Vollkornmehl Type 1700 dementsprechend 1700 mg Mineralstoffe. Letzteres wird aus dem ganzen Korn gemahlen, bleibt aber nur vollwertig, wenn es möglichst schnell nach dem Mahlen verarbeitet wird.

Das Weißmehl enthält nicht nur wenig Mineralstoffe, sondern es tritt bei ihm auch ein großer Verlust an Vitaminen ein:

Neben den Vitaminen, die vor vielen Krankheiten schützen, und den Mineralstoffen fehlen dem Auszugsmehl auch die Spurenelemente und die Ballaststoffe.

Die Spurenelemente sind an allen chemischen Reaktionen unseres Körpers beteiligt; die quellfähigen Ballaststoffe sind als Reinigungsmittel unentbehrlich für unsere Verdauungsorgane.

Man weiß heute, daß die lebenslange übliche Weißmehlkost in Form von Brot, Gebäck und Teigwaren zum Entstehen vieler Zivilisationskrankheiten beigetragen hat: Übergewicht, Karies, Arteriosklerose, Bluthochdruck, Verstopfung, Störung des Allgemeinbefindens (besonders bei Kindern durch mangelhafte Versorgung mit Vitaminen der B-Gruppe). Die Ernährungswissenschaft hat genug Beweise erbracht, daß eine umfassende Gesundheit ohne Vollkornernährung nicht möglich ist. Nur durch sie kann dem Auftreten der oben erwähnten Zivilisationskrankheiten vorgebeugt oder ihr Fortschreiten verlangsamt werden.

Dabei reicht es nicht aus, allein Vollkornbrote und Vollkorngebäck herzustellen und zu essen, wenn damit auch schon ein großer Schritt getan ist. Das ganze Getreidekorn sollte ebenso Verwendung finden bei der Herstellung von Teigwaren, in gekochter Form als Hauptmahlzeit und ungekocht oder gekeimt als Frischkornmüsli. So bildet es die Grundlage der Ernährung. Ergänzt werden sollte diese durch biologisch gezogenes Gemüse und natürlich gewachsene Früchte und besonders im Winter durch viele Sprossen. Milchprodukte und Eier werden als Beilage verwendet. Man würzt möglichst mit frischen Kräutern und salzt und süßt (nur mit Honig und Trockenfrüchten) äußerst sparsam.

Bedenken Sie dabei außerdem, daß Sie möglichst viel (mindestens ein Drittel) Ihrer täglichen Nahrung in roher Form zu sich nehmen sollten.

Erlauben Sie mir noch eine persönliche Bemerkung: Kaufen Sie möglichst Getreide aus biologisch-dynamischem (Demeter) oder biologisch-organischem (Bioland) Anbau. Selbstverständlich können Sie kein vollständig schadstofffreies Getreide erwarten, dies ist bei dem hohen Grad unserer Luftverschmutzung unmöglich. Bei den kontrollierten Anbaumethoden haben Sie jedoch die Gewißheit, daß der Boden weder mit Kunstdünger bearbeitet, noch die Halme mit chemischen Spritzmitteln behandelt werden. Auch das Saatgetreide wird nicht der besseren Haltbarkeit wegen mit quecksilberhaltigen Substanzen gebeizt und das eingebrachte Korn nicht mit Blausäure besprüht, um es vor Ungeziefer zu schützen.

Durch den Kauf dieser Produkte unterstützen Sie die Menschen, die bemüht sind, die Böden und gleichzeitig die Umwelt zu pflegen und zu schützen und Ihnen ein vollwertiges „natürliches" Produkt zu verkaufen.

# DIE ZUTATEN DER VOLLKORNBÄCKEREI

## DAS GETREIDE

Ihr Backwerk erhält seinen Geschmack zu einem großen Teil durch das Getreide, das Sie verwenden. Dabei brauchen Sie keineswegs nur mit Weizen zu backen, denn auch alle anderen Getreidesorten haben gute Backeigenschaften und bieten Ihnen große geschmackliche Variationsmöglichkeiten. Welchen gesundheitlichen Wert die einzelnen Getreidesorten haben können Sie im einführenden Abschnitt „Die Getreidearten" im ersten Teil dieses Buches ab Seite 15 nachlesen.

### DER WEIZEN

Der Weizen ist heutzutage das wichtigste Brotgetreide; außerdem gehört er zu den ältesten Kulturpflanzen der Welt. Funde belegen, daß ihn bereits die Ägypter kannten und schätzten, insbesondere wegen seines milden Geschmacks und seiner guten Backeigenschaften. Er hat nämlich von allen Getreidesorten den höchsten Klebergehalt (Kleber ist ein Bestandteil des Getreideeiweißes) und damit die beste Backfähigkeit. Außerdem zeichnet er sich durch einen ausgewogenen Gehalt an Mineralstoffen und Vitaminen aus.

Insofern ist es nicht verwunderlich, daß Brote, Brötchen, Fladen und Kuchen hauptsächlich aus Weizen gebacken werden.

### DER DINKEL

Der Dinkel wird auch Schwabenkorn genannt, was auf sein Anbaugebiet hindeutet. Es handelt sich um eine Weizenart, die anspruchslos und winterhart ist und bei der die Spelzen fest mit dem Korn verwachsen sind. Durch ein spezielles Verfahren, das Gerben, werden die Dinkelkörner von den Spelzen befreit.

Dinkel kann jederzeit anstelle von Weizen verwendet werden. Er hat fast noch bessere Backeigenschaften und einen feinen nußartigen Geschmack.

### DER GRÜNKERN

Der Grünkern wird aus Dinkel hergestellt. Dieser wird unreif geerntet und sofort geröstet. Dadurch erhält Grünkern ein pikant würziges Aroma und wird deshalb hauptsächlich zum Kochen verwendet.

Broten und pikanten Gemüsekuchen kann man durch Grünkernzusatz zu einem herzhaften Geschmack verhelfen.

### DER ROGGEN

Der Roggen wurde in frühgeschichtlicher Zeit zunächst in Südrußland angebaut und verbreitete sich von dort nach Westen und Norden. Lange bevor der Weizen in unseren Breiten heimisch wurde, gehörte der Roggen neben Gerste, Hafer und Hirse zu den Grundnahrungsmitteln der Menschen.

Auch heute noch ist er nach dem Weizen das wichtigste Brotgetreide. Sein Mehl ist allerdings wesentlich dunkler und hat einen kräftigeren und würzigeren Geschmack. Neben Mineralstoffen und Vitaminen enthält der Roggen ebenfalls viel Klebereiweiß, das aller-

dings im Gegensatz zum Weizenkleber nur unter Einfluß von Säure richtig aufquillt. Deshalb benötigt man beim Backen von reinen Roggenbroten einen Sauerteig oder ein Backferment.

## DIE GERSTE

In frühgeschichtlicher Zeit wurde, bevor der Weizen bekannt wurde, hauptsächlich mit Gerste gekocht und gebacken.

Gerste enthält zwar auch Eiweiß, aber nicht in Form von Kleber. Aus diesem Grund eignet sich Gerstenmehl allein nicht so gut zum Backen von Hefe- oder Sauerteigbroten; sie würden nicht aufgehen.

Aus Gerste lassen sich gut Fladen backen, oder man nimmt sie als Zusatz zum Backen von Broten. Bei Hefebroten kann ihr Anteil 40 bis 50 Prozent, bei Sauerteig- bzw. Backfermentbroten bis zu 70 Prozent betragen.

## DER HAFER

Der Hafer, der von allen Getreidesorten den höchsten Anteil an Fett und Eiweiß hat und alle wichtigen Vitamine und Mineralstoffe enthält, wurde früher hauptsächlich zum Kochen verwendet. Er verfügt nämlich nicht über einen ausreichenden Klebergehalt und ist daher ohne den Zusatz von anderem Getreide zum Backen nicht so gut zu verwenden: Reine Haferbrote sind schwer und feucht. Vermischt man ihn allerdings mit Weizen, läßt er sich nicht nur für Brote, sondern auch für Kuchen gut verbacken.

## DIE HIRSE

Auch heute noch wird die Hirse hauptsächlich zum Kochen verwendet. Hirsemehl allein ergibt zwar kein gutes Brot, aber durchaus einen guten Kuchen. Beim Brotbacken kann man sie problemlos anderen Getreidearten zusetzen: Die Brote werden dann schön knusprig.

## DER MAIS

Mit Mais wurde und wird in erster Linie gekocht. Ohne Schwierigkeiten gelingt es aber auch, Kuchen aus Mais zu backen. Reine Maisbrote (mit Hefe gebacken) sind leicht bröselig und werden schnell trocken. Deshalb ist es besser, Mais mit einem anderen Getreidezusatz und mit Backferment zu backen.

## DER REIS

Der Reis ist neben Weizen und Mais die wichtigste und am häufigsten angebaute Getreideart auf der Welt. Er wird zum Backen kaum und wenn, hauptsächlich in Verbindung mit Weizen verwendet.

## DER BUCHWEIZEN

Buchweizen gehört zwar botanisch nicht zu den Getreidearten, wird aber wie diese verwendet. Man bereitet viele verschiedene gekochte Getreidespeisen aus ihm zu. Daneben läßt er sich aber auch leicht mahlen und gut zu Fladen, Kuchen oder Pfannkuchen verbacken. Verwendet man ihn als Zusatz zu anderen Getreidearten, eignet er sich wegen seines nußartigen Geschmacks auch gut zum Brotbacken.

## DAS AUFBEWAHREN VON GETREIDE

Wenn Sie keine Getreidemühle besitzen oder keinen ausreichenden Platz zur Lagerung haben, werden Sie Ihr Getreide wahrscheinlich nur in kleinen Mengen kaufen. Alle oben erwähnten Getreidesorten sind aus bio-logisch-organischem oder biologisch-dynamischem Anbau in Grünen Läden oder Reformhäusern erhältlich. Für diejenigen, die viel backen und auch selber mahlen, lohnt es sich wahrscheinlich, besonders Weizen und Roggen in größeren Mengen – und damit billiger – direkt beim Erzeuger zu kaufen. Sollten Sie in Ihrer Gegend keinen Bauern kennen, der naturgemäß anbaut, können Sie bei folgenden Stellen eine Adresse in Ihrer Nähe erfahren:

Fördergemeinschaft
organisch-biologischer Landbau e.V.
Barbarossa Str. 14
7336 Uhingen

oder

Demeter Bund e.V.
Fenchelstr. 14
7000 Stuttgart 75

Farbtafel 18:
Roggensauerteigbrot
(Rezept Seite 203)

Unabhängig davon, wie groß die Menge des Getreides ist, das Sie lagern wollen, sollten Sie auf folgende Dinge achten:
Getreide darf nicht in feuchten Räumen lagern, sonst kann es anfangen zu schimmeln oder das Mahlwerk Ihrer Mühle verkleben.

Auch frisch geerntetes Getreide ist noch nicht zum Mahlen geeignet, es hat einen zu hohen Feuchtigkeitsgehalt. Deshalb sollte es zunächst bei einer Temperatur von 18 bis 20°C noch mindestens 3 Wochen austrocknen, bevor es endgültig gelagert wird.

Ihr Getreide sollten Sie ausschließlich an einem luftigen, trockenen, nicht zu kalten Ort (Speisekammer, Schlafzimmer, Dachboden) lagern. Aufbewahrt wird es niemals in Plastiktüten oder Plastikbehältern, sondern in Jute- oder Leinensäckchen, großen Holzschubladen oder Holztruhen. In großen Holztruhen sollten Sie es des öfteren wenden, damit es gut durchlüftet wird und sich keine Schädlinge ansiedeln können.

## DAS MAHLEN VON GETREIDE

Wahrscheinlich können Sie nichts besseres für Ihre Gesundheit tun, als Ihr Getreide stets frisch vor seiner Verwendung zu mahlen. Während Kaffee- und Gewürzmühlen in vielen Haushalten bereits vorhanden sind, ist eine Getreidemühle noch immer etwas Besonderes.

Farbtafel 19:
Rosinenstuten (Rezept Seite 204) mit
Braunen Plätzchen (Rezept Seite 264)

Weil es die meisten Menschen gewohnt sind, stets die fast unbegrenzt haltbaren Auszugsmehle zu kaufen, wissen sie nicht, daß frisch gemahlenes Vollkornmehl ein empfindlicheres Produkt als zum Beispiel frische Milch ist. Bereits drei Stunden nach dem Mahlen beginnt das Vollkornmehl, sich zu zersetzen, verliert an Duft, Aroma und Gesundheitswert.

Wenn Sie Ihre Ernährung auf Vollwertkost umstellen möchten, werden Sie nicht nur Brote und Gebäck aus Vollkorn backen, sondern auch gekochte Getreidespeisen, Teigwaren und Frischkorn-Müslis zubereiten. Eine Getreidemühle ist Ihnen dabei ein unentbehrlicher, bald nicht mehr wegzudenkender Helfer. Allerdings sollten Sie sich beim Kauf nicht allein am Preis orientieren, der beträchtlich schwankt, sondern sollten unbedingt die Qualität und das Leistungsvermögen beachten.

Es gibt Handmühlen, Mühlen als Zusatzgeräte für Küchenmaschinen oder elektrische Kompaktgeräte. Sie haben ein Stahl-, Stein- oder Keramikmahlwerk. Das Stahlkegelmahlwerk besteht aus geschliffenem Metall – es zerschneidet die Getreidekörner. Das Steinmahlwerk besteht aus gewachsenem oder gegossenem Stein – die Getreidekörner werden zerrieben. Das Keramikmahlwerk schließlich besteht aus gebrannter Tonwerde (2000° C); es vereinigt die Vorteile von Stahl- und Steinmahlwerk und ist am teuersten.

Wenn Sie sich eine Mühle kaufen wollen, sollten Sie beachten, welche Getreidesorten sie mahlen kann, wie fein das Mehl ist und wieviel Mehl die Mühle bei Feineinstellung mahlt (Leistungsstärke). Um eine richtige Entscheidung zu treffen, lassen Sie sich möglichst viele Mühlen vorführen.

Ein sehr hilfreiches Buch ist das „Handbuch für Getreidemühlen". In ihm werden alle gängigen, auf dem Markt befindlichen Mühlen vorgestellt und getestet. Sie können es direkt bei der folgenden Adresse beziehen:

Verlag Natürlich und Gesund
Postfach 70 0118
7000 Stuttgart 70

# DIE TRIEBMITTEL

Wie gut Ihr fertiges Backwerk schmeckt, hängt nicht allein von den sorgfältig ausgewählten Zutaten, sondern auch von der Beschaffenheit des Teiges ab. Diese ist um so besser, je lockerer ihr Backwerk ist. Eine gute Teiglockerung können Sie auf zweierlei Weise – auf biologische und chemische – erreichen. Da wir uns neben der Verwendung naturbelassener Zutaten möglichst um eine „natürliche" Teiglockerung bemühen wollen, bevorzugen wir die biologische Weise. Dabei ist zu beachten, daß selbst das beste Triebmittel nicht ausreicht, wenn der Teig für das Gebäck nicht gut gerührt, geschlagen oder geknetet wurde.

Als biologische Triebmittel verwenden wir:

## DAS WASSER

Das Wasser wird in der Backhitze zu Wasserdampf und treibt den Teig etwas in die Höhe. Wasser als einziges Triebmittel findet beim Fladenbacken Verwendung.

## DIE HEFE

Die Hefe besteht aus speziell für das Backen gezüchteten Hefepilzen. Sie finden im Teig einen guten Nährboden vor, können sich vermehren und die im Getreide vorhandene Stärke in Zucker verwandeln. Durch zugefügte Wärme spalten die Hefepilze den produzierten Zucker in Alkohol und Kohlendioxyd auf. Diese beiden Gärstoffe sind es, die den Teig in die Höhe treiben. Hefe wird zum Brot- und zum Kuchenbacken verwendet.

## DER SAUERTEIG

Der Sauerteig besteht aus wilden Hefepilzen und Milchsäurebakterien, die insbesondere schwere Roggenteige in mehreren Stufen lockern.

Man verwendet ihn ausschließlich zum Brotbacken. Durch seine lange Gärzeit gibt er den Broten einen herzhaften, leicht säuerlichen Geschmack.

## DAS BACKFERMENT

Das Backferment ist ein trockenes Granulat, das auf biologischer Basis aus Honig und Getreide hergestellt wird. Es ähnelt dem Sauerteig, ist aber wesentlich einfacher in der Zubereitung und nicht so zeitaufwendig.

Man kann aus ihm sowohl sauerteigähnliche Brote als auch einfache Kuchen herstellen. Das Gebäck schmeckt gut und bleibt viel länger frisch als das mit Hefe hergestellte.

## DER HONIG

Der Honig enthält Nektarhefen, die in Verbindung mit warmem Wasser und bei ausreichender Wärme eine spontane Gärung in Gang setzen. Diesen Vorgang macht man sich beim Brotbacken von Honig-Salz-Broten zunutze, indem – ähnlich wie beim Sauerteig – dreimal eine spontane Gärung in Gang gesetzt wird.

## DIE MILCHSÄURE

Die Milchsäure ist nicht nur im Sauerteig, sondern auch in Sauermilch, Buttermilch, saurer Sahne, Joghurt und Quark enthalten. Sie hilft zusammen mit anderen Triebmitteln, den Teig zu lockern.

## DAS FETT

Das Fett kann ebenfalls für eine Teiglockerung sorgen und ihn in die Höhe treiben (Blätterteig).
Unter chemischen Mitteln verstehen wir:

## DAS BACKPULVER

Das Backpulver verwenden wir hauptsächlich zur Lockerung von schweren Rührteigen.
Es besteht aus Natron und einem Säureträger, der meist auf chemische Weise hergestellt wird. Nur beim Natura-Weinstein-Backpulver (erhältlich im Reformhaus) wird natürliche Weinsäure aus Holzweinfässern verwendet.

## HIRSCHHORNSALZ UND POTTASCHE

Hirschhornsalz und Pottasche wurden früher natürlich aus Hirschgeweihen und Pflanzenasche gewonnen. Heute sind sie chemischer Natur, werden aber noch wie früher hauptsächlich beim Backen von Honig- und Lebkuchen verwendet.
Pottasche ist ein weißes, geruchloses, meist körniges Salz, das grundsätzlich in Flüssigkeit gelöst werden muß, ehe es unter den Teig gemischt wird.
Hirschhornsalz zerfällt bei Temperaturen über 60°C in Wasser, Ammoniak und Kohlensäure.
Bei flachen Gebäcken entweicht das Ammoniak, und die Kohlensäure treibt den Teig in die Höhe.

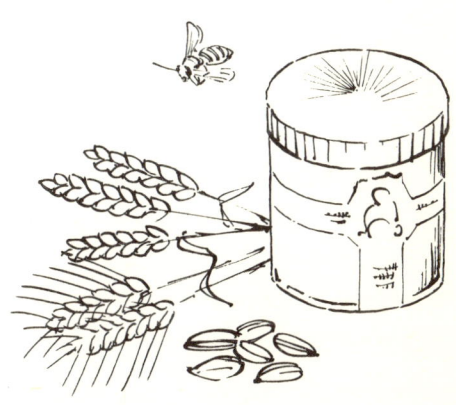

# GEEIGNETE FETTE

Die alte Streitfrage, ob man besser Margarine oder Butter zum Backen verwenden sollte, ist bis heute nicht gelöst. Früher war es unumstritten, daß frische Butter das beste natürliche Fett ist und Gebäcken einen guten Geschmack verleiht. Sie geriet erst im Laufe der Zeit in den Verdacht, Schuld am Auftreten von Arteriosklerose und Herzinfarkten zu sein. Heute gilt es aber als gesichert, daß sie nicht dafür verantwortlich gemacht werden kann und daß sie, da sie zu den naturbelassenen Fetten gehört, einer schlechten Pflanzenmargarine vorzuziehen ist.

Wenn Sie, nicht zuletzt auch wegen des hohen Butterpreises, beim Backen auf Margarine zurückgreifen, sollten Sie Reformmargarinen den handelsüblichen Margarinen vorziehen. Sie werden aus Ölen oder Fetten hergestellt, die keiner Raffinierung bedürfen. Ein Zusatz von Ölen mit hochungesättigten Fettsäuren erhöht ihren biologischen Wert. Außerdem sind sie frei von Fremdstoffen und gehärteten Fetten.

Natürlich können Sie auch naturbelassene, das heißt kaltgeschlagene, ungehärtete und nicht raffinierte Pflanzenöle zum Backen verwenden. Sonnenblumenöl eignet sich dabei wahrscheinlich am besten. Es ist reich an ungesättigten Fettsäuren (65 Prozent), und da es geschmacksneutral ist, kann man es sowohl für süßes als auch für salziges Gebäck verwenden.

# DAS SÜSSEN

Beim „biologischen Backen" bemühen wir uns immer, sehr sparsam zu süßen; wir verwenden ausschließlich Trockenfrüchte in ungeschwefelter Form, wie Rosinen, Aprikosen, Birnen, Datteln und Feigen sowie naturbelassenen, kalt geschleuderten Bienenhonig, der viele Mineralien, Spurenelemente und Vitamine enthält und den gesamten Stoffwechsel anregt.

Zucker verbannen wir völlig aus unserer Küche, denn industriell hergestellter Zucker (und zwar in jeder Form: weißer Haushaltszucker, brauner Zucker, Fruchtzucker, Milchzucker) ist gesundheitsschädlich.

Daß er den Zähnen schadet und Karies hervorruft, ist hinlänglich bekannt. Dies passiert allerdings auch, wenn wir die oben erwähnten natürlichen Süßungsmittel in konzentrierter Form und im Übermaß verwenden. Zucker aber schadet darüber hinaus auch vielen anderen Körperfunktionen.

Der Körper braucht, um Zucker abbauen zu können Vitamin $B_1$, Kalk und Mineralstoffe. Da diese in der „Normalkost" ohnehin nicht ausreichend vorhanden sind, kann es dazu führen, daß den Nervenzellen nicht genügend Vitamin $B_1$ zur Verfügung steht. Zusammen mit dem Weißmehlkonsum stört der Zuckerkonsum damit den ganzen Stoffwechselhaushalt des Körpers. Darüber hinaus zerstört er (insbesondere bei Kranken) die Verträglichkeit und Bekömmlichkeit anderer Nahrungsmittel und die Darmflora.

Außerdem nimmt der Zucker im Gegensatz zu anderen Nahrungsmitteln eine Sonderstellung ein, da er ein Genußmittel ist: Das Verlangen nach „Süßem" ist oft eine Ersatzbefriedigung und kann zu einer regel-

rechten Sucht werden. Sie ist meist ein Zeichen für einen Vitalstoffmangel. Wird die Ernährung auf Vollwertkost umgestellt, verschwindet dieses „natürliche" Verlangen nach Süßem, denn durch Vollkornprodukte und Frischkost wird der Körper ausreichend mit Vitalstoffen versorgt.

# WIE ENTSTEHEN WÜRZIGE BROTE UND PIKANTES BACKWERK?

## DAS SALZ

Getreide und Salz gehören seit alters her fest zusammen; nicht umsonst ist es ein alter Brauch, diese beiden Zutaten zusammen zu verschenken, wenn eine Familie gegründet oder ein neues Heim eingeweiht wird.

Das Salz gibt jedem Brot nicht nur Geschmack, sondern verbessert auch die Eigenschaften des Teiges. Ohne Salz würde ein Brotteig eher klebrig statt geschmeidig und sehr fest werden. Verwenden Sie aber trotz dieser Eigenschaften Salz nie im Übermaß, sondern so knapp wie möglich, denn heutzutage wird im allgemeinen in der gesamten Ernährung Salz überdosiert; als Folge davon treten Bluthochdruck, Nierenschäden und Rheuma auf. Würzen Sie Ihre Brote und Ihr Gebäck lieber mit den unten aufgeführten Zutaten, Sie erhalten durch sie eine große geschmackliche Variationsbreite.

## DIE GEWÜRZE

Die klassischen Brotgewürze sind Fenchel, Anis, Koriander und Kümmel. Sie werden im Ganzen oder gemahlen verwendet – nicht nur für Brote und Brötchen, sondern auch für pikantes Backwerk.

Das Aroma von echter Vanille verleiht Kuchen, Torten, Kleingebäck, Cremes oder Sahne einen besonderen Geschmack.

Ebensogern wird Zimt zum Kuchenbacken verwendet.

Für die Weihnachtsbäckerei gibt es eine Vielzahl von Gewürzen: neben Zimt und Vanille Ingwer, Nelken, Muskatblüte, weißer Pfeffer, Kardamom, Anis und Koriander.

## DIE KRÄUTER

Frische Kräuter und Zwiebeln können auch Ihre Brote, Ihre Brötchen und Ihr pikantes Backwerk mit köstlichen Aromastoffen versorgen und Ihnen helfen, viel Salz einzusparen.

Sie können sie ganz nach Geschmack verschwenderisch verwenden. Pikante Brote, Brötchen und Fladen schmecken am besten mit Butter bestrichen und helfen Ihnen, auf einen Brotbelag zu verzichten.

## NÜSSE UND ÖLFRÜCHTE

Nüsse und Ölfrüchte sind reich an Mineralstoffen, Spurenelementen und Vitaminen und enthalten vor allem lebensnotwendige essentielle Aminosäuren.

Mandeln, Haselnüsse, Walnüsse, Kokosnüsse und Pistazien spielen beim Backen von Kuchen eine große Rolle. So verschieden sie auch sind, drei Vorzüge haben sie gemeinsam: einen hohen Fettgehalt, ein ausgeprägtes Aroma und einen dekorativen Wert. Alle Nüsse müssen vor der Verwendung geschält werden.

Haselnüsse sollten leicht geröstet sein (auf einem trockenen Backblech oder in der Pfanne), weil das ihren Geschmack erhöht. Wie Walnüsse werden sie gemahlen oder gehackt unter den Teig oder die Füllung gemischt. Ganze Haselnüsse oder halbierte Walnüsse nimmt man zum Garnieren ebensogern wie Pistazien. Kokosnüsse sind zum Backen nur in Form von Kokosraspeln geeignet. Mandeln werden meist schon in den Erzeugerländern von ihrer harten Schale befreit. Der Mandelkern selbst ist aber noch von einer ganz dünnen braunen Schale umgeben. Oft werden die Kerne schon geschält, halbiert, gehobelt, gestiftelt oder gehackt im Handel angeboten. Frischer und intensiver im Geschmack sind sie aber ungeschält.

Mit gemahlenen Mandeln verfeinert man Teige und stellt Marzipan her, gehackte Mandeln gibt man in Napfkuchen, Stollen und Kleingebäck, gehobelte und ganze Mandeln verwendet man als Garnierung oder als Belag.

Erdnüsse, Sesam, Leinsamen, Sonnenblumenkerne und Mohn gehören zu den Ölfrüchten. Aus ihnen werden hochwertige naturbelassene Pflanzenöle, die reich an ungesättigten Fettsäuren sind, hergestellt.

Darüber hinaus sind sie eine wichtige Geschmackszutat beim Backen von Broten, Brötchen und Fladen. Sie können entweder unter den Teig gemischt oder auf die Teigoberfläche gestreut werden.

## MILCHPRODUKTE

Während man beim Kuchenbacken als Flüssigkeit in der Regel Milch verwendet, kann das Wasser in den Teigen von Broten, Brötchen, Fladen oder pikantem Backwerk sowohl durch Milch als auch durch Molke oder Sauermilchprodukte, wie Buttermilch, Sauermilch, saure Sahne, Kefir, Joghurt oder Quark, ersetzt werden. Immer erhalten Sie durch den unterschiedlichen Geschmack ein neues Endprodukt. Probieren Sie selbst aus, welche Geschmacksvariante Ihnen am meisten zusagt.

Zum Schluß sollte noch der Käse erwähnt werden, der in geriebener Form Brote oder pikantes Backwerk würzt.

# BROTE, BRÖTCHEN UND FLADEN

## ÜBER DAS BROTBACKEN

Jahrtausendelang war der Brei aus grob zerriebenen oder gestampften Getreidekörnern das Hauptnahrungsmittel der Menschen. Auch das erste Backwerk entstand aus diesem Brei: Man ließ ihn auf erhitzten Steinen in der Sonne trocknen oder röstete ihn in heißer Asche. Das Ergebnis waren Fladen. Sie waren weich, solange sie noch warm waren, steinhart, dafür aber lagerfähig, sobald sie kalt wurden. Noch heute werden Fladen – diesen „Urfladen" sehr ähnlich – in abgelegenen Teilen Skandinaviens, der Alpen und im gesamten asiatischen Raum gebacken.

Das erste Brot wurde durch Zufall gebacken. Es wird erzählt, daß vor 5000 Jahren in Ägypten das Prinzip des Sauerteiges entdeckt wurde: Eine Bäckerin hatte alte gärende Teigreste vom Fladenbacken mit frischem Mehl vermischt und damit ein lockeres, würziges Brot erhalten.

Die Kunde über dieses „neue Brotrezept" verbreitete sich über Griechenland und Italien bis in unsere Breiten. Dabei hatten diese ersten Brote bei weitem nicht den Umfang der heutigen, sondern waren flach, rund oder länglich geformt und nicht viel größer als unsere heutigen Brötchen.

Noch bis vor 50 Jahren war es bei uns auf dem Lande üblich, auf folgende Art und Weise Brot zu backen: Vom gesäuerten Brotteig nahm man ein Stückchen ab und bewahrte es als Sauerteigansatz in einem Steintopf für das nächste Brotbacken auf. Manches Mal ging auch etwas schief, der Sauerteig ging frühzeitig auf, wurde essigsauer und war damit nicht mehr verwendbar; die Nachbarin mußte dann mit ihrem Teigansatz aushelfen. So ist es nicht verwunderlich, daß man sich bemühte, die Hefepilze, die in jedem Sauerteig wild wuchern, für das Backen (übrigens auch für die Bier-, Wein- und Alkoholherstellung) zu kultivieren. Die Bäckerei- oder Preßhefe, die speziell für das Backen gezüchtet wurde, verdrängte den Sauerteig von seinem angestammten Platz. Sie war einfacher und schneller in der Handhabung und reichte als Lockerung für die meistens nur noch aus Auszugsmehlen hergestellten Brote und Brötchen vollkommen aus.

Aber selbst die unkompliziertere Hefe – die Pilze wiesen als einfache Lebewesen immerhin noch bestimmte „Bedürfnisse" auf – war für viele in der Verarbeitung zu langsam und zu risikoreich. Konnte doch beim Backen manches schiefgehen; zum Beispiel, wenn kalte Zutaten verwendet wurden.

Als weitere Vereinfachung wurde daher Ende des vorigen Jahrhunderts das Backpulver als chemisches Teiglockerungsmittel und schließlich in jüngster Zeit die vielen Backfertigmischungen erfunden.

Beim Kuchenbacken, insbesondere für schwere Rührteige, ist es sicher nötig und nützlich, beim Brot- und Brötchenbacken jedoch nicht unbedingt.

Wir wollen uns bemühen, neben den naturbelassenen Zutaten auch eine natürliche Lockerung des Teiges zu erreichen. Dies geschieht einmal durch das Wasser, das wir beim Fladenbacken verwenden. Das Wasser wird durch die Backhitze zu Wasserdampf und treibt den Teig etwas in die Höhe.

Zum anderen helfen uns die Hefepilze, die besonders unsere Vollkornteige aus Weizen lockern, und der Sauerteig (bzw. das Backferment), der alle schweren Teige, insbesondere die Roggenteige, in mehreren Stufen zur Gärung bringt.

Im folgenden Abschnitt möchte ich Ihnen anhand von Grundrezepten die einzelnen Teigarten mit ihren verschiedenen Triebmitteln vorstellen, Besonderheiten aufzeigen und praktische Hinweise für ihre Zubereitung geben.

Im anschließenden Rezeptteil soll Ihnen dann ein Einblick in die vielfältigen Möglichkeiten gegeben werden, Vollkornbrote, -brötchen und -fladen zu backen. Die Rezepte habe ich zum Teil neu entwickelt oder nach überlieferten Rezepten auf Vollkornbasis umgewandelt und oft ausprobiert und gebacken. Sie sollen Sie zum Nachbacken, aber auch zum Experimentieren einladen.

## HILFSMITTEL ZUM BROTBACKEN

Daß Brotbacken sehr viel Spaß macht und fast zu einer Leidenschaft werden kann, möchte ich Ihnen gleich am Anfang versichern. Brotbacken ist nämlich ein Hobby, das nur geringe Mittel erfordert, bei dem Sie Ihrer Phantasie freien Lauf lassen können und das außerdem noch Ihrer Gesundheit zugute kommt. Es macht kaum mehr Arbeit als das Backen eines Kuchens, und fast alle Hilfsmittel, die Sie dafür brauchen, finden Sie in Ihrer Küche bereits vor:
- eine große Backschüssel
  (zum Beispiel aus Keramik),
- ein hölzerner Rührlöffel,
- eine Küchenwaage oder einen genauen Meßbecher, denn gerade am Anfang sollten Sie sich noch an genaue Mengenangaben halten,
- ein Backbrett (ein sauberer Tisch reicht auch),
- ein Backpinsel.

Sie können sicher sein, daß Ihnen Ihr Brot immer gelingen wird, wenn Sie sich ein bißchen Zeit und Ruhe für die Herstellung nehmen – es macht nicht besonders viel Arbeit, beschäftigt Sie aber über einen längeren Zeitraum hin und wieder einige Minuten –, Ihre Küche nicht zu kalt und zugig ist und Sie keine kalten Zutaten verwenden. Wenn Sie einmal angefangen haben zu backen, sollten Sie den Mut aufbringen, die angegebenen Rezepte durch neue Zutaten und andere Mengenverhältnisse zu verändern.

## VOM GETREIDE ZUM BROT

Solange Sie noch nicht sicher sind, ob Sie in puncto Brotbacken zum Selbstversorger werden möchten, empfehle ich Ihnen, den Dienst der Reformhäuser und Grünen Läden in Anspruch zu nehmen und sich dort das Getreide möglichst kurz vor dem Backen mahlen zu lassen. Getreidemühlen sind teuer in der Anschaffung und lohnen sich nur bei regelmäßigem Gebrauch (siehe auch Das Mahlen von Getreide Seite 161). Sie haben aber den großen Vorteil, daß Sie stets frisch gemahlenes Vollkornmehl zur Verfügung haben. Dies ist nicht allein für das Brotbacken, sondern auch für die Umstellung der Ernährung auf Vollwertkost sehr wichtig.

### 1. SCHRITT: DAS ANSETZEN DES TEIGES

Ausgangspunkt für Ihr Brot, Ihre Brötchen oder Ihre Fladen ist immer das frisch gemahlene Vollkornmehl, das Sie in eine möglichst große Schüssel geben. Diese Schüssel stellen Sie am besten auf ein nasses Tuch,

damit sie Ihnen beim späteren Kneten nicht wegrutschen kann.

Des weiteren benötigen Sie Wasser, Salz und – wenn Sie Brote und Brötchen backen – ein Teiglockerungs- oder -triebmittel. Dabei sind nicht alle Triebmittel für alle Getreidesorten gleichermaßen gut geeignet (siehe auch Triebmittel Seite 162 f.). Hefe bringt den Teig schnell (in etwa 1 Stunde), Sauerteig langsam (in etwa 12 Stunden) zur Lockerung.

In jedem Fall sollte das Triebmittel in frischem Wasser aufgelöst werden, bevor es zum Getreide gegeben wird.

Die ideale Temperatur des Wassers beträgt bei der Verwendung von Hefe etwa 20° C, bei der Verwendung von Sauerteig oder Backferment 25° bis 30° C.

Vollkornmehl, Wasser und Salz werden dann entweder mit einem Holzlöffel oder mit den Händen miteinander vermischt. Halten Sie sich genau an die Mengenangaben, bis Sie ein Gefühl für die richtige Konsistenz des Teiges entwickelt haben. Diese ist bei jeder Teigart und jedem Getreide ein wenig unterschiedlich. Der Teig darf weder zu fest noch zu flüssig sein, sondern sollte eine elastische Konsistenz haben und nicht an den Händen oder an der Schüssel kleben. Anzumerken ist noch, daß die Flüssigkeitszugabe ganz von der Güte des gemahlenen Getreides abhängt und deshalb nur eine ungefähre Mengenangabe gemacht werden kann. Gut ausgereifter Weizen zum Beispiel kann mehr Flüssigkeit aufnehmen als feuchter aus schlechter Ernte, dessen Kleberqualität geringer ist.

Es ist zu beachten, daß Teige aus Vollkornmehl zunächst ruhig noch etwas weicher und feuchter sein dürfen, weil die Randschichten des Getreides längere Zeit zum Aufquellen benötigen. Der Teig wird deshalb beim Gehen und Kneten noch fester.

---

## 2. SCHRITT: DAS KNETEN

Das Kneten ist das Wichtigste beim Brotbacken. Sie sollten sich für diesen Vorgang unbedingt genügend Zeit nehmen, denn beim Kneten entscheidet sich, ob Sie ein lockeres Brot erhalten oder nicht.

Einen Teil des Teiges mit den Fingerspitzen herausziehen.

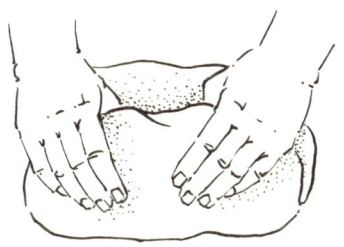

Diesen Teil umschlagen.

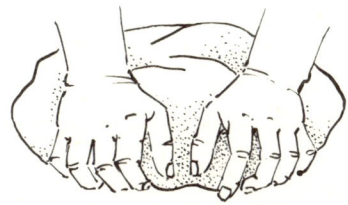

Mit den Handballen wieder in die Teigmitte drücken.

169

Nicht umsonst wird gesagt, daß beim Brotbacken die Seele der Bäckerin oder des Bäckers in den Fingerspitzen und im Handballen liegen sollte. Das Kneten ist eine jahrhundertealte Kunst, den Teig zu bearbeiten, die man nicht theoretisch erlernen, sondern immer wieder von Neuem entdecken und erfahren muß.

Nachdem Sie alle Zutaten gut miteinander vermengt haben, beginnt der eigentliche Knetvorgang: Ein Teil des Teiges wird mit den Fingerspitzen herangezogen, umgeschlagen und mit dem Handballen wieder in die Teigmitte gedrückt.

Diese Bewegung wird etwa 10 Minuten lang immer wiederholt, die Schüssel dabei im Kreis gedreht, so daß der ganze Teig auf diese Weise bearbeitet wird.

Danach sollte er weich und geschmeidig sein und sich von der Schüssel lösen. Das Kneten geht erheblich einfacher, wenn die Teigmenge nicht zu groß ist. Halbieren Sie deshalb bei großen Broten den Teig, und kneten Sie ihn nacheinander.

### 3. SCHRITT: DAS GEHEN DES UNGEFORMTEN TEIGES

Nach dem intensiven Kneten wird der Teig zu einer Kugel geformt, in die Schüssel zurückgelegt, mit einem Küchentuch bedeckt und an einem warmen Ort zum Gehen stehengelassen.

Sie können ihn dabei entweder in die Nähe einer Heizung oder eines Ofens stellen, oder Sie erwärmen Ihren Backofen auf 50°C, schalten ihn aus, stellen die Teigschüssel hinein, lassen aber die Backofentür geöffnet.

Die Gehzeit richtet sich nach dem Teiglockerungsmittel. Hefebrote brauchen etwa 1 Stunde, Sauerteigbrote 12 plus 2 Stunden zum Aufgehen.

### 4. SCHRITT: DAS KNETEN UND FORMEN DES TEIGES

Der gut aufgegangene oder gelockerte Teig wird mit den Handflächen etwas zusammengeschlagen, so daß die Gase, die ihn aufgetrieben haben, entweichen können.

Danach kneten Sie ihn kurz (drei- bis fünfmal wie oben beschrieben) mit beiden Händen auf einer bemehlten Fläche durch, bis der Teig wieder glatt und geschmeidig ist.

Jetzt beginnt das Formen der Teige. Dabei müssen Sie sich zunächst entscheiden, ob Sie Ihre Brote in einer Backform oder auf dem Backblech backen wollen.

Aus Teigen, die nicht zu weich sind, können Sie Brote und Brötchen „frei" formen. Hefeteige eignen sich besonders gut dazu. Sie können Stränge formen, sie flechten, zu Kränzen oder Kreuzen legen, miteinander verknoten oder schneckenförmig aufrollen – Ihrer Phantasie sind dabei keine Grenzen gesetzt.

Verschiedene Brotformen

Aber auch einfache runde oder längliche Laibe haben ihren Reiz.

Anschließend werden die frei geformten Brote auf ein gefettetes Backblech gegeben.

Runde oder längliche Laibe können Sie auch, wie es früher üblich war, zum Gehen (siehe 5. Schritt) in geflochtene Weidenkörbe legen.

Geflochtene Brotkörbe auf einem „Rehm", einem Aufbewahrungsgestell

Sie werden dann nach dem Gehen auf das Backblech gestürzt und erhalten durch den Korb die typische schneckenförmige Linienstruktur.

Genausogut können Sie Ihre Brote, besonders wenn der Teig etwas weicher und klebriger geraten ist, in Backformen backen. In Ihrem Haushalt sind sicherlich eine Vielzahl solcher Formen vorhanden, so daß es nicht unbedingt nötig ist, spezielle Brotbackformen aus Keramik zu kaufen.

Als Formen eignen sich Kasten- und Springformen in verschiedenen Größen, Jenaer-Glas-Formen, Römertöpfe, flache Eisentöpfe und sogar ungebrauchte Blumentöpfe. Sie werden eingefettet, der weiche Teig wird hineingefüllt und glattgestrichen.

Unabhängig davon, ob Sie Backformen verwenden oder die Brote frei formen, gehört zu diesem Arbeitsschritt das Einschneiden der Oberfläche.

Verwenden Sie hierzu ein scharfes, spitzes Messer. Sie können die Brote einfach diagonal einschneiden, sie – wie früher üblich – mit Kreuzen versehen oder beliebige Muster erfinden. Auch flache Brote oder Brötchen sollten wenigstens mit einer Gabel oder einem Holzstäbchen mehrmals eingestochen werden.

Hier verschiedene Einschneidmöglichkeiten; flache Brote werden mit einer Gabel eingestochen.

Um später eine glänzende, goldgelbe Oberfläche zu erhalten, können Sie Ihre Brote mit verquirltem Eigelb oder mit Milch bestreichen. Wenn Sie eine glatte Oberfläche wünschen, streichen Sie die Brote mit Wasser ab.

## 5. SCHRITT: DAS GEHEN DER GEFORMTEN BROTE

Nach diesem Arbeitsgang – Formen, Einschneiden und Bestreichen – bedecken Sie die Brote mit einem Küchentuch und lassen sie noch einmal an einem warmen Ort gehen. Dieser Vorgang dauert je nach Teigart und Größe 20 bis 45 Minuten.

Hier verschiedene Einschneidmöglichkeiten; flache Brote werden mit einer Gabel eingestochen.

## 6. SCHRITT: DAS BACKEN

### Holzbacköfen
Früher war das Backen ein großes Ereignis. Es wurde lange vorgeplant, da es ja nicht möglich war, einfach einen Backofen anzuschalten und ein Brot hineinzuschieben.

Gebacken wurde in großen Holzbacköfen, die sich von den modernen Gas- und Elektrobacköfen dadurch unterscheiden, daß die Backhitze nicht von außen herangeführt, sondern im Backofen selbst erzeugt wird. Jeder größere Hof, zumindest aber jedes Dorf, besaß das eigene Backhäuschen. Heute besinnt man sich übrigens wieder auf diese alte Tradition des gemeinsamen Backens, und manch ein Backhäuschen wird wieder in Betrieb genommen.

In unserer Gegend wurden für das Backen sogenannte „Büschele" gefertigt, das waren kleine Äste und Ruten, die beim Obstbaumschnitt oder als Abfallholz im Wald übriggeblieben waren. Sie mußten lange abgelagert werden, damit sie auch gut brannten.

Während in der Küche der einzelnen Häuser eifrig der Teig für einen großen Brotvorrat geknetet wurde, war das Feuer im Backhaus schon lange angezündet worden. Denn erst wenn das Holz völlig abgebrannt war und der Ofen damit die richtige Temperatur besaß, wurde die noch vorhandene Glut ausgeräumt und der Backraum sorgfältig ausgekehrt. Die gegangenen Brote wurden mit einer Backschaufel eingeschoben.

Der Backtag wurde dadurch zum richtigen Fest, daß ganz zum Schluß, wenn der Backofen noch warm war, Obst- oder Zwiebelkuchen gebacken wurden. Der Geschmack von Holzofenbrot ist wirklich unvergleichlich: Ich selbst backe meine Brote und Kuchen, wenn irgend möglich, in einem Kachelgrundofen mit Tonziegelplatten. In ihm ist ein Steinbackrohr eingebaut, in dem ich, wie in den großen Holzbacköfen, bei fallender Hitze backen kann.

Farbtafel 20:
Kräuterkranzbrot
(Rezept Seite 199)

## Elektrobacköfen

Im Sommer greife ich allerdings auch auf meinen Elektrobackofen zurück, mit dem man ebenfalls sehr gute Backergebnisse erzielt. Alle meine Temperaturangaben beziehen sich deshalb auch auf einen Elektrobackofen mit konventioneller Beheizung, das heißt, daß der Backofen durch Oberhitze und Unterhitze beheizt wird. Die Temperaturen bei Heißluftherden liegen in der Regel um 30° C niedriger; richten Sie sich im Zweifelsfall nach der Gebrauchsanleitung Ihres Backofens.

## Gasbacköfen

Bei Gasbacköfen wird die Temperatur stufenweise über einen Thermostat geregelt. Die Thermostatstufen lassen sich mit den Temperaturstufen der Elektrobacköfen vergleichen.

| | |
|---|---|
| Thermostatstufe 1 | 150–160°C |
| Thermostatstufe 2 | 175–180°C |
| Thermostatstufe 3 | 200°C |
| Thermostatstufe 4 | 220°C |
| Thermostatstufe 5 | 240°C |
| Thermostatstufe 6 | 250°C |
| Thermostatstufe 7–8 | etwa 280°C |

## Vorheizen oder nicht?

Wenn Sie den Backvorgang eines Holzbackofens nachahmen wollen, müssen Sie Ihren Backofen auf 250°C vorheizen, die gegangenen Brote bzw. das

Farbtafel 21:
Dinkelbrötchen (Rezept Seite 208),
Joghurthörnchen (Rezept Seite 210)
und Brezeln (Rezept Seite 210)

Gebäck einschieben und die Temperatur nach etwa 20 Minuten auf 220° bis 200° C senken.

Eine Versuchsserie der Elektroindustrie hat jedoch ergeben, daß bis zu 18 Prozent Strom gespart werden können, wenn auf das Vorheizen verzichtet wird. Außerdem, meine ich, sind auch geschmacklich kaum Unterschiede festzustellen.

Ich schiebe meine Brote und Brötchen (bis auf wenige Ausnahmen) in den kalten Backofen und erhalte damit gute Backergebnisse.

Lediglich bei Gebäck, das leicht zusammenfällt (Biskuitteig) oder das die Hitze braucht, um in die Höhe zu treiben (Brandteig und Blätterteig), heize ich wie gewohnt vor.

Beachten Sie, daß Ihre Brote, wenn Sie sie in den kalten Backofen schieben, während des Aufheizens noch gehen. Lassen Sie sie also nicht zu lange außerhalb des Backofens gehen, da sie sonst zusammenfallen könnten. Erst bei 50°C sterben Hefepilze ab und das Brot behält seine endgültige Form.

## Backzeiten

Die angegebenen Backzeiten können nur ein ungefähres Maß sein, da jeder Backofen ein wenig anders bäckt.

Als Faustregel können Sie von folgenden Zeiten ausgehen: 1-kg-Brote brauchen etwa 1 Stunde, Brötchen die halbe Zeit, schwere Brote etwas länger.

Notieren Sie sich deshalb die Backzeiten Ihres Backofens. Um Energie zu sparen, sollten Sie normalerweise nicht ein Brot alleine backen. Zwei Brote passen eigentlich immer auf ein Blech, im günstigsten Fall sogar drei bis vier. Außerdem können Sie Elektroback-

öfen während der letzten 10 Minuten ausschalten, die Hitze bleibt noch lang genug erhalten.

<u>Das Ende der Backzeit</u>
Ihr Brot ist fertig, wenn es eine schöne braune Kruste hat und hohl klingt, wenn Sie mit dem Finger auf die Seite des Laibes klopfen.

Die Hölzchenprobe des Kuchenbackens nützt beim Brotbacken nichts, weil das Brot im Innern immer feucht ist und deshalb stets etwas am Hölzchen haften bleiben würde.

Manche Leute machen auch eine Wiegeprobe: Sie notieren das Gewicht des Brotes vor dem Backen und wiegen es nach dem Backen. Wenn es ausgebacken ist, hat es etwa 12 Prozent seines Teiggewichtes verloren.

Sie sollten das Brot sofort aus der Form oder vom Blech nehmen und auf einem Kuchengitter auskühlen lassen. Ein Handtuch, das Sie über das Brot breiten, verhindert, daß ihm zu schnell alle Feuchtigkeit entzogen wird.

Hefebrote sollten in der Regel vor dem Anschnitt etwa 3 bis 4 Stunden, Sauerteigbrote 1 Tag liegen bleiben. Brötchen und Fladen dürfen frisch und knusprig serviert werden.

---

### 7. SCHRITT: DAS AUFBEWAHREN DER BROTE

Vollkornbrote werden nicht so schnell trocken und altbacken wie Brote aus Auszugsmehlen. Hefebrote bleiben etwa 4 bis 5 Tage, Sauerteigbrote unter günstigen Lagerbedingungen bis zu 14 Tage frisch. Wenn Sie das Brot kühl und trocken aufbewahren, schimmelt es auch nicht. Ein geeigneter Aufbewahrungsort wäre zum Beispiel ein Holzbrotkasten, ein Steingut- oder ein Römertopf.

Um eine gute Luftzufuhr zu gewährleisten, sollten Sie den Holzbrotkasten mit einem herausnehmbaren Holzrost versehen und Steinguttöpfe mit einem Tuch abdecken. Die im Handel befindlichen Brotaufbewahrungsgefäße aus Ton sind mit Luftlöchern versehen, in ihnen bleibt das Brot sehr lange frisch. Bewahren Sie Ihr Brot niemals im Kühlschrank (hier trocknet es schnell aus) und nie in Plastiktüten auf (hier erhält das Brot keine Luft und fängt an zu schimmeln).

Selbstverständlich können Sie Ihre selbstgebackenen Brote auch einfrieren. Hefebrote und Brötchen frieren Sie am besten ganz frisch, Sauerteigbrote nach 1 Tag ein.

## BACKEN OHNE TRIEBMITTEL

Wie schon erwähnt, ist das Backen eines Getreidebreis die älteste Form, ein Gebäck herzustellen.

Auch heute noch wird in vielen Ländern, insbesondere im asiatischen Raum, auf diese Weise das „tägliche Brot" gebacken. Grundzutaten dieser Fladen sind die jeweiligen einheimischen Getreidesorten, zum Beispiel aus Mais die südamerikanischen Tortillas, aus Weizen die indischen Chapatis oder sardischen Fladen, aus Hafer die schottischen Bannocks oder aus Weizen, Roggen, Hafer oder Gerste das norwegische Flattbröd oder das skandinavische Knäckebrot. Heutzutage werden diese Fladen auf einem Rost oder in einer Eisenpfanne gebraten oder im Ofen gebacken.

# Brötchenartige Fladen Beispiel: Sechskorn-Fladenbrötchen

## ZUTATEN

50 g Weizen
50 g Roggen
50 g Hafer
50 g Hirse
50 g Gerste
50 g Buchweizen
1½ TL gemahlener Kümmel
1 TL Fenchel
1 TL Koriander
1 TL Salz
300 g lauwarmes Wasser

## ZUBEREITUNG

Das Getreide mahlen und mit den Gewürzen vermischen. Das Wasser dazufügen und alles zu einem mittelfesten Brei verrühren. Zugedeckt etwa 2 Stunden quellen lassen.
Ein Backblech einfetten und mit Hilfe eines Eßlöffels etwa 16 flache Häufchen daraufsetzen.

## BACKEN

Das Blech auf die mittlere Leiste in den kalten Backofen schieben und bei 220°C etwa 30 Minuten backen.

## VARIATIONEN

Sie können auch nur eine Getreideart verwenden oder die einzelnen Getreidesorten in unterschiedlichen Mengenverhältnissen mischen. Es ist möglich, die Fladen mit Sonnenblumenkernen, Nüssen, Sesam, Mohn oder Kümmel zu bestreuen oder Zwiebelstückchen, Kräuter oder Käse unter den Teig zu mischen.
Probieren Sie doch einmal die folgenden Rezepte aus:
Haferfladen, Indische Kräuterfladen, Norwegisches Flattbröd, Sardische Fladen, Sesamknäckebrot, Sonnenfladen.

## PRAKTISCHE TIPS FÜR DAS BACKEN OHNE TRIEBMITTEL

- Es gibt zwei Möglichkeiten, Fladen ohne Triebmittel zu backen:
  - Sie erhalten knusprige, knäckebrotartige Fladen, wenn Sie den Teig sehr dünn auf einem Blech ausstreichen oder ausrollen.
  - Sie erhalten dickere, brötchenartige Fladen, die außen knusprig und innen weich sind, wenn Sie mit Hilfe eines Eßlöffels flache Teighäufchen auf ein Backblech setzen. In diesem Fall darf der Teig dann nicht zu fest sein.
- Sie erhalten ein besseres Backergebnis, wenn Sie den Teig 1 bis 2 Stunden vor dem Backen zubereiten und ausquellen lassen.
- Fladen schmecken am besten frisch und noch warm. Übriggebliebene Fladen können eingefroren und vor dem Verzehr mit Wasser bestrichen und aufgebacken werden.
- Knäckebrotartige Fladen bleiben in einer Blechdose lange frisch.

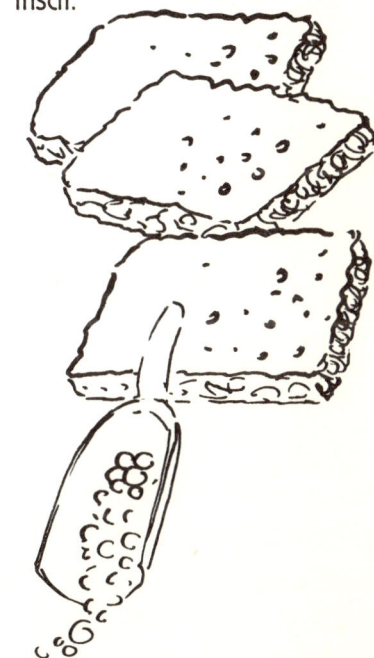

# DER HEFETEIG

Wenn Sie noch nie ein Brot gebacken haben, sollten Sie damit beginnen, Weizenvollkornbrot oder -brötchen mit Hefe zu backen. Hier lernen Sie am schnellsten und einfachsten, ein richtiges Gefühl für die Konsistenz des Teiges zu entwickeln und können gut eigene Erfahrungen sammeln.

Dazu müssen Sie wissen, auf welche Weise Hefe einen Teig lockert, damit Sie den „Bedürfnissen" der Hefe gerecht werden können und bei Ihrem Brotbacken nichts schiefgehen kann.

Hefe, besser gesagt Hefepilze, kommen wie Bakterien überall in der Natur vor, im Wasser, in der Luft und in Nahrungsmitteln. Für das Backen werden diese wilden Hefepilze kultiviert und als sogenannte Bäckerei-oder Preßhefe zu einer gelbbraunen Masse zusammengepreßt, die Sie fertig verpackt in Würfeln kaufen können. Um einen lockeren Teig zu erhalten, müssen Sie sich die Eigenschaften der Hefepilze zunutze machen und ihnen eine günstige Umwelt mit Feuchtigkeit, Luft, Nahrung und Wärme bieten.

Diese Dinge finden die Hefepilze im Teig vor:

Die Feuchtigkeit erhalten sie durch das Wasser oder andere Flüssigkeiten, die Luft dadurch, daß der Teig kräftig geknetet wird. Nahrung besorgen sie sich selbst. Mit Hilfe von Enzymen wandeln sie die im Getreide vorkommende Stärke in Zucker um. Die zugeführte Wärme setzt den für unsere Zwecke so wichtigen Gärprozeß, das Gehen, erst in Gang. Sobald der Teig warm wird, stellen die Hefepilze die oben beschriebene Zuckerproduktion ein und spalten den vorhandenen Zucker in die Gärstoffe Alkohol und Kohlen-

dioxyd. Diese beiden gasförmigen Stoffe lockern dann den Teig und treiben ihn in die Höhe.

Drei Dinge sind für die Hefepilze schädlich: zuviel Wärme, zuviel Fett und Salz.

Am besten gedeiht die Hefe bei Temperaturen von etwa 25°C, zum Gären braucht sie 35° bis 40°C und bei 55°C sterben die Hefepilze ab. Niedrige Temperaturen schaden ihnen nicht, sie entwickeln sich dann nur wesentlich langsamer.

Reines Fett umschließt die Hefezellen und hindert sie an ihrer „Arbeit"; ebenso hemmt Salz den Gärprozeß.

Vermischen Sie deshalb Salz und Fett immer zunächst mit dem Vollkornmehl, oder geben Sie die beiden Zutaten ganz zum Schluß an Ihren Teig.

Bis zu 50 Prozent des Weizenanteils in einem Brot können Sie durch ein anderes Getreide oder eine Getreidemischung ersetzen. Wenn der Weizenanteil in Ihren Broten weniger als die Hälfte betragen soll, oder wenn Sie Brote aus anderen Getreidesorten backen möchten, empfiehlt es sich, auf ein anderes Triebmittel, nämlich auf Sauerteig oder Backferment, zurückzugreifen.

# Hefebrot
# Beispiel:
# Weizenvollkornbrot
# (-vollkornbrötchen)

## ZUTATEN

750 g Weizen
etwa 350 bis 450 g lauwarmes
Wasser
40 g Hefe
1 TL Salz
½ TL Fenchel
½ TL Anis
1 TL Koriander
Zum Bestreichen:
2 EL Milch

## ZUBEREITUNG

Den Weizen fein mahlen und mit dem Salz und den übrigen Gewürzen mischen.

Die Hefe in dem lauwarmen Wasser auflösen und zum Getreide gießen.

Zunächst das Getreide langsam mit dem Hefewasser verrühren, dann etwa 5 bis 10 Minuten zu einem glatten Teig kneten, der nicht mehr kleben sollte.

Den Teig zu einer Kugel formen, in eine Schüssel geben und mit einem Tuch bedeckt an einem warmen Ort gehen lassen, bis sich sein Volumen nahezu verdoppelt hat. Danach den Teig noch einmal kräftig durchkneten. Einen länglichen oder runden Laib formen, auf ein gefettetes Backblech geben, mit einem Messer beliebig einritzen und mit der lauwarmen Milch bestreichen. Noch einmal etwa 20 Minuten gehen lassen.

## BACKEN

Das Brot auf die unterste Leiste in den kalten Backofen schieben und zunächst 20 Minuten bei 250°C, danach noch etwa 30 Minuten bei 200°C backen.

Gleich zu Beginn der Backzeit eine feuerfeste Schale mit heißem Wasser auf das Backblech stellen; dadurch geht das Brot besser auf und bekommt eine schönere Kruste.

Das Brot vor dem Anschneiden etwa 3 Stunden auf einem Kuchengitter auskühlen lassen.

## PRAKTISCHE TIPS FÜR DAS BROTBACKEN MIT HEFETEIG

● Verwenden Sie stets nur frische Hefe. Sie sollte trocken und fest, ihr Geschmack fein säuerlich sein (frische Hefe können Sie übrigens auch einfrieren).

● Ein reines Hefebrot ohne jeden Zusatz kann leicht etwas trocken und einseitig schmecken. Dies können Sie durch folgende Dinge abändern:
  – Ersetzen Sie zum Beispiel das Wasser durch Milch oder ein Sauermilchprodukt.
  – Verfeinern Sie den Teig durch etwas Fett und Eier. Außerdem können Sie dem Teig Gewürze, Kräuter, Nüsse oder Früchte zufügen. Auf diese Weise erhalten Sie immer wieder ein geschmacklich anderes Brot.
  Außerdem haben Sie noch die Möglichkeit, Ihr Hefebrot mit Hilfe eines Vorteiges geschmacklich zu verändern (siehe Hefesauerteigbrote auf Seite 183 f. und Hefebrote mit Honig-Salz-Vorteig auf Seite 192 ff).

Probieren Sie doch einmal die folgenden Rezepte aus:

Apfelfladen, Brötchen in allen Variationen, Gebildbrote, Kräuterkranzbrot, Landbrot, Quarkstollen, Rosinenstuten, Schwedische Ringfladen.

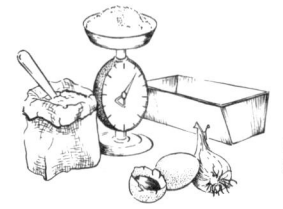

# DER SAUERTEIG

Wenn Sie ein dunkles, herzhaftes Roggen- oder Roggenmischbrot backen möchten, reichen Ihnen die Hefepilze für die Teiglockerung nicht aus. Sie benötigen zusätzliche Helfer, die Milchsäurebakterien, denen es gelingt, den schweren Teig zu lockern, weil sie das Roggeneiweiß aufschließen können.

In einem Sauerteig, der als das älteste Triebmittel der Welt gilt, sind beide, nämlich wilde Hefepilze und Milchsäurebakterien, vorhanden. Das Backen mit Sauerteig beruht auf einem einfachen Prinzip: Bei jeder Brotzubereitung wird ein Stückchen Teig übriggelassen. Man bewahrt diesen Teigrest fest verschlossen in einem Schraubglas im Kühlschrank auf; so ist er gut 1 Woche haltbar. Der Teigrest wird beim Backen unter den neu angesetzten Teig gerührt und bringt diesen zur Gärung. Es wird wieder ein Stückchen übrigbehalten und, wie oben beschrieben, weiter verfahren.

Für die großen Bäckereien wurde der Sauerteig inzwischen kultiviert, er wird dort meist in getrockneter Form neben Essig- und Weinsäure zur Teiglockerung verwendet. Das „Führen eines Natursauerteiges" – so lautet der Fachausdruck für die Herstellung – ist viel zu arbeitsintensiv und zeitaufwendig und paßt damit meist nicht in den rationell arbeitenden, modernen Produktionsablauf.

Auch für Sie stellt sich beim ersten Backen das Problem der Sauerteigbeschaffung. Wenn Sie nicht einen Starter, das heißt einen Rest Sauerteig – aber auch einen Rest Grundansatz vom Backen mit Backferment (siehe Seite 185 f.) – zur Verfügung haben, gibt es die Möglichkeit, den Sauerteig fertig im Reformhaus zu kaufen oder ihn selber herzustellen.

Es gibt sicher zahlreiche „Geheimtips", Sauerteig ohne Starter herzustellen; das folgende ist mein Rezept und hat sich gut bewährt.

## Die Herstellung von Sauerteig Starter (Grundansatz)

### ZUTATEN

100 g fein gemahlener Roggen
100 g geschroteter Roggen
250 g lauwarmes Wasser
1 TL Kümmel
2 TL Joghurt, Buttermilch, Molke oder Sauerkrautsaft

### ZUBEREITUNG

Sie sollten für die Herstellung eines Starters Roggen verwenden, weil dieser den Milchsäurebakterien den besten Nährboden bietet. Ein Teil des Roggens muß geschrotet sein, denn Schrot nimmt das Wasser langsamer auf, und der Teig bleibt somit länger feucht; die Milchsäurebakterien können sich besser entwickeln. Durch den Joghurt ebenso wie durch Buttermilch, Molke oder Sauerkrautsaft werden dem Teig gezielt Milchsäurebakterien zugeführt, denen der Kümmel bei der Arbeit hilft.

Alle Zutaten vermischen Sie zu einem weichen Teig, füllen ihn in ein großes Schraubglas und lassen ihn so 2 bis 3 Tage an einem warmen Ort stehen.

Dieser Sauerteig, auch Starter oder Grundansatz genannt, ist fertig, wenn sich an seiner Oberfläche feine Risse und Gärbläschen zeigen. Er schmeckt und riecht angenehm säuerlich. Sie können ihn sofort zum Brotbacken verwenden.

Mit der Herstellung Ihres Starters können Sie allerdings auch Pech haben: Riecht er scharf säuerlich und hat er einen unangenehmen Geschmack, ist die Milchsäure in Essigsäure umgeschlagen, und die Hefepilze sind abgestorben. Tritt dies ein, stand er meistens zu kalt.

Verzweifen Sie nicht, werfen Sie ihn auf jeden Fall weg, und probieren Sie es noch einmal. Es lohnt sich bestimmt. Sauerteigbrote sind unvergleichlich im Geschmack.

## Vollsauerteigbrot Beispiel: Einfaches Roggenbrot

1. Stufe am Morgen

### ZUTATEN

Für den Vorteig:
500 g Roggen
500 g warmes Wasser
2 EL zurückbehaltener Sauerteig vom letzten Brotbacken (oder Starter bzw. Grundansatz)

### ZUBEREITUNG

Den Roggen schroten.
Den Starter in dem etwa 25 bis 30°C warmen Wasser auflösen und zum Roggen gießen. Beides mit einem Holzlöffel zu einem weichen Teig verrühren. Mit einem feuchten Tuch abdecken und bis zum Abend bei Zimmertemperatur stehenlassen. Dafür sorgen, daß das Tuch nicht abtrocknen kann.
Vor der Weiterverarbeitung 2 Eßlöffel von dem fertigen Sauerteig abnehmen, in ein Schraubglas füllen und im Kühlschrank aufbewahren.
Diese erste Stufe entfällt, wenn Sie bereits einen fertigen Sauerteig haben.

**2. Stufe am Abend:**

ZUTATEN

Für den Hauptteig:
750 g Roggen
500 g Weizen
300 g warmes Wasser

ZUBEREITUNG

Den Roggen mittelfein und den Weizen fein mahlen. Beides miteinander vermischen.

In die Mitte des Vollkornmehls eine Vertiefung drücken, den fertigen Sauerteig hineingeben und 300 g warmes Wasser zugießen. Von der Mitte her den Sauerteig und das Wasser mit einem Teil des Vollkornmehls zu einem dickflüssigen Brei verrühren. Die Schüssel mit einem feuchten Tuch bedecken und bis zum nächsten Morgen bei Zimmertemperatur (mindestens 20° C) stehenlassen. Es ist wichtig, daß der Teig an der Oberfläche nicht abtrocknet. Achten Sie auch bei dieser Stufe darauf, daß das Tuch feucht bleibt.

**3. Stufe am nächsten Morgen:**

ZUTATEN

300 g warmes Wasser
3 TL Salz
Gewürze nach Geschmack

ZUBEREITUNG

Am nächsten Morgen das Salz in dem warmen Wasser auflösen und zum Teig gießen. Nach Belieben Gewürze zufügen.
Danach alles etwa 10 Minuten lang kräftig mit den Händen kneten, bis sich der Teig von der Schüssel löst. (Das Kneten fällt leichter, wenn Sie den Teig teilen und die einzelnen Stücke nacheinander kneten.)
Den Teig zur Kugel formen, in die Schüssel zurücklegen, mit einem feuchten Tuch bedecken und noch einmal an einem warmen Ort etwa 1 bis 1½ Stunden gären lassen.
Danach den Teig noch einmal kräftig durchkneten und zu einem runden oder länglichen Laib formen. Auf ein gefettetes Backblech setzen, mit einem Messer beliebig einschneiden, mit warmem Wasser abstreichen und noch einmal 45 bis 60 Minuten an einem warmen Ort gehen lassen.

BACKEN

Das Blech auf die unterste Leiste in den kalten Backofen schieben und ein Schälchen mit heißem Wasser danebenstellen.
Das Brot bei 250°C 25 Minuten und anschließend bei 200°C 60 Minuten backen.
Nach dem Backen das Brot sofort auf ein Kuchengitter geben und vor dem Anschneiden mindestens 1 Tag auskühlen lassen.

Probieren Sie doch einmal das folgende Rezept aus:
Hausbrot, Roggensauerteigbrot.

# DER HEFESAUERTEIG

Wie der Name schon verrät, wird beim Hefesauerteigbrot dem Sauerteig noch zusätzlich Hefe zugefügt. Dieses Verfahren ist nicht ganz so zeitraubend wie das Herstellen eines Natursauerteiges. Durch die Hefepilze wird die Gärung beschleunigt, und das Brot ist insgesamt sehr locker. Hefesauerteigbrote vereinen also die Vorzüge beider Triebmittel. Für ihre Herstellung gilt das gleiche, was bei Hefeteigen und Sauerteigen aufgeführt wurde.

Wenn Sie viele, viele Male Brot gebacken haben, kann es sein, daß sich der Anteil der Milchsäurebakterien und Hefepilze in Ihrem Starter so sehr verringert hat, daß Ihre Brote nicht mehr genügend gelockert werden. Stellen Sie dann – wie oben beschrieben – einen frischen Starter her. (Ich backe in der Regel jede Woche einmal ein Sauerteigbrot und erneuere meinen Starter ein- bis zweimal im Jahr.)

Wie ein Hefeteig entwickelt sich auch ein Sauerteig am besten bei Wärme. Sorgen Sie dafür, daß alle Zutaten warm sind und Ihre Küche nicht zugig ist.

Bedecken Sie Ihre Schüssel stets mit einem feuchten Tuch, damit der Teig nicht abtrocknen kann. Sorgen Sie dafür, daß das Tuch feucht bleibt, decken Sie es mit Alu- oder Plastikfolie ab.

Stellen Sie beim Backen eine feuerfeste Schale mit heißem Wasser neben das Brot. Der Dampf verhilft dem Brot zu einer schöneren Rinde.

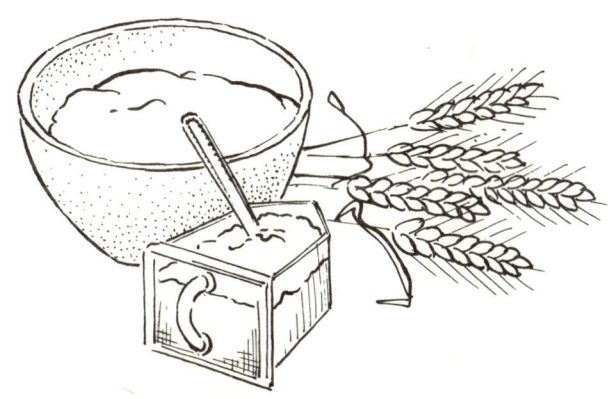

## Hefesauerteigbrot Beispiel: Dreikornbrot

1. Stufe am Vorabend

### ZUTATEN

Für den Vorteig:
300 g Roggen
300 g warmes Wasser
2 EL Starter

### ZUBEREITUNG

Den Roggen mittelfein mahlen.
Den Starter in dem warmen Wasser auflösen, zum Roggen gießen und beides zu einem weichen Teig verrühren. Mit einem feuchten Tuch bedecken und bei Zimmertemperatur bis zum nächsten Morgen stehenlassen.

2. Stufe am Morgen

### ZUTATEN

Für den Hauptteig:
300 g Weizen
300 g Gerste
100 g Roggen
2 TL Salz
350 g warmes Wasser
30 g Hefe

### ZUBEREITUNG

Für den Hauptteig den Weizen und die Gerste fein mahlen, den Roggen schroten und mit dem Salz vermischen.
Die Hefe in dem lauwarmen Wasser auflösen und zusammen mit dem Vollkornmehl zum Vorteig geben.
Alle Zutaten so lange gut durchkneten, bis sich der Teig von der Schüssel löst. Mit einem feuchten Tuch bedecken und etwa 1 bis 2 Stunden an einem warmen Ort gehen lassen, bis sich das Volumen deutlich vergrößert hat.
Noch einmal gut durchkneten, zu einem länglichen Laib formen und auf ein gefettetes Backblech setzen.
Mit einem Messer die Oberfläche beliebig einschneiden und mit lauwarmem Wasser abstreichen.
Noch einmal an einem warmen Ort etwa 1 Stunde gehen lassen.

### BACKEN

Das Blech auf die unterste Leiste in den kalten Backofen schieben und eine feuerfeste Schale mit heißem Wasser danebenstellen. Das Brot bei 220°C etwa 60 Minuten backen. Den Herd abschalten, und das Brot noch weitere 15 Minuten im Backofen lassen. Auf einem Kuchengitter auskühlen lassen.

### PRAKTISCHE TIPS FÜR DAS BROTBACKEN MIT SAUERTEIG

● Bevor Sie den fertigen Sauerteig mit anderen Zutaten mischen, nehmen Sie 2 bis 3 Eßlöffel von ihm ab, und bewahren Sie diesen Teigrest bis zum nächsten Backen in einem Schraubglas im Kühlschrank auf.

● Werden Sie nicht ungeduldig. Lassen Sie Ihrem Sauerteigbrot genügend Zeit zum Gären, im Zweifelsfall auch etwas länger als angegeben. Beim Gehen nimmt der Sauerteig höchstens um ein Drittel seines Volumens zu.

● Das Brot ist fertig aufgegangen, wenn sich an seiner Oberfläche feine Risse zeigen.

● Wenn Ihr Brot wider Erwarten nach dem Kneten nicht aufgehen sollte, können Sie ihm noch nachträglich Hefe zur Unterstützung seiner Triebkraft zufügen.

# BACKEN MIT BACKFERMENT

Allen denjenigen, denen die Sauerteigzubereitung etwas zu risikoreich und zu zeitaufwendig ist, die aber trotzdem sauerteigähnliche Brote backen möchten, sei das Backferment von Sekowa empfohlen. Es ist in allen Reformhäusern, Grünen Läden oder direkt bei Backtechnik GmbH, Postfach 80, 6364 Florstadt zu erhalten.

Das Backferment ist ein Teiglockerungsmittel, das ohne Zusatz von Hefe oder Sauerteig verwendet wird. Es wird auf rein biologischer Grundlage aus Honig und Getreide hergestellt und ist bei sachgemäßer Lagerung (trocken und kühl) mindestens 1 Jahr haltbar, da es als trockenes Granulat verkauft wird. Backfermentbrote bieten viele Vorteile:

- Sie schmecken aromatisch und bleiben lange frisch.
- Sie sind sehr bekömmlich, so daß sie besonders Leuten zu empfehlen sind, die keine Sauerteigbrote vertragen.
- Sie sind einfach herzustellen, da ihre Teigführung nicht empfindlich ist.
- Sie können aus allen Getreidesorten sowie aus Soja, Buchweizen und Manioka hergestellt werden.
- Mit Hilfe von Zusätzen wie Leinsamen, Sonnenblumenkernen, Sesam, Nüssen und Gewürzen, wie Kümmel, Koriander, Fenchel und Anis, können Sie immer neue Brotsorten erfinden.

Auch beim Backen mit Backferment benötigen Sie – ähnlich wie bei der Sauerteigzubereitung – einen Vorteig, der am Abend vor dem Backen angesetzt werden muß. Er sollte mindestens 12 Stunden gären, bevor er mit dem Hauptteig verknetet wird. Aller-

dings ist dieser Vorteil lange nicht so empfindlich wie ein Sauerteig, er kann ohne weiteres auch länger stehen; das fertige Brot schmeckt dann etwas kräftiger und säuerlicher.

Ihr erstes Backfermentbrot sollten Sie unbedingt genau nach dem angegebenen Grundrezept backen. Sie lernen auf diese Weise die Besonderheiten der Teigführung kennen und erhalten gleichzeitig praktische Hinweise.

Ihr Backergebnis wird Sie bestimmt davon überzeugen, wie einfach es ist, ein gesundes, wohlschmeckendes Brot herzustellen.

Anhand eines Roggenbrotes möchte ich Ihnen die Teigführung erklären.

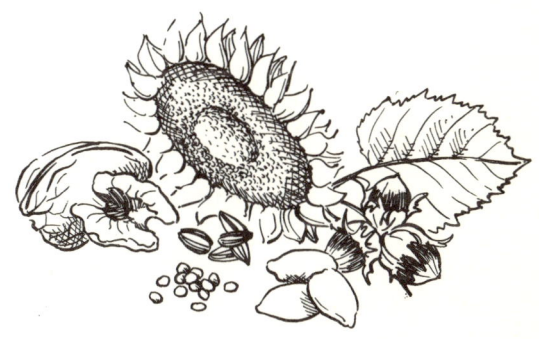

# Die Herstellung des Grundansatzes

Um mit dem Sekowa-Spezial-Backferment backen zu können, benötigen Sie einen Grundansatz. Wenn Sie ihn sich nicht fertig kaufen oder bereits vom Backen mit Sauerteig einen Starter zur Verfügung haben, können Sie ihn auch mit Hilfe des Backferments selber herstellen.

## 1. Stufe am Vorabend

### ZUTATEN

1 gehäufter EL Sekowa-Spezial-Backferment
220 g warmes Wasser (40°C)
100 g mittelgrob geschroteten Weizen
100 g feingemahlenen Weizen

### ZUBEREITUNG

Das Backferment in dem 40°C warmen Wasser auflösen und zusammen mit dem Weizen zu einem weichen Teig verrühren. Diesen Teig am besten in ein 2-l-Schraubglas füllen. Es ist wichtig, daß Sie das Glas gut verschließen können, damit der Teig nicht abtrocknet. Das Glas zum Gären an einen warmen Ort stellen; die günstigste Temperatur beträgt 30°C, dann ist der Teig in etwa 15 Stunden reif, d. h., es zeigen sich kleine Gärbläschen. Bei einer Mindesttemperatur von 20°C muß er in der Regel 24 Stunden stehenbleiben.

## 2. Stufe am Morgen

### ZUTATEN

100 g warmes Wasser (40°C)
150 g Weizen
mittelgrob geschrotet
150 g Weizen fein gemahlen

### ZUBEREITUNG

Wenn der Teig Bläschen zeigt, er also gärt, wird alles gut mit ihm vermischt, so daß ein mittelfester bis fester Teig entsteht.
Diesen etwa 24 Stunden in dem Schraubglas stehenlassen. Auch bei dieser Stufe der Grundansatzbereitung liegt die günstigste Temperatur bei 30°C, die Mindesttemperatur bei 20°C. Spätestens nach 24 Stunden, in günstigen Fällen schon nach 4 Stunden, geht der Teig um das Dreifache seines Volumens auf und ist damit gebrauchsfertig.
In einem Schraubglas im Kühlschrank hält er sich mehrere Monate. Es kann sein, daß er sich nach längerer Aufbewahrungszeit grau verfärbt; dies hat jedoch nichts zu bedeuten.

Probieren Sie doch einmal die folgenden Rezepte aus:
Buchweizenbrot, Gerstenbrot, Maisbrot, Quellbrot, Roggenbrötchen, Vierkorn-Schrotbrot.

Farbtafel 22:
Gebildbrote
(Rezept Seite 194)

# Backfermentbrot Beispiel: Roggenbrot

## 1. Stufe am Vorabend

### ZUTATEN

Für den Vorteig:
400 g Roggen
400 g warmes Wasser (30°C)
1 EL Grundansatz
1 gehäufter TL Backferment

### ZUBEREITUNG

Den Roggen mittelfein schroten und den Grundansatz und das Backferment klümpchenfrei in dem 30°C warmen Wasser auflösen. Den Grundansatz müssen Sie entweder selber herstellen (siehe Anleitung auf Seite 186). Sie können, wenn vorhanden, auch den Starter eines Sauerteiges verwenden.

Mit einem Holzlöffel den Roggenschrot gründlich mit dem Wasser

Farbtafel 23:
Schwedische Ringfladen (Rezept Seite 219),
Haferfladen (Rezept Seite 217) und Sesamknäckebrot (Rezept Seite 220)

vermischen und bei einer Raumtemperatur von mindestens 20°C mindestens 12 Stunden stehenlassen (längere Zeit schadet nichts). Der Teig darf in dieser Zeit nicht abtrocknen. Deshalb sollten Sie die Schüssel mit einem feuchten Tuch und zusätzlich mit Alufolie oder einer Plastiktüte abdecken. Nach 12 Stunden sollte der Vorteig fertig sein; er steigt dann nicht mehr hoch, und wenn die obere Schicht aufgerissen wird, zeigen sich viele Gärbläschen.

Von diesem Teigansatz können Sie 2 Eßlöffel für das nächste Backen abnehmen, die Sie in einem Schraubglas im Kühlschrank aufbewahren sollten.

## 2. Stufe am Morgen

### ZUTATEN

Für den Hauptteig:
600 g Roggen
2 TL Salz
300 g warmes Wasser (45°C)

### ZUBEREITUNG

Den Roggen fein mahlen und das Salz in dem 45°C warmen Wasser auflösen. Beides zum Teigansatz geben, alles miteinander vermengen und den Teig gut durchkneten.

Zu einer Kugel formen, mit einem feuchten Tuch bedecken und an einem warmen Ort etwa 1 Stunde gären lassen.

Der Teig sollte nach dieser Zeit eine gute Lockerung zeigen und etwas aufgegangen sein.

Danach den Teig noch einmal gut durchkneten, zu einem runden oder länglichen Laib formen oder in eine gefettete Backform geben. Die Oberfläche mehrmals einschneiden und mit lauwarmem Wasser abstreichen. Das Brot mit einem feuchten Tuch bedeckt an einem warmen Ort noch einmal für 30 bis 45 Minuten gehen lassen. Die Gärzeit ist beendet, wenn das Brot etwas abgeflacht ist und sich an seiner Oberfläche feine Risse zeigen.

### BACKEN

Das Brot auf die unterste Leiste in den kalten Backofen schieben. Eine Schüssel mit heißem Wasser danebenstellen, und das Brot bei 220°C etwa 60 Minuten backen. Anschließend das Brot noch 15 Minuten im ausgeschalteten Backofen lassen.

Vor dem Anschneiden auf einem Kuchengitter 1 Tag auskühlen lassen.

# DER HONIG-SALZ-TEIG

Das Honig-Salz-Brot sollten Sie erst dann backen, wenn Sie schon Erfahrungen im Backen mit Sauerteig und Backferment gesammelt haben. Denn bei dieser Brotart kann am leichtesten etwas „schiefgehen".

Wie schon aus dem Namen ersichtlich ist, spielt der Honig als Teiglockerungsmittel eine Rolle. Die Bienen sammeln zusammen mit dem Honig auch Nektarhefen, die somit in jedem Honig vorhanden sind. Vermengt man den Bienenhonig mit Wasser, so fängt er nach einer gewissen Zeit an zu gären und lockert dadurch den Teig. Das gleichzeitig zugesetzte Salz festigt ihn. Dieser Gärprozeß muß immer wieder erneut in Gang gesetzt werden, deshalb werden Honig-Salz-Brote ähnlich den Natursauerteigbroten in 3 Stufen hergestellt.

Sie müssen allerdings wissen, daß die Nektarhefen sehr empfindlich sind und sich nur bei gleichmäßiger, ausreichender Wärme und genügend Feuchtigkeit entwickeln können.

Das Brot braucht zum Aufgehen sehr lange, denn die Hefepilze und Milchsäurebakterien entwickeln sich während des Gärprozesses.

Sollte sich einmal keinerlei Gärung bei Ihren Broten einstellen, können Sie, um die Gärung in Gang zu setzen, 2 EL Sauerteig (oder Grundansatz oder Hefe) unter den Teig mischen.

Honig-Salz-Brote sind immer schwer und haben durch ihre relativ langen Backzeiten einen leicht süßlichen, aber guten, kräftigen Geschmack.

## Honig-Salz-Brot Beispiel: Roggenbrot

1. Stufe am Morgen

### ZUTATEN

300 g Roggen
300 g warmes Wasser (40°C)
1 TL Honig
1 TL Salz

### ZUBEREITUNG

Am Morgen den Roggen mittelgrob schroten.
Den Honig und das Salz in dem 40°C warmen Wasser auflösen, zum Roggen gießen und mit einem Holzlöffel zu einem weichen Teig verrühren. Mit einem feuchten Tuch bedecken (aufpassen, daß das Tuch nicht abtrocknen kann) und bis zum Abend an einem warmen Ort stehenlassen.

2. Stufe am Abend

### ZUTATEN

150 g Weizen
150 g Roggen
300 g warmes Wasser (40°C)
1 TL Honig
1 TL Salz

## ZUBEREITUNG

Am Abend den Weizen und den Roggen mittelfein mahlen.
Den Honig und das Salz in dem 40°C warmen Wasser auflösen. Beides abwechselnd unter den ersten Ansatz rühren. Mit einem feuchten Tuch bedecken und über Nacht an einem warmen Ort stehenlassen. Dafür sorgen, daß das Tuch nicht abtrocknet. Einen Römertopf wässern.

3. Stufe am nächsten Morgen

## ZUTATEN

200 g Weizen
200 g Roggen
100 g warmes Wasser (40°C)
1 TL Salz
2 TL Kümmel
2 TL Fenchel
2 TL Koriander

## ZUBEREITUNG

Das Wasser aus dem Römertopf gießen, diesen gründlich einfetten und mit Vollkornmehl, Kleie oder Sesam ausstreuen.
Den Weizen und den Roggen fein mahlen und zusammen mit dem Wasser und den Gewürzen zum gut gelockerten Vorteig geben. Alles gut miteinander vermengen und den Teig in den Römertopf füllen. Mit einem nassen Löffel glattstreichen und mit einem scharfen Messer Motive oder Kreuze in die Oberfläche einschneiden. (Dadurch, daß das Brot so langsam geht, bleiben die Muster so gut erhalten.)
Den Deckel des Römertopfes auflegen, und das Brot an einem warmen Ort 4 bis 6 Stunden (eventuell auch länger) gehen lassen. Wenn die Einschnitte auseinandergehen und der Teig eine Lockerung zeigt, kann die Form in den Backofen geschoben werden.

## BACKEN

Die Form auf die unterste Leiste in den kalten Backofen schieben. Bei 150°C 3 Stunden backen, dann den Deckel abnehmen und eine weitere Stunde bei 150°C backen. Den Backofen ausschalten und das Brot noch für 1 Stunde im Backofen lassen. Das Brot zunächst in der Form abkühlen lassen, dann auf ein Kuchengitter stürzen. Hier sollte es, damit die Rinde abtrocknen kann, 24 Stunden auskühlen. Zur Aufbewahrung kann es wieder in den Römertopf gegeben werden.

Probieren Sie auch das folgende Rezept aus: Honig-Salz-Brot mit ganzen Getreidekörnern.

## PRAKTISCHE TIPS FÜR DAS BROTBACKEN MIT EINEM HONIG-SALZ-TEIG

- Bei der Teigzubereitung muß ausreichend Wärme vorhanden sein: Die ideale Temperatur liegt bei 25° bis 30°C, d.h., die normale Raumtemperatur reicht meistens nicht aus. Sie müssen den Teig daher sehr nah an eine Heizung bzw. einen Ofen oder in den leicht erwärmten Backofen stellen.
- Nektarhefen vertragen keinerlei Zug. Halten Sie den Teig deshalb immer gut bedeckt, und backen Sie das Brot am besten in einem Römertopf mit Deckel.
- Der Teig muß genügend Feuchtigkeit haben. Deshalb sollten Sie für den Vorteig das Getreide schroten, denn Schrot nimmt das Wasser langsamer auf als feines Mehl. Außerdem sollten Sie den Teig stets mit einem feuchten Tuch bedecken.

# HEFEBROTE MIT EINEM HONIG-SALZ-VORTEIG

Diese Brotart verlangt zwar einen Vorteig wie das Honig-Salz-Brot, ist aber überhaupt nicht empfindlich und macht wesentlich weniger Arbeit.

Beim Vorteig wird eine spontane Gärung durch Honig und Salz eingeleitet, die zugesetzte Hefe beschleunigt den Gärvorgang und beschert Ihnen ein lockeres knuspriges Brot.

Probieren Sie doch einmal die folgenden Rezepte aus:

Sesambrot, Sonnenblumenbrot.

## Hefebrot mit Honig-Salz-Vorteig Beispiel: Mischbrot aus Weizen und Gerste

1. Stufe am Vorabend

### ZUTATEN

Für den Vorteig:
400 g Weizen
400 g warmes Wasser
1 TL Honig
1 TL Salz

### ZUBEREITUNG

Am Abend für den Vorteig den Weizen mittelgrob schroten. Den Honig und das Salz in dem warmen Wasser auflösen, zum Schrot gießen und beides miteinander zu einem weichen Teig verrühren. Mit einem feuchten Tuch abdecken. Dafür sorgen, daß der Teig nicht abtrocknen kann und bei Zimmertemperatur (noch besser an einem warmen Ort) bis zum nächsten Morgen stehenlassen.

## 2. Stufe am Morgen

### ZUTATEN

Für den Hauptteig:
200 g Weizen
400 g Gerste (oder Weizen)
250 g lauwarmes Wasser
40 g Hefe
2 TL Salz

### ZUBEREITUNG

Den Weizen und die Gerste für den Hauptteig fein mahlen und mit dem Salz mischen.

Die Hefe in dem lauwarmen Wasser auflösen und zusammen mit dem Vollkornmehl zum Vorteig geben. Alles miteinander zu einem weichen Teig verkneten. Diesen zugedeckt an einem warmen Ort etwa 1 Stunde stehenlassen. Dann durchkneten und zu einem länglichen oder runden Laib formen. Auf ein gefettetes Backblech setzen, mit einem Messer mehrmals einschneiden und noch einmal etwa 30 Minuten gehen lassen.

### BACKEN

Das Brot auf die unterste Leiste in den kalten Backofen schieben und bei 220°C etwa 60 Minuten backen.

# BROTE FÜR JEDEN GESCHMACK

## Buchweizenbrot

### ZUTATEN

Für den Vorteig:
300 g Roggen
300 g warmes Wasser (30°C)
1 TL Backferment
1 EL Grundansatz

Für den Hauptteig:
400 g Buchweizen
300 g Weizen
2 TL Salz
350 g warmes Wasser (45°C)
2 EL Öl
1 EL Honig

### ZUBEREITUNG

Für den Vorteig am Abend den Roggen mittelgrob schroten.

Das Backferment und den Grundansatz in dem 30°C warmen Wasser auflösen und zum Schrot gießen. Mit einem Holzlöffel zu einem weichen Teig verrühren. Diesen bedeckt mit einem feuchten Tuch (eventuell noch zusätzlich mit Alufolie, damit der Teig nicht abtrocknen kann) bei Zimmertemperatur über Nacht stehenlassen.

Am nächsten Morgen den Buchweizen und den Weizen fein mahlen. Das Salz in dem 40°C warmen Wasser auflösen und zusammen mit dem Öl, dem Honig und dem Vollkornmehl zum Vorteig geben. Alle Zutaten zu einem weichen geschmeidigen Teig kneten. Bedeckt mit einem feuchten Tuch diesen etwa 1 ½ Stunden an einem warmen Ort gehen lassen.

Danach den Teig noch einmal gut durchkneten, zu einem runden Laib formen und auf ein gefettetes Backblech geben. Mit einem Messer zweimal längs und zweimal quer (doppeltes Kreuz) einschneiden und mit etwas lauwarmem Wasser abstreichen.

Noch einmal an einem warmen Ort mit einem feuchten Tuch bedeckt 30 bis 45 Minuten gehen lassen.

### BACKEN

Das Blech auf die unterste Leiste in den kalten Backofen schieben und bei 200°C etwa 60 Minuten backen.

Auf einem Kuchengitter auskühlen lassen.

# Früchtebrot

Das Früchtebrot aus Hefeteig mit einem Honig-Salz-Vorteig wird schon seit Jahrhunderten im süddeutschen Raum, in Österreich und in der Schweiz gebacken.

Es gibt sehr unterschiedliche Rezepte; aber alle bestehen aus möglichst vielen verschiedenen getrockneten Früchten. Fest in Alufolie verpackt und kühl aufbewahrt, ist es 2 bis 3 Monate haltbar. (Farbtafel Seite 242)

(Farbtafel Seite 242)

## ZUTATEN

Für die Füllung:
1000 g getrocknete Früchte
(Birnen, Aprikosen, Äpfel,
Zwetschgen, Feigen und Rosinen)
100 g Walnüsse
100 g Haselnüsse
100 g Mandeln
100 g Zitronat
2 EL Zimt
½ TL gemahlene Nelken

Für den Vorteig:
400 g Roggen
500 g Einweichwasser vom Trockenobst
1 TL Honig
1 TL Salz

Für den Hauptteig:
600 g Weizen
40 g Hefe

---

## ZUBEREITUNG

Zunächst wird das Trockenobst gewaschen, mit viel Wasser bedeckt und 6 Stunden eingeweicht.

Danach wird das Einweichwasser abgegossen und aufbewahrt. Die Früchte werden in kleine Würfel geschnitten, mit den gehackten Walnüssen, Haselnüssen und Mandeln sowie dem Zitronat, dem Zimt und den gemahlenen Nelken gut vermischt und über Nacht zugedeckt stehengelassen.

Nach der Vorbereitung der Früchte wird der Roggen fein gemahlen. Der Honig und das Salz in dem handwarmen Einweichwasser der Früchte aufgelöst, zum Roggen gegossen und zu einem weichen Brei verrührt.

Der Teig wird bei Zimmertemperatur mit einem feuchten Tuch abgedeckt über Nacht stehengelassen. Am nächsten Morgen die Hefe in den Vorteig bröckeln und nach und nach den frisch gemahlenen Weizen unter den Teig arbeiten und gründlich durchkneten.

Zugedeckt an einem warmen Ort etwa 1 Stunde gehen lassen, bis sich das Volumen verdoppelt hat. Danach die Trockenfruchtmischung unter den Teig mengen und entweder kleine Laibe formen oder gefettete Backformen zu drei Viertel mit dem Teig füllen.

Da der Teig sehr schwer ist, muß er etwa 2 bis 3 Stunden an einem warmen Ort gehen.

---

## BACKEN

Die Früchtebrote mit Alufolie abdecken und auf die unterste Leiste in den kalten Backofen schieben.

Bei 200°C etwa 1 Stunde backen; danach die Alufolie entfernen und bei 180°C die Früchtebrote je nach Größe noch weitere 40 bis 50 Minuten backen.

Bevor die Früchtebrote zum Lagern verpackt werden, sollten sie noch 1 Tag auf einem Kuchengitter durchziehen.

## Gebildbrote

Es ist in der Familie schon fast zu einer Art Tradition geworden, an besonderen Tagen oder Festen aus süßem Hefeteig Figuren oder

Formen je nach Art des Anlasses zu backen. Ob es sich dabei um Osterkränze, Osterhasen, Weihnachtsmänner, Sternbrote, Neujahrsbrezeln oder kleine Hefeteigfiguren handelt, die Kinder können beim Backen mit ihrer Vorfreude das eigentliche Fest schon ein wenig vorfeiern und es dann kaum noch erwarten.

(Farbtafel Seite 187)

## Grundrezept

### ZUTATEN

500 g Weizen
200 g lauwarme Milch
40 g Hefe
1 Ei
100 g Butter
80 g Honig
1 Prise Salz
¼ TL Vanille

Zum Bestreichen:
1 Eigelb
1 EL Wasser

Zum Bestreuen:
je nach Figuren Sesam, Mohn, Sonnenblumenkerne, Rosinen und Nüsse

### ZUBEREITUNG

Den Weizen fein mahlen.
Die Hefe in der lauwarmen Milch auflösen und zum Weizen gießen.
Die übrigen Zutaten dazugeben und so lange kneten, bis sich der Teig von der Schüssel löst.
Über Nacht den Hefeteig zugedeckt in den Kühlschrank stellen. Die Figuren behalten besser ihre Form und gehen nicht so sehr in die Breite.
Am nächsten Morgen den Teig noch einmal durchkneten und zu den gewünschten Figuren formen.

### BACKEN

Die Teigstücke brauchen nicht mehr zu gehen. Auf ein eingefettes Blech setzen und auf die unterste Leiste in den kalten Backofen schieben. Je nach Größe in 35 bis 50 Minuten bei 200°C backen.

### VARIATIONEN

#### Neujahrsbrezel

Den Teig in drei Stücke teilen, zu Strängen rollen, die zu den Enden hin dünner werden.
Die Stränge zu einem Zopf flechten und anschließend zu einer Brezel legen.
Mit verquirltem Eigelb bestreichen.

#### Osterkranz

Den Teig halbieren und zu zwei Strängen rollen.
Beide Stränge miteinander verflechten und zum Kreis legen.
Vier bis sechs ausgeblasene Eier mit Öl bestreichen und fest auf den Kranz setzen.
Danach mit verquirltem Eigelb bestreichen und nach Belieben mit Sesam bestreuen.
Nach dem Backen können die Eier herausgelöst werden und Ostern durch frische gefärbte Eier ersetzt werden.

#### Osterhasen, Nikoläuse, Hefeteigfiguren

Für Osterhasen und Nikoläuse den Teig gut fingerdick ausrollen und die Figuren ausstechen. Oder aus dem Teig wie bei verschiedenen Figuren die gewünschten Dinge frei formen. Unsere Kinder backen zu Geburtstagen meist Mädchen, Jungen oder Tiere.
Die Figuren mit dem verquirlten Eigelb bestreichen und Kleider, Knöpfe, Haare, Augen, Nase usw. mit Nüssen, Rosinen, Sesam, Mohn, Sonnenblumen- und Kürbiskernen andeuten.

# Gerstenbrot

Gerstenbrote gelingen und schmecken am besten, wenn man sie mit einem Weizenanteil versieht. Durch das Backen mit Backfermenten werden sie sehr locker und bleiben lange frisch.

ZUTATEN

Für den Vorteig:
400 g Weizen
400 g warmes Wasser (30°C)
1 TL Backferment
1½ EL Grundansatz

Für den Hauptteig:
600 g Gerste
300 g warmes Wasser (45°C)
2 bis 3 TL Salz

ZUBEREITUNG

Für den Vorteig den Weizen mittelgrob schroten.
Das Backferment und den Grundansatz in dem 30°C warmen Wasser auflösen und zum Schrot gießen. Mit einem Holzlöffel zu einem weichen Teig verrühren. Diesen über Nacht zugedeckt mit einem feuchten Tuch (eventuell zusätzlich mit Alufolie) bei Zimmertemperatur gären lassen.

Am nächsten Morgen die Gerste fein mahlen. Das Salz in dem warmen Wasser auflösen. Beides zum Vorteig geben und alles miteinander zu einem weichen Teig kneten. (Wenn der Teig leicht klebt, feuchten Sie Ihre Hände zum Kneten an.) Mit einem feuchten Tuch bedeckt etwa 1 bis 1½ Stunden an einem warmen Ort anschließend gehen lassen.
Noch einmal gut durchkneten. Den Teig zu einer Kugel formen, die Kugel etwas flach zusammendrücken und in eine gefettete Springform oder eine andere runde Backform geben.
Mit einem Messer von der Mitte her achtmal einschneiden.
An einem warmen Ort noch einmal 40 bis 60 Minuten gehen lassen. Mit lauwarmem Wasser abstreichen.

BACKEN

Die Form auf die unterste Leiste in den kalten Backofen schieben. Ein Schälchen mit heißem Wasser danebenstellen.
Bei 200°C das Brot etwa 60 Minuten backen.
Aus der Form nehmen und auf einem Kuchengitter auskühlen lassen.

VARIATION

Haferbrot
Statt der Gerste im Hauptteig 500 g Hafer und 100 g Leinsamen, 1 TL Fenchel, 1 TL Anis und 300 bis 400 g warmes Wasser verwenden.

# Hausbrot

Dieses Sauerteigbrot gehört zu den Broten, die ich am häufigsten backe. Es ist in seiner Zusammensetzung sehr ausgewogen. Neben Roggen und Weizen enthält es auch das frisch gemahlene Mehl der Sojabohne mit ihrem hochwertigen Eiweiß.
(Verzehrt man Weizen zusammen mit Sojamehl, ist der Anteil des verwertbaren Eiweißes um 32 Prozent größer als wenn Weizen und Soja getrennt gegessen würden. Das günstigste Mischungsverhältnis ist dabei 4 Teile Weizen zu 1 Teil Soja. Soja hat allerdings einen starken Eigengeschmack, der nicht jedermanns Sache ist. In meinem Brot ist er zu gering, als daß er zutage treten würde, aber der Eiweißgehalt des Brotes wird trotzdem gesteigert.)
Sesam, Sonnenblumenkerne und Leinsamen runden nicht nur den

Geschmack ab, sondern fügen dem Brot gleichzeitig noch wertvolle Inhaltsstoffe zu.

## ZUTATEN

1. Ansatz am Morgen:
400 g Roggen
400 g warmes Wasser
2 EL Starter

2. Ansatz am Abend:
600 g Weizen
100 g Soja
300 g Roggen
400 g warmes Wasser

3. Ansatz am nächsten Morgen:
350 bis 400 g warmes Wasser
3 TL Salz
50 g Sesam
(nach Geschmack auch mehr)
50 g Sonnenblumenkerne
(nach Geschmack auch mehr)
50 g Leinsamen
(nach Geschmack auch mehr)

## ZUBEREITUNG

Am Morgen den Roggen für das Herstellen des Sauerteiges mittelgrob schroten.
Den Starter in dem warmen Wasser auflösen und zum Roggen gießen.

Beides mit einem Holzlöffel zu einem weichen Brei verrühren und diesen bei Zimmertemperatur mit einem feuchten Tuch bedeckt bis zum Abend stehenlassen.
Am Abend den Weizen und die Sojabohnen fein und den Roggen mittelfein mahlen. In die Mitte eine Vertiefung drücken, den Sauerteig und das warme Wasser zugeben und beides von der Mitte her mit einem Teil des Vollkornmehls verrühren.
Mit einem feuchten Tuch bedeckt bei Zimmertemperatur über Nacht stehenlassen.
Am nächsten Morgen das Salz in dem warmen Wasser auflösen und zusammen mit dem Sesam, den Sonnenblumenkernen und den Leinsamen zum Teig geben.
Alle Zutaten langsam und ausdauernd zu einem nicht zu festen Teig kneten.
Diesen an einem warmen Ort mit einem feuchten Tuch bedeckt noch einmal 1½ bis 2 Stunden gehen lassen.
Noch einmal gut durchkneten, in eine große gefettete Backform geben, mit einem Messer diagonal einschneiden und noch einmal etwa 1 Stunde an einem warmen Ort gehen lassen.

Mit etwas lauwarmem Wasser abstreichen.

## BACKEN

Das Brot auf die unterste Leiste in den kalten Backofen schieben, ein Schälchen mit heißem Wasser danebenstellen.
Bei 220°C etwa 75 Minuten backen; danach noch weitere 15 Minuten im ausgeschalteten Backofen lassen.
Die Form auf ein Kuchengitter stürzen und vor dem Anschneiden 1 Tag auskühlen lassen.

# Honig-Salz-Brot mit ganzen Getreidekörnern

## ZUTATEN

1. Ansatz am Morgen:
300 g Roggen
300 g warmes Wasser
1 TL Honig
1 TL Salz
300 g ganze Getreidekörner (Weizen)
300 g kochendes Wasser zum Quellen

2. Ansatz am Abend:
100 g warmes Wasser
1 TL Honig
1 TL Salz

3. Ansatz am nächsten Morgen:
400 g Weizen
1 TL Salz
2 TL Kümmel

## ZUBEREITUNG

Am Morgen den Roggen für den ersten Ansatz mittelgrob schroten. Den Honig und das Salz in dem warmen Wasser auflösen, zum Schrot gießen und beides miteinander zu einem weichen Teig verrühren.

Zugedeckt mit einem feuchten Tuch (und eventuell noch zusätzlich mit Alufolie, damit der Teig nicht abtrocknen kann) an einem warmen Ort bis zum Abend stehenlassen.

Getrennt davon die Getreidekörner mit 300 g kochendem Wasser übergießen und 12 Stunden quellen lassen.

Am Abend den Honig und das Salz in 100 g warmem Wasser auflösen und zusammen mit den eingeweichten Getreidekörnern und dem restlichen Einweichwasser zum ersten Ansatz geben. Alles miteinander zu einem weichen Teig verrühren und diesen wiederum mit einem feuchten Tuch bedeckt an einem warmen Ort über Nacht stehenlassen.

Einen Römertopf wässern.

Am nächsten Morgen den Weizen für den dritten Ansatz fein mahlen und zusammen mit dem Salz und dem Kümmel zum gärenden Vorteig geben. Alles gut miteinander verkneten. Das Wasser aus dem Römertopf gießen, diesen gründlich einfetten, den Teig hineinfüllen und glattstreichen.

Mit einem Messer ein Muster einschneiden, den Deckel daraufsetzen, und das Brot noch einmal an einem warmen Ort 4 bis 6 Stunden gehen lassen.

Wenn die Einschnitte auseinandergehen und der Teig sich leicht wölbt, kann das Brot gebacken werden.

## BACKEN

Den Römertopf auf die unterste Leiste in den kalten Backofen schieben und bei 150°C 3 Stunden backen. In der letzten Stunde den Deckel abnehmen.

Noch 1 weitere Stunde im ausgeschalteten Backofen lassen. Wenn das Brot in der Form abgekühlt ist, auf ein Kuchengitter geben, damit die Rinde abtrocknen kann.

Nach 24 Stunden kann das Brot zum Aufbewahren wieder in den Römertopf gegeben werden.

# Kräuterkranzbrot

Ein sehr pikantes Hefebrot, das natürlich besonders im Frühjahr mit den ersten frischen Kräutern gut schmeckt. Sie können aber auch ohne weiteres tiefgefrorene Kräuter verwenden. Servieren Sie das Brot mit Salzbutter oder Quark und knackig frischen Radieschen.

(Farbtafel Seite 173)

## ZUTATEN

500 g Weizen
250 g Roggen
3 EL Öl
1 TL Meersalz
1 TL Kräutersalz
1 TL frisch gemahlener Pfeffer
6 EL (oder mehr) frisch gehackte, gemischte Küchenkräuter (Petersilie, Schnittlauch, Dill, Zitronenmelisse, Basilikum, Bohnenkraut usw.)
350 bis 450 g lauwarmes Wasser
30 g Hefe

## ZUBEREITUNG

Den Weizen fein und den Roggen mittelgrob mahlen.
Das Öl dazugeben und mit den Gewürzen und frisch gehackten Küchenkräutern mischen.

Die Hefe in dem lauwarmen Wasser auflösen, zum Getreide gießen und alles zu einem glatten Teig kneten.
Diesen zu einer Kugel formen und zugedeckt an einem warmen Ort etwa 1 Stunde gehen lassen, bis

Abb. 1

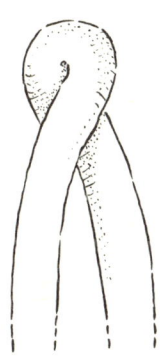

Abb. 2     Abb. 3

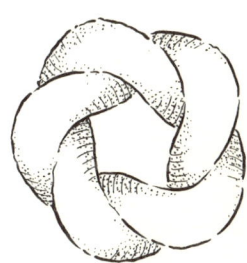

Abb. 4

sich das Volumen verdoppelt hat. Danach noch einmal kräftig durchkneten und auf einer bemehlten Arbeitsfläche eine 1 m lange Rolle formen (Abb. 1).

Die Rolle auf die Hälfte legen (Abb. 2) und beide Seiten miteinander verschlingen (Abb. 3).
Auf einem gefetteten Backblech zu einem Kreis legen (Abb. 4) und noch einmal etwa 10 Minuten gehen lassen.

## BACKEN

Das Blech auf die mittlere Leiste in den kalten Backofen schieben und bei 220°C etwa 40 Minuten backen.
Auf einem Kuchengitter auskühlen lassen.

199

# Landbrot

Ein schnelles Hefebrot, das seine typische runde Form mit Rillen durch den Korb erhält, in dem es vor dem Backen geht.

### ZUTATEN

750 g Weizen
750 g Roggen
2 TL Salz
2 TL gemahlener Kümmel
750 bis 850 g lauwarmes Wasser
60 g Hefe

### ZUBEREITUNG

Den Weizen und den Roggen fein mahlen und mit dem Salz und dem Kümmel mischen.
Die Hefe in dem lauwarmen Wasser auflösen und zum Getreide gießen. Alle Zutaten 5 bis 10 Minuten lang gut verkneten.
Zugedeckt mit einem Tuch etwa 1 Stunde gehen lassen, bis sich das Volumen verdoppelt hat.
Danach den Teig noch einmal kräftig durchkneten und zur Kugel formen. Einen runden Weidenkorb mit Mehl ausstreuen, die Teigkugel hineingeben und noch einmal ½ Stunde gehen lassen. Danach den Korb auf ein gefettetes Backblech stürzen.

### BACKEN

Den Ofen auf 250°C vorheizen. Das Blech auf die unterste Leiste in den Backofen schieben, die Temperatur auf 200°C zurückschalten und das Brot etwa 60 bis 70 Minuten backen.
Vor dem Anschneiden mindestens 3 Stunden auf einem Kuchengitter auskühlen lassen.

# Maisbrot

Ein helles, gelbes Backfermentbrot, das jede Art von Belag verträgt.

### ZUTATEN

Für den Vorteig:
400 g Weizen
1 EL Grundansatz
1 gehäufter TL Backferment
400 g warmes Wasser (30°C)

Für den Hauptteig:
600 g Mais
2 TL Salz
300 bis 350 g warmes Wasser (45°C)

### ZUBEREITUNG

Für den Vorteig den Weizen fein mahlen.

Den Grundansatz und das Backferment in dem 30°C warmen Wasser klümpchenfrei auflösen, zum Weizen gießen und alles mit einem Holzlöffel gründlich verrühren.
Mit einem feuchten Tuch bedeckt über Nacht bei Zimmertemperatur stehenlassen. (Dafür sorgen, daß das Tuch nicht abtrocknet!)
Am nächsten Morgen den Mais mahlen.

Das Salz in dem 45°C warmen Wasser auflösen und zusammen mit dem Mais zum Vorteig geben. Alle Zutaten zu einem geschmeidigen Teig kneten.
Anschließend den Teig wieder mit einem feuchten Tuch bedecken und noch einmal 1½ bis 2 Stunden gären lassen. Der Teig sollte danach gut gelockert sein.
Noch einmal kräftig durchkneten und zu einem runden Laib formen. Mit einem Holzstäbchen oder einer Stricknadel Löcher in die Oberfläche stechen.
Das Brot noch einmal 30 bis 50 Minuten an einen warmen Ort stellen, bis der Teig kleine Risse zeigt und sich deutlich vergrößert hat.
Auf ein gefettetes Backblech geben.

Das Blech auf die unterste Leiste in den kalten Backofen schieben und bei 220°C etwa 60 bis 70 Minuten backen.
Gleich zu Beginn der Backzeit ein Schälchen mit kochendem Wasser in den Backofen stellen.

# Quarkstollen

Meinen würzigen Quarkstollen aus Hefeteig werden Sie zur Weihnachtszeit sicherlich gerne Ihren Gästen anbieten.
Lassen Sie ihn vor dem Anschneiden mindestens 1 Tag lang durchziehen. Fest in Alufolie verpackt, ist er lange haltbar. Der Teig reicht für zwei Kastenformen von 26 cm Länge oder für eine entsprechend große Stollenform.

(Farbtafel Seite 242)

## ZUTATEN

2 Eier
250 g Margarine
250 g Quark
100 g Honig
¼ TL Vanille
1 EL Rum
Saft einer halben Zitrone
50 g Orangeat
50 g Zitronat
100 g Korinthen
100 g Rosinen
100 g Haselnüsse
100 g Mandeln
100 g Walnüsse
50 g lauwarmes Wasser
40 g Hefe
500 g Weizen

## ZUBEREITUNG

Die Eier mit der Margarine, dem Quark und dem Honig schaumig rühren. Mit der Vanille, dem Rum und dem Zitronensaft würzen.
Das Orangeat, das Zitronat, die Korinthen und die Rosinen sowie die ganzen Haselnüsse, die ganzen abgezogenen Mandeln und die grobgehackten Walnüsse unterrühren.
Die Hefe in dem lauwarmen Wasser auflösen.
Den Weizen fein mahlen.
Beides zu der Quarkmasse geben und mit einem Holzlöffel kräftig zu einem weichen Teig verrühren.
Zugedeckt an einem warmen Ort etwa 1 Stunde gehen lassen. Noch einmal kräftig mit einem Holzlöffel durchrühren.
Gefettete Kastenformen oder eine Stollenform zu Dreiviertel mit dem Teig füllen.
Noch einmal 30 bis 45 Minuten gehen lassen.

## BACKEN

Den Stollen auf die unterste Leiste in den kalten Backofen schieben und bei 200°C 30 Minuten und bei 180°C weitere 45 bis 60 Minuten backen.

# Quellbrot

Das Quellbrot ist ein herzhaftes Backfermentbrot mit ganzen Roggenkörnern, das lange frisch bleibt.

## ZUTATEN

Für den Vorteig:
500 g Roggen
500 g warmes Wasser (30°C)
2 EL Grundansatz
(siehe Seite 186)
2 TL Backferment

300 g Roggen
kochendes Wasser zum Quellen

Für den Hauptteig:
400 g Roggen
300 g Weizen
250 bis 350 g warmes
Wasser (45°C)
3 gestrichene TL Salz

Zum Bestreuen:
2 EL ganze Roggenkörner

## ZUBEREITUNG

Am Abend den Roggen mittelfein mahlen.
Den Grundansatz und das Backferment klümpchenfrei in dem 30°C warmen Wasser auflösen und zum Roggen gießen. Beides mit einem Holzlöffel kräftig zu einem weichen Teig verrühren. Diesen mit einem feuchten Tuch bedeckt bei Zimmertemperatur stehenlassen. Getrennt davon 300 g ganze Roggenkörner mit kochendem Wasser überbrühen und über Nacht quellen lassen. Dabei sollte das Wasser mindestens fingerbreit über dem Roggen stehen.
Am nächsten Morgen den Roggen und den Weizen mittelfein mahlen. Das Salz in dem 40°C warmen Wasser auflösen.
Das überschüssige Wasser der gequollenen Roggenkörner abgießen.
Das Getreide, die Roggenkörner und das Salzwasser zum Vorteig geben und alles kräftig zu einem glatten Teig verkneten. Diesen zu einer Kugel formen und mit einem feuchten Tuch bedeckt an einem warmen Ort etwa 2 Stunden gären lassen, bis sich eine gute Lockerung zeigt.

Danach den Teig noch einmal kräftig durchkneten, zu einem länglichen Laib formen und auf ein gefettetes Backblech geben. Mit einem Messer schräg einschneiden und noch einmal 30 bis 60 Minuten gehen lassen, bis sich das Volumen deutlich vergrößert hat. Vorsichtig mit warmem Wasser abstreichen und mit den ganzen Roggenkörnern bestreuen. Diese etwas andrücken.

## BACKEN

Das Blech auf die unterste Leiste in den kalten Backofen schieben. Eine feuerfeste Schale mit heißem Wasser danebenstellen. Das Brot bei 250°C 30 Minuten und bei 200°C weitere 50 Minuten backen.

# Roggensauerteigbrot

Dieses Roggensauerteigbrot ist ein kerniges, uriges Brot, das zu unseren Lieblingsbroten gehört.

Sein Backen bedarf zwar einer gewissen Vorausplanung, macht aber nach einer gewissen Übung, wenn die einzelnen Arbeitsgänge ganz selbstverständlich geworden sind, kaum mehr Arbeit als ein anderes Brot oder ein Kuchen.

(Farbtafel Seite 159)

## ZUTATEN

1. Stufe am Morgen:
500 g Roggen
500 g lauwarmes Wasser
2 EL Starter oder Grundansatz

2. Stufe am Abend:
500 g fein gemahlenen Roggen
500 g grob gemahlenen Roggen
250 g lauwarmes Wasser

3. Stufe am nächsten Morgen:
250 g lauwarmes Wasser
1 EL Salz
1 EL Koriander
1 EL Kümmel
1 EL Leinsamen

## ZUBEREITUNG

Am Morgen den Roggen fein mahlen.

Den Starter oder Grundansatz in dem lauwarmen Wasser auflösen und zum Roggen gießen.

Mit einem Holzlöffel beides zu einem weichen Brei verrühren. Mit einem feuchten Tuch bedecken und bis zum Abend bei Zimmertemperatur stehenlassen.

Am Abend 500 g Roggen fein und 500 g Roggen grob mahlen und in einer Schüssel miteinander vermischen.

In der Mitte eine Vertiefung drücken, den fertigen Sauerteig vom Morgen hineingeben und 250 g lauwarmes Wasser dazugießen.

Von der Mitte her den Sauerteig und das Wasser mit einem Teil des Schrotes zu einem dickflüssigen Brei verrühren.

Mit einem feuchten Tuch bedecken und bei Zimmertemperatur bis zum nächsten Morgen stehenlassen.

Am nächsten Morgen noch einmal 250 g lauwarmes Wasser zugießen und die Gewürze hinzufügen.

Jetzt alle Zutaten ungefähr 10 Minuten lang kräftig mit den Händen kneten, bis sich der Teig von der Schüssel löst.

Den Teig zur Kugel formen und noch einmal etwa 1 bis 1½ Stunden an einem warmen Ort gären lassen.

Danach wird der Teig noch einmal kräftig durchgeknetet und zu einem runden oder länglichen Laib geformt und auf ein gefettetes Backblech gesetzt.

Mit einem Messer beliebig einschneiden und noch einmal etwa 1 Stunde gehen lassen. Vorsichtig mit lauwarmem Wasser abstreichen.

## BACKEN

Das Brot auf die unterste Leiste in den kalten Backofen schieben. Eine Schale mit heißem Wasser danebenstellen.

Das Brot bei 250°C 25 Minuten und bei 200°C weitere 45 bis 50 Minuten backen.

Vor dem Anschneiden mindestens 1 Tag auf einem Kuchengitter auskühlen lassen.

Das Brot bleibt lange frisch.

# Rosinenstuten

Der Rosinenstuten ist eine norddeutsche Spezialität aus Hefeteig. Er wird nur schwach gesüßt und stets mit Milch statt mit Wasser in einer Kastenform gebacken. Frisch aufgeschnitten schmeckt er mit Butter am besten. Als Kinder durften wir ihn in der Adventszeit nachmittags zum Kaffee noch mit knusprigen braunen Plätzchen belegen.

(Farbtafel Seite 160)

## ZUTATEN

1000 g Weizen
50 g Butter oder Margarine
1 TL Salz
¼ TL Vanille
2 Eier
2 EL Honig
500 g Milch
40 g Hefe
250 g Rosinen

Zum Bestreichen:
1 Eigelb
1 EL Wasser

## ZUBEREITUNG

Den Weizen fein mahlen.
Die Butter schmelzen und abkühlen lassen.
Die Gewürze, die Butter, die Eier und den Honig zum Getreide geben.
Die Hefe in der lauwarmen Milch auflösen und zur Getreidemischung gießen.
Alles sorgfältig miteinander vermischen und den Teig so lange kneten, bis er nicht mehr klebt und sich von der Schüssel löst.
Zugedeckt an einem warmen Ort etwa 1 Stunde gehen lassen, bis sich das Volumen verdoppelt hat.
In der Zwischenzeit die Rosinen waschen und abtropfen lassen.
Den gut gegangenen Teig noch einmal kräftig durchkneten und dabei die Rosinen untermengen.
Den Teig zu zwei länglichen Laiben formen und in zwei gefettete Kastenformen von 30 cm Länge geben.
Das Eigelb mit dem Wasser verschlagen und die Stuten damit einpinseln.
Noch einmal 20 Minuten an einem warmen Ort gehen lassen.

## BACKEN

Auf die unterste Leiste in den kalten Backofen schieben und bei 220°C 50 bis 55 Minuten backen.
Nach dem Backen zunächst 5 bis 10 Minuten in der Form lassen, dann auf ein Kuchengitter stürzen und auskühlen lassen.

# Sesambrot

Das Hefebrot mit einem Honig-Salz-Vorteig kann noch am Backtag gegessen werden, bleibt aber auch 2 bis 4 Tage länger frisch. Die Kombination von Dinkel und Sesam verleiht ihm einen nußartigen Geschmack.

## ZUTATEN

Für den Vorteig:
400 g Roggen
600 g lauwarmes Wasser
1 TL Salz
1 TL Honig

Für den Hauptteig:
700 g Dinkel
1 TL Salz
100 g lauwarmes Wasser
40 g Hefe
1 EL Honig
100 g ungeschälter Sesam

Zum Bestreichen:
1 Eigelb
1 EL Wasser

Zum Bestreuen:
2 EL Sesam

## ZUBEREITUNG

Am Abend den Roggen fein mahlen.

Das Salz und den Honig in dem lauwarmen Wasser auflösen und alles mit einem Holzlöffel zu einem weichen Brei verrühren. Mit einem feuchten Tuch bedeckt bei Zimmertemperatur über Nacht stehenlassen. (Aufpassen, daß der Teig nicht abtrocknet!) Am nächsten Morgen den Dinkel mittelfein mahlen und mit dem Salz mischen.

Die Hefe und den Honig in dem lauwarmen Wasser auflösen und zusammen mit dem Dinkel und dem Sesam zum Vorteig geben.

Alle Zutaten so lange gründlich miteinander verkneten, bis sich der Teig von der Schüssel löst und nicht mehr klebt.

Mit einem trockenen Tuch bedeckt an einem warmen Ort etwa 1 bis 1½ Stunden gehen lassen, bis sich das Volumen verdoppelt hat.

Den Teig noch einmal kräftig durchkneten und auf einer bemehlten Arbeitsfläche zu einer Rolle von etwa 60 cm Länge formen. Diese wie eine Schnecke aufrollen.

Das Eigelb mit dem Wasser verschlagen und das Brot damit bestreichen. Den Sesam darüberstreuen und leicht andrücken.

Das Brot auf ein gefettetes Backblech geben und an einem warmen Ort noch einmal 15 bis 20 Minuten gehen lassen.

Sollte das Brot in die Breite gehen, können Sie es mit dem Rand einer Springform fixieren.

## BACKEN

Das Brot auf die unterste Leiste in den kalten Backofen schieben und zunächst bei 250°C 20 Minuten und dann bei 200°C weitere 45 bis 50 Minuten backen.

Auf einem Kuchengitter mindestens 3 Stunden auskühlen lassen.

# Sonnenblumenbrot

Dieses Hefebrot mit Honig-Salz-Vorteig backe ich immer wieder schnell einmal zwischendurch, weil wir es besonders gerne frisch, nur mit Butter betrichen, mögen.

## ZUTATEN

Für den Vorteig:
400 g Roggen
400 g lauwarmes Wasser
1 TL Salz
1 TL Honig

Für den Hauptteig:
600 g Weizen
250 bis 300 g lauwarmes Wasser
40 g Hefe
2 gestrichene TL Salz
100 g Sonnenblumenkerne

Zum Bestreichen:
3 EL Milch

## ZUBEREITUNG

Den Roggen fein mahlen.
Das Salz und den Honig in dem lauwarmen Wasser auflösen und zum Roggen gießen. Mit einem Holzlöffel zu einem weichen Teig verrühren.
Mit einem feuchten Tuch bedeckt bei Zimmertemperatur über Nacht (mindestens aber 6 Stunden) stehenlassen.
Am nächsten Morgen den Weizen fein mahlen. Die Hefe in dem lauwarmen Wasser auflösen.
Das Salz, den Weizen und das Hefewasser zum Vorteig gießen. Alle Zutaten miteinander zu einem elastischen Teig verkneten. Zugedeckt an einem warmen Ort etwa 1 Stunde gehen lassen, bis sich das Volumen verdoppelt hat.
Den Teig noch einmal kräftig durchkneten und dabei die Sonnenblumenkerne untermengen.
Zu einer etwa 80 cm langen Rolle formen (Abb. 1) und diese wie zu einem Knoten verschlingen (Abb. 2–4).

Abb. 1

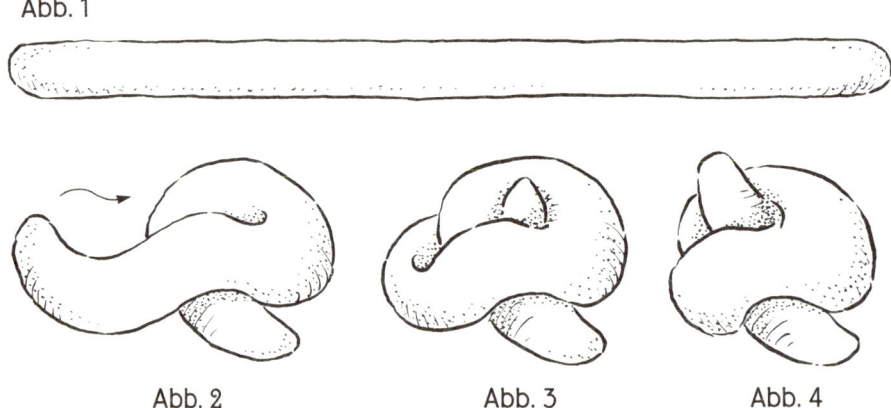

Abb. 2    Abb. 3    Abb. 4

Dabei die Enden andrücken.
Das Knotenbrot auf ein gefettetes Backblech setzen und noch einmal etwa 20 Minuten gehen lassen. Vorsichtig mit der lauwarmen Milch bestreichen.

BACKEN

Das Blech auf die unterste Leiste in den kalten Backofen schieben und bei 200°C etwa 60 Minuten backen.

# Vierkorn-Schrotbrot

Ein herzhaftes Backfermentbrot, das mit jeder Art von Belag gut schmeckt.

(Farbtafel Seite 146)

ZUTATEN

Für den Vorteig:
400 g Roggen
1 EL Grundansatz
1 leicht gehäufter TL Backferment
400 g handwarmes Wasser

Für den Hauptteig:
200 g Weizen
200 g Gerste
200 g Hirse
2 TL Salz
300 g warmes Wasser (45°C)

ZUBEREITUNG

Am Abend den Roggen mittelfein mahlen.
Den Grundansatz und das Backferment in dem etwa 30°C warmen Wasser klümpchenfrei auflösen und zum Roggen gießen.
Mit einem Holzlöffel die Masse gründlich verrühren und mit einem feuchten Tuch bedeckt mindestens 12 Stunden stehenlassen. (Dafür sorgen, daß das Tuch nicht abtrocknen kann.)
Am nächsten Morgen den Weizen, die Gerste und die Hirse mittelgrob schroten und zum Vorteig geben.
Das Salz in dem 45°C warmen Wasser auflösen, zum Schrot und zum Vorteig gießen.
Alles zu einem geschmeidigen Teig verkneten. Wenn der Teig klebt, müssen Sie Ihre Hände für das Durchkneten immer wieder anfeuchten.
Anschließend den Teig mit einem feuchten Tuch bedecken und an einem warmen Ort 1½ Stunden stehenlassen. Wieder darauf achten, daß der Teig nicht abtrocknet.
Danach sollte der Teig eine gute Lockerung zeigen. Er wird kräftig durchgeknetet und in eine gefettete Backform gefüllt. Noch einmal muß der Teig mit einem feuchten Tuch bedeckt an einem warmen Ort 30 bis 50 Minuten stehen bleiben. Wenn sich kleine Risse in der Oberfläche zeigen, ist die Gärzeit beendet.

BACKEN

Die Form auf die unterste Leiste in den kalten Backofen schieben und bei 220°C 70 bis 75 Minuten backen.
Gleich zu Beginn der Backzeit ein Schälchen mit kochendem Wasser in den Backofen stellen.

# BRÖTCHEN, HÖRNCHEN, BREZELN

## Dinkelbrötchen

Diese knusprigen Hefebrötchen mögen unsere Kinder gerne als Pausenfrühstück.
Ebensogut schmecken sie aber auch – mit und ohne Butter – zum Nachmittagstee.

(Farbtafel Seite 174)

ZUTATEN

500 g Dinkel
1 TL Salz
1 TL Zimt
250 g lauwarme Milch
40 g Hefe
100 g Butter oder Margarine
50 g ungeschwefelte Sultaninen

Zum Bestreichen:
2 EL Milch

ZUBEREITUNG

Den Dinkel fein mahlen und mit dem Salz und dem Zimt mischen. Die Hefe in der Milch auflösen und zum Dinkel gießen.
Zusammen mit der Butter zu einem glatten weichen Teig kneten. Zu-
gedeckt an einem warmen Ort etwa ½ bis 1 Stunde gehen lassen, bis sich das Volumen nahezu verdoppelt hat. Die Sultaninen unter den Teig kneten.
Etwa 16 Brötchen formen, auf ein gefettetes Backblech setzen und noch einmal 10 Minuten an einem warmen Ort gehen lassen. (Darauf achten, daß die Sultaninen im Innern der Brötchen bleiben. Sitzen sie außen, schmecken sie nach dem Backen leicht bitter.) Danach die Brötchen vorsichtig mit der Milch bestreichen.

BACKEN

Die Brötchen auf die mittlere Leiste in den kalten Backofen schieben und bei 220°C etwa 30 bis 35 Minuten backen.

VARIATIONEN

Statt Dinkel können Sie selbstverständlich auch Weizen verwenden. Die Rosinen können durch gehackte oder gemahlene Haselnüsse ersetzt werden.

## Haferbrötchen

Brote und Brötchen aus Hafer ergeben einen sehr schweren Teig, der beim Backen mit Hefe kaum aufgeht. Wenn Sie dem Hafer 50% Weizen oder Dinkel zusetzen, erhalten Sie ein gutes Backergebnis, und der typische Hafergeschmack bleibt noch voll erhalten.

ZUTATEN

300 g Hafer
300 g Weizen oder Dinkel
1 TL Salz
je ½ TL Anis und Fenchel
350 bis 400 g lauwarmes Wasser
40 g Hefe

Zum Bestreuen:
grobe Haferflocken

ZUBEREITUNG

Den Hafer und den Weizen oder den Dinkel fein mahlen und mit dem Salz, dem Anis und dem Fenchel mischen.
Die Hefe in dem lauwarmen Wasser auflösen und zu dem Getreide gießen. Die Wasser-Getreide-Mischung so etwa 10 Minuten quellen lassen, da Hafer längere Zeit benötigt, um Wasser zu binden, als Weizen oder Roggen.

Anschließend alles kräftig zu einem glatten Teig verkneten. Zugedeckt etwa 1 Stunde an einem warmen Ort gehen lassen, bis sich das Volumen verdoppelt hat.

Noch einmal kräftig durchkneten und etwa 20 Brötchen formen. Diese in den Haferflocken wälzen und auf ein gefettetes Backblech setzen.

Noch einmal 10 Minuten an einem warmen Ort gehen lassen.

---

### BACKEN

Das Blech auf die mittlere Leiste in den kalten Backofen schieben und bei 200°C 30 bis 35 Minuten backen.

## Heißwecken

Heißwecken werden aus Hefeteig hergestellt und sind eine Spezialität aus Schleswig-Holstein. Es sind gewürzte Korinthenbrötchen, die möglichst noch warm (oder wieder aufgebacken) gegessen werden. Manche Leute essen sie mit Butter bestrichen, in einigen Gegenden werden sie auch aufgeschnitten und mit leicht gesüßter Sahne gefüllt.

---

### ZUTATEN

500 g Weizen
1 gestrichener TL Salz
1 TL Zimt
½ TL Kardamom
¼ TL Vanille
2 Eier
50 g Butter oder Margarine
2 EL Honig
125 g lauwarme Milch
40 g Hefe
100 g Korinthen

Zum Bestreichen:
2 EL lauwarme Milch

---

### ZUBEREITUNG

Den Weizen fein mahlen und mit dem Salz, dem Zimt, dem Kardamom und der Vanille mischen.

Die Eier, die Butter und den Honig hinzufügen.

Die Hefe in der lauwarmen Milch auflösen und dazugießen. Alle Zutaten 5 Minuten lang zu einem glatten Teig verkneten. Zu einer Kugel formen und zugedeckt an einem warmen Ort etwa 1 Stunde gehen lassen, bis sich das Volumen verdoppelt hat.

Die Korinthen zum gut gegangenen Teig geben und noch einmal kräftig durchkneten.

Entweder zwölf runde Brötchen formen oder den Teig ½ cm dick zu einem Rechteck von etwa 40 cm Länge und 30 cm Breite ausrollen. Dieses in zwölf 10 x 10 cm große Quadrate einteilen.

Die Ecken jedes Quadrats nach innen umschlagen, fest andrücken und auf ein gefettetes Backblech setzen.

Noch einmal etwa 10 Minuten gehen lassen.

Vorsichtig mit der Milch bestreichen und die Ecken eventuell noch einmal andrücken.

---

### BACKEN

Das Blech auf die mittlere Leiste in den kalten Backofen schieben und bei 240°C etwa 25 Minuten backen.

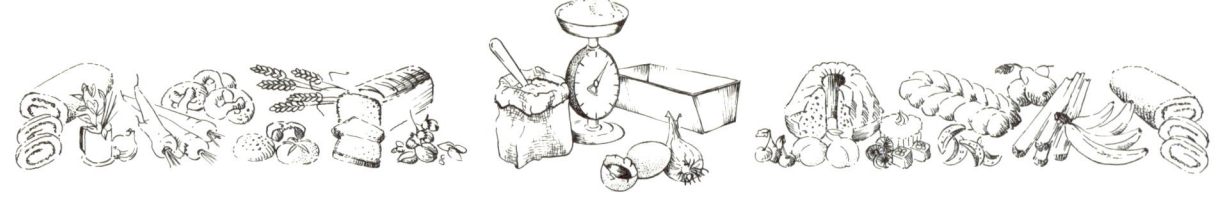

# Joghurthörnchen

Diese knusprigen Hefehörnchen schmecken ausgezeichnet mit Quark und selbstgemachtem, ungesüßtem Zwetschgenmus.

(Farbtafel Seite 174)

### ZUTATEN

600 g Weizen
50 bis 100 g lauwarmes Wasser
40 g Hefe
2 Becher Joghurt
1 Ei
4 EL Öl
1 TL Salz

### ZUBEREITUNG

Den Weizen fein mahlen.
Die Hefe in dem lauwarmen Wasser auflösen und zum Weizen gießen. Zusammen mit dem Joghurt, dem Ei, dem Öl und dem Salz zu einem weichen Teig kneten.
Zugedeckt an einem warmen Ort etwa 1 Stunde gehen lassen, bis sich das Volumen verdoppelt hat.
Den Teig noch einmal kräftig durchkneten, halbieren und auf einer bemehlten Arbeitsfläche zu zwei fingerdicken Tortenplatten ausrollen.
Jede runde Teigplatte wie eine Torte in acht Stücke teilen und von der breiten Seite her aufrollen. Dabei die Spitze gut andrücken.
Auf eine gefettetes Backblech geben und noch einmal 5 bis 10 Minuten gehen lassen.

### BACKEN

Das Blech auf die mittlere Leiste in den kalten Backofen schieben und bei 220°C etwa 30 Minuten backen.

# Korianderbrezeln

Brezelsaison war früher nur einmal im Jahr, und zwar zur Fastenzeit. Man nimmt an, daß die Hefebrezeln eine Art Totengebäck waren; sie sollten böse Geister, schlechtes Wetter und Krankheiten von den Lebenden fernhalten.

(Farbtafel Seite 174)

### ZUTATEN

500 g Weizen
1 TL Salz
1 TL gemahlener Koriander
300 g lauwarme Milch
30 g Hefe

Zum Bestreichen:
2 EL lauwarme Milch

Zum Bestreuen:
1 EL ganze Korianderkörner

Abb. 1

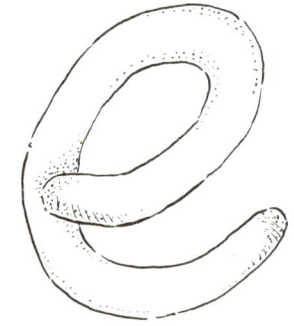

Abb. 2

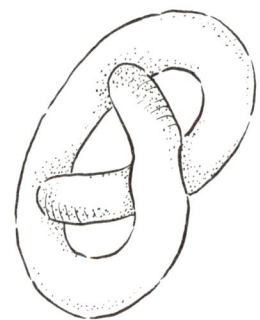

Abb. 3

Den Weizen fein mahlen und mit den Gewürzen mischen.

Die Hefe in der lauwarmen Milch auflösen und zum Weizen gießen.

Alle Zutaten zu einem glatten Teig kneten, der zugedeckt etwa 1 Stunde gehen sollte, bis sich das Volumen verdoppelt hat. Danach den Teig noch einmal kräftig durchkneten, in acht Stücke teilen und auf einer bemehlten Fläche etwa 40 cm lange und 1 cm dicke Rollen formen (Abb. 1) und zu Brezeln legen (Abb. 2 und 3).

Vorsichtig mit der Milch bestreichen und nach Geschmack mit den ganzen Korianderkörnern bestreuen.

Noch einmal 10 Minuten gehen lassen.

## BACKEN

Das Blech auf die mittlere Leiste in den kalten Backofen schieben und bei 220°C etwa 30 bis 35 Minuten backen.

## VARIATIONEN

Statt mit Koriander können Sie die Brezeln auch mit Pfeffer, Paprika oder Curry würzen.

Oder Sie machen sie süß.

Dafür 3 bis 4 EL Honig, ½ TL Vanille und 1 TL Zimt an den Teig geben und die gut gegangenen Brezeln mit 20 g gehackten Mandeln bestreuen.

# Roggenbrötchen mit Molke

Diese kräftigen Backfermentbrötchen schmecken mit jeder Art von Belag zu einem kräftigen Vesper.

## ZUTATEN

Für den Vorteig:
300 g Roggen
300 g warme Molke (30°C)
1 gestrichener TL Backferment
1½ EL Grundansatz

Für den Hauptteig:
500 g Roggen
2 TL Salz
1 TL Kümmel
250 g warme Molke (45°C)

Zum Bestreichen:
warmes Wasser
Roggenschrot

## ZUBEREITUNG

Für den Vorteig den Roggen fein mahlen.

Das Backferment und den Grundansatz in der warmen Molke auflösen, zum Roggen gießen und beides zu einem weichen Brei verrühren. Mit einem feuchten Tuch bedeckt über Nacht bei Zimmertemperatur stehenlassen.

Am nächsten Morgen den Roggen mittelfein mahlen, mit dem Salz und dem gemahlenen Kümmel mischen und zusammen mit der 45°C warmen Molke zum Vorteig geben. Alle Zutaten solange miteinander verkneten, bis sich der Teig von der Schüssel löst und nicht mehr klebt. Zugedeckt an einem warmen Ort etwa 2 Stunden gären lassen. Danach noch einmal kräftig durchkneten, in 16 Stücke teilen und zu kleinen Laiben formen. Mit lauwarmem Wasser bestreichen und in etwas Roggenschrot wälzen.

Auf ein gefettetes Backblech geben und an einem warmen Ort noch einmal 30 bis 40 Minuten gehen lassen.

## BACKEN

Das Blech auf die mittlere Leiste in den kalten Backofen schieben und bei 220°C etwa 35 Minuten backen.

# Weizenbrötchen

Ob zum Frühstück, als Pausenbrot oder als Imbiß, diese Hefebrötchen werden bestimmt immer reißenden Absatz finden.

## ZUTATEN

1000 g Weizen
450 bis 550 g lauwarmes Wasser
40 g Hefe
je 1 gestrichener TL Anis, Fenchel und Koriander
1 TL Meersalz

Zum Bestreichen:
1 Eigelb
1 EL Wasser oder
2 EL Milch

Zum Bestreuen:
Sesam und/oder Mohn

## ZUBEREITUNG

Den Weizen fein mahlen und mit den Gewürzen vermischen. Die Hefe in dem lauwarmen Wasser auflösen und zum Weizen gießen. Dann die Gewürze dazugeben. Alles zusammen 5 Minuten lang zu einem glatten Teig verkneten. Den Teig zur Kugel formen und zugedeckt etwa 1 Stunde gehen lassen, bis sich das Volumen verdoppelt hat.

Danach noch einmal kräftig durchkneten und etwa 25 Brötchen formen.

Ob die Brötchen länglich oder rund aussehen oder ob Sie andere Formen erfinden, bleibt Ihrem Geschmack überlassen.

(Lassen Sie Ihre Kinder mithelfen, und Sie werden garantiert wunderschöne Brötchenformen erhalten.) Danach werden die Brötchen auf ein gefettetes Backblech gesetzt und mit dem mit Wasser oder Milch verschlagenen Eigelb bestrichen. Nach Belieben einschneiden und mit Sesam oder Mohn bestreuen. An einem warmen Ort noch einmal 10 bis 15 Minuten gehen lassen.

## BACKEN

Das Blech auf die mittlere Leiste in den kalten Backofen schieben und die Brötchen bei 220°C 30 bis 35 Minuten backen.

Farbtafel 24:
Buchweizentorte
(Rezept Seite 249)

# Zwiebelbrötchen

Zwiebelbrötchen aus Hefeteig schmecken gut zum Picknick oder zu einer Salatplatte.

## ZUTATEN

400 g Weizen
100 g Roggen
100 g lauwarmes Wasser
40 g Hefe
150 bis 200 g lauwarme Milch
1 Ei
40 g Butter oder Margarine
1 TL Salz
1 TL gemahlener Kümmel
1 TL Hefeflocken
150 g Zwiebeln
2 EL Öl

Zum Bestreichen:
1 Eigelb
1 EL Wasser

Farbtafel 25:
Zwetschgenwähe
(Rezept Seite 259)

## ZUBEREITUNG

Den Weizen und den Roggen fein mahlen.

Die Hefe in dem lauwarmen Wasser auflösen und mit der Milch zum Vollkornmehl geben.

Mit dem Ei, der Butter und den Gewürzen zu einem glatten Teig kneten. Diesen zugedeckt an einem warmen Ort etwa 1 Stunde gehen lassen, bis sich sein Volumen verdoppelt hat.

In der Zwischenzeit die Zwiebeln sehr fein hacken und in dem Öl glasig dünsten. Abkühlen lassen.

Den gut gegangenen Hefeteig noch einmal gut durchkneten und dabei die Zwiebeln untermengen. 16 runde Brötchen formen, auf ein gefettetes Backblech setzen und noch einmal 10 bis 15 Minuten an einem warmen Ort gehen lassen. Vorsichtig mit dem verquirlten Eigelb bestreichen.

## BACKEN

Das Blech auf die mittlere Leiste in den kalten Backofen schieben und bei 220°C etwa 35 Minuten backen. Auf einem Kuchengitter auskühlen lassen und möglichst frisch servieren.

## VARIATIONEN

### Kräuterbrötchen

Mischen Sie statt der Zwiebeln 100 g feingehackte gemischte Küchenkräuter wie Petersilie, Schnittlauch, Dill, Liebstöckel, Bohnenkraut usw. unter den Teig.

### Käsebrötchen

Mischen Sie statt der Zwiebeln 150 g geriebenen Emmentaler Käse unter den Teig.

# FLADEN AUS ALLER HERREN LÄNDER

## Apfelfladen

Diese knusprigen, goldbraunen Apfelfladen aus Hefeteig schmecken zu jeder Tageszeit köstlich. Sie können sie so essen, aber auch mit Butter bestreichen.

### ZUTATEN

500 g Dinkel
1 TL Zimt
1 TL Salz
1 EL Honig
200 bis 300 g lauwarmes Wasser
20 g Hefe
300 g Äpfel

### ZUBEREITUNG

Den Dinkel fein mahlen und mit dem Zimt und dem Salz mischen. Den Honig dazugeben.
Die Hefe in dem lauwarmen Wasser auflösen und zum Dinkel gießen. Alle Zutaten so lange kneten, bis sich der Teig von der Schüssel löst.
Zugedeckt an einem warmen Ort gehen lassen, bis sich das Volumen ungefähr verdoppelt hat.
Den Teig noch einmal kräftig durchkneten.

Die Äpfel in sehr feine Würfel schneiden oder grob raspeln und unter den Teig mengen.
Den Teig in vier Stücke teilen und zu tellergroßen Fladen formen. Die Fladen auf ein gefettetes Backblech geben.

### BACKEN

Das Blech auf die mittlere Leiste in den kalten Backofen schieben und bei 200°C etwa 35 Minuten knusprig braun backen.

216

# Haferfladen

Haferfladen – ohne Triebmittel hergestellt – sind besonders beliebt in Schottland. Dort heißen sie bannocks und werden zum Frühstück oder zur Suppe serviert. Sie sollten wie Knäckebrot in einer luftdicht abgeschlossenen Blechdose aufbewahrt und vor dem Verzehr noch einmal aufgebacken werden, damit sie schön knusprig sind.
Ich habe das Originalrezept in ein Vollkornrezept umgewandelt und backe bannocks statt auf einem Eisenrost über dem offenen Feuer in einer Springform im Backofen.

(Farbtafel Seite 188)

## ZUTATEN

250 g Hafer
½ TL Salz
¼ TL Natron (kann auch weggelassen werden)
400 g heißes Wasser

## ZUBEREITUNG

Den Hafer unter ständigem Rühren in einer Pfanne trocken rösten, bis er anfängt zu duften. Abkühlen lassen und fein mahlen. Mit dem Salz und dem Natron mischen und mit dem heißen Wasser übergießen. Den Hafer 10 Minuten quellen lassen und anschließend alles zu einem weichen Teig verrühren.
Eine Springform von etwa 28 cm Durchmesser einfetten und den Teig einfüllen.
Da der Teig sehr klebrig ist, müssen Sie Ihre Hände immer wieder anfeuchten, um ihn glattstreichen zu können.
Mit einem Messer wie eine Torte in acht Stücke teilen.

## BACKEN

Auf die mittlere Leiste in den kalten Backofen schieben und bei 180°C 30 bis 40 Minuten backen. Die bannocks sollten nicht braun werden.
Auf einem Kuchengitter auskühlen lassen und vor dem Essen noch einmal knusprig aufbacken.

# Indische Kräuterfladen aus Erbsenmehl

## ZUTATEN

150 g Erbsen
100 g Weizen
1 kleine Zwiebel
3 bis 5 EL frische, gehackte Küchenkräuter
1 TL Salz
etwa 150 g Wasser

## ZUBEREITUNG

Die Erbsen und den Weizen fein mahlen.
Die Zwiebel und die Kräuter sehr fein hacken und daruntermengen.
Das Salz in dem Wasser auflösen und dazugießen; alle Zutaten zu einem weichen Teig verkneten.
Diesen etwa ½ Stunde ruhen lassen.
Den Backofen auf 200°C vorheizen.
Den Teig in vier Stücke teilen und jedes zu einem dünnen runden Fladen ausrollen. Auf ein gefettetes Backblech geben.

## BACKEN

Das Blech auf die mittlere Leiste in den kalten Backofen schieben und bei 200°C etwa 12 bis 15 Minuten backen.

## VARIATION

Sie erhalten Tomatenfladen, wenn Sie einen Teil des Wassers nach Geschmack durch abgezogene, pürierte Tomaten ersetzen.

## Norwegisches Flattbröd

Vielleicht haben Sie schon einmal Bilder aus Norwegen gesehen, auf denen runde Fladenbrote mit Loch auf Stangen unter der Decke hingen. Früher wurde nämlich nur sehr selten, dafür aber in großen Mengen gebacken. Das Brot war dementsprechend hart und trocken, zumal ohne Triebmittel gebacken wurde.

Ich habe mir sagen lassen, daß außer Getreide auch Kartoffeln und Wurzelgemüse mitgebacken wurden.

Probieren Sie einmal „mein" Flattbröd aus Roggen und Möhren. Es schmeckt sehr gut zu Salaten, Suppen und Käse.

### ZUTATEN

300 g Roggen
250 g Möhren
1 gestrichener TL Salz
150 g lauwarmes Wasser

### ZUBEREITUNG

Den Roggen fein mahlen.
Die Möhren waschen, putzen, raspeln und mit dem Roggen vermischen. Das Salz in dem lauwarmen Wasser auflösen.

Alle Zutaten zu einem welchen Teig verkneten; diesen mindestens 1 Stunde quellen lassen.

Ein Backblech einfetten und den Teig mit einem nassen Löffel darauf verstreichen. Rechtecke oder Rauten in der gewünschten Größe ausradeln.

### BACKEN

Das Blech auf die mittlere Leiste in den kalten Backofen schieben und bei 220°C etwa 20 bis 30 Minuten backen.

Die Backzeit richtet sich danach, wie knusprig Sie Ihr Flattbröd wünschen.

Frisch servieren!

## Sardische Fladen

Die sardischen Fladen werden ohne Triebmittel gebacken und sind die ältesten uns bekannten Brote. Früher wurden sie am offenen Feuer geröstet, und noch heute gehören sie zu den Spezialitäten Sardiniens.

Sie sollten hauchdünn, knusprig und leicht wie Knäckebrot sein.

Am besten schmecken sie ganz frisch aus dem Ofen, mit Butter bestrichen und mit Käse belegt.

### ZUTATEN

300 g Weizen
1 TL Salz
1 EL Hefeflocken
knapp 200 g lauwarmes Wasser

Zum Bestreichen:
¼ l warmes Wasser
1 EL Salz

### ZUBEREITUNG

Den Weizen fein mahlen und mit dem Salz und den Hefeflocken mischen.

Das lauwarme Wasser hinzufügen und alles zu einem geschmeidigen Teig kneten, der nicht mehr kleben sollte.

Den Teig 30 Minuten ruhen lassen. Danach den Teig in sechs Stücke teilen. Jedes Stück auf einer bemehlten Fläche strudeldünn zu einem Fladen von 20 bis 25 cm Durchmesser ausrollen und auf ein gefettetes Backblech geben.

Den Backofen auf 250°C vorheizen.

Das Salz in dem warmen Wasser auflösen und die Fladen damit bestreichen.

---

### BACKEN

Die Fladen nacheinander 3 bis 4 Minuten auf der mittleren Leiste im vorgeheizten Backofen backen, wenden, erneut mit Salzwasser abstreichen und noch einmal 3 bis 4 Minuten auf der anderen Seite backen.

# Schwedische Ringfladen

Diese Ringfladen aus Hefeteig erhalten ihren typischen Geschmack durch die Kombination von Honig und Fenchel mit Roggen. Sie sind schnell zubereitet und schmecken am besten frisch. Werden sie eingefroren, sollten Sie sie vor dem Verzehr kurz aufbacken.

(Farbtafel Seite 188)

---

### ZUTATEN

250 g Weizen
250 g Roggen
2 TL Fenchel
1 TL Salz
2 EL Honig
4 EL Öl
300 g lauwarmes Wasser
40 g Hefe

---

### ZUBEREITUNG

Den Weizen und den Roggen fein mahlen und zusammen mit dem Fenchel und dem Salz vermischen. Den Honig und das Öl zugeben. Die Hefe in dem lauwarmen Wasser auflösen und zum Getreide gießen.

Alles kräftig zu einem glatten Teig verkneten und zugedeckt etwa 1 Stunde an einem warmen Ort gehen lassen, bis sich das Volumen etwa verdoppelt hat.

Danach den Teig noch einmal kräftig durchkneten.

Auf einer bemehlten Fläche etwa 1 cm dick ausrollen und mit Hilfe einer Schüssel entweder drei Kreise von etwa 20 cm Durchmesser oder sechs Kreise von 12 cm Durchmesser ausstechen. Danach noch jeweils mit einem Glas in der Mitte ein Loch ausstechen und die Ringfladen rundherum mit einer Gabel einstechen.

Auf ein gefettetes Backblech geben und noch einmal 15 Minuten an einem warmen Ort gehen lassen.

---

### BACKEN

Das Blech auf die mittlere Leiste in den kalten Backofen schieben und bei 200°C etwa 30 Minuten backen.

Auf einem Kuchengitter 1 Stunde auskühlen lassen und frisch servieren.

## Sesamknäckebrot

Ein äußerst schmackhaftes, knuspriges Knäckebrot, das ohne Triebmittel gebacken wird.

(Farbtafel Seite 188)

### ZUTATEN

300 g Dinkel
1 TL Salz
30 g Sesam
30 g Butter
¼ l lauwarme Milch

### ZUBEREITUNG

Den Dinkel fein mahlen.
Mit dem Salz und dem Sesam mischen und zusammen mit der Butter und der lauwarmen Milch zu einem weichen Teig verkneten, der nicht mehr kleben sollte.
Ein Backblech einfetten und den Teig je nach Beschaffenheit entweder sehr dünn ausrollen oder ausstreichen. (Wenn Sie Ihre Hände dazu anfeuchten, geht es ohne Schwierigkeiten.)
In etwa 6 x 10 cm große Rechtecke ausrädeln und mit einer Gabel einstechen.

### BACKEN

Den Backofen auf 220°C vorheizen.

Das Blech auf die unterste Leiste schieben und das Knäckebrot etwa 30 bis 40 Minuten backen.
Die Backzeit richtet sich danach, wie knusprig Sie Ihr Knäckebrot wünschen.
In einer Blechdose oder in Alufolie eingewickelt, bleibt es mehrere Tage frisch.

## Sonnenfladen

Sonnenfladen werden ohne Triebmittel aus gekeimten Weizenkörnern hergestellt und eigentlich langsam in der Sonne getrocknet. Wenn es schneller und einfacher gehen soll, können Sie selbstverständlich auch den Backofen benützen.
Um den vollen Geschmack der Sonnenfladen auszukosten, müssen diese langsam und gut gekaut werden.

### ZUTATEN

150 g Weizen
1 Prise Salz

Nach Geschmack:
½ TL gemahlener Fenchel
und/oder
½ TL gemahlener Kümmel

### ZUBEREITUNG

Den Weizen keimen lassen.
Dafür den Weizen zunächst 12 Stunden in reichlich Wasser einweichen. Danach das Wasser abgießen und im weiteren Verlauf den Weizen zweimal täglich in einem Sieb gründlich abspülen. Das Keimen findet bei Zimmertemperatur statt; das Gefäß also nicht in die pralle Sonne stellen. Nach 2 bis 3 Tagen sind die Keime voll entwickelt.
Die Weizensprossen durch einen Fleischwolf drehen oder mit dem Mixer zerhacken. Langsam mit den Händen zu einem Teig kneten. Dabei die Prise Salz und eventuell den Kümmel und den Fenchel unterarbeiten.
Danach den Teig zu dünnen runden Fladen ausrollen. Die Fladen auf ein geöltes Backblech geben.

### BACKEN

Das Blech auf die mittlere Leiste in den auf 90°C vorgeheizten Backofen schieben. Lassen Sie die Backofentür ruhig einen Spalt geöffnet. Die Fladen werden auf beiden Seiten jeweils 30 Minuten knusprig gebacken.

# KUCHEN, TORTEN UND KLEINGEBÄCK

## ÜBER DAS KUCHENBACKEN

Brote in Form von Fladen und Laiben werden schon seit Jahrtausenden gebacken; aber auch unsere heutigen Kuchen und Torten haben eine lange Tradition.

Bereits die alten Germanen haben eine Art Torte gebacken, nämlich einen runden Fladen aus Getreide und Honig, der als Gebäck zur Sonnenwendfeier zubereitet wurde. Auch ihre Toten bedachten sie mit besonderen Gebäcken: Sie gaben ihnen Kränze oder Ringe mit ins Grab. Dies waren zunächst nur besonders geformte Brote, die sich später aber nicht nur in der Form, sondern auch durch die besonderen Zutaten vom alltäglichen Backwerk unterschieden. Schließlich gingen sie dazu über, an Festtagen spezielles Gebäck zuzubereiten. Dies war die „Geburtsstunde" unserer heutigen süßen Backwaren, denn viele Gebäckarten und -formen – wie zum Beispiel Krapfen, Kirbekuchen, Osterbrot, Julgebäck und Nikolausbackwerk – gehen auf bestimmte altgermanische, christliche, aber auch auf neuzeitliche Bräuche zurück.

Im Laufe der Zeit, besonders aber in den letzten 100 Jahren, wurden die Gebäcke immer mehr verfeinert: Die Zutaten, wie Eier und Fett, wurden üppiger, und das weiße Auszugsmehl und der Zucker hielten ihren Einzug in die Backstuben.

Abgesehen von manchen ländlichen Haushalten, in denen auch heute noch an bestimmten Fest- und Feiertagen nach altüberlieferten Rezepten gebacken wird, nimmt bei vielen Leuten das „süße Stückchen" vom Bäcker einen wichtigen Platz im täglichen Speisezettel ein: Kinder kaufen es sich zum Beispiel in der Schule als Pausenfrühstück, Erwachsene essen es zwischendurch zu fast jeder Tageszeit.

In den meisten Haushalten wird zwar noch selbst gebacken, aber auch dabei ist der Griff zu einer schnellen Fertigkuchenmischung verführerisch geworden. Wie abträglich diese Gewohnheiten der Gesundheit sind, brauche ich wohl kaum näher auszuführen.

Daß Sie aber auch mit Vollkornmehl, Honig und naturbelassenen Zutaten ausgezeichnet backen können, möchte ich Ihnen im folgenden Abschnitt zeigen. Beim Ausprobieren der Rezepte werden Sie sicherlich auch feststellen, daß Gebäcke aus Vollkornmehl viel aromatischer schmecken und weitaus bekömmlicher sind als die überzuckerte Konditorware aus Auszugsmehl.

Die Grundrezepte zeigen Ihnen, daß es möglich ist, jeden Kuchen auf Vollkornbasis herzustellen. Sie brauchen also zum Beispiel bei besonderen Anlässen durchaus nicht auf eine Biskuitsahnetorte zu verzichten. Andererseits ist es aber auch möglich, den sommerlichen Obstsegen ohne üppige Zutaten zu einfachen Kuchen, Torten und Strudeln zu verarbeiten.

Praktische Tips zeigen Ihnen bei den Grundrezepten, worauf Sie bei der Vollkornbäckerei achten sollten.

Im Rezeptteil finden Sie dann viele neu entwickelte, aber auch altbewährte, nach den Regeln einer Vollwertkost umgewandelte Rezepte, die Sie zum Ausprobieren einladen.

# DER RÜHRTEIG

Rührteig werden alle die Teige genannt, die in einer Schüssel gerührt werden müssen. Da sie entweder fließen oder aber – um mit dem Fachausdruck zu sprechen – schwer reißend vom Löffel fallen, müssen sie immer in einer Form gebacken werden.

Sie können dabei die verschiedensten Kuchen backen – kleine, hohe, flache Kuchen oder Torten – und sicher sein, daß sie Ihnen immer gelingen, selbst wenn Sie keinerlei Backerfahrung besitzen.

## Grundrezept

### ZUTATEN

200 g Butter oder Margarine
200 g Honig
3 große Eier
Saft und Schale
einer unbehandelten Zitrone
1 Prise Salz
1 Päckchen Weinstein-Backpulver
500 g Weizen
200 g Milch

### ZUBEREITUNG

Die Butter mit dem Honig und den Eiern schaumig rühren. Den Saft und die Schale der Zitrone, das Salz, das Backpulver, den frisch gemahlenen Weizen und die Milch dazugeben.
Alle Zutaten mit dem Handrührgerät auf höchster Schaltstufe rühren.
Eine Kastenform von 30 cm Länge gut einfetten, mit Vollkornbröseln ausstreuen, den Teig hineinfüllen und glattstreichen.

### BACKEN

Das Kuchengitter auf die unterste Leiste setzen. Die Form in den kalten Backofen schieben und bei 180 °C etwa 60 bis 70 Minuten backen.

## VARIATIONEN

Ein beliebiger Teil des Weizens kann durch Hirse, Hafer, Mais oder Reis ersetzt werden.

Als Geschmackszutaten können Sie Kakao, Nüsse, verschiedene Gewürze oder Früchte verwenden. Probieren Sie doch einmal die folgenden Rezepte aus: Napfkuchen, Schnelle Schokoladentörtchen.

## Salziger Rührteig

Sie können aus einem Rührteig auch einen salzigen Kuchen herstellen.

Es ist zwar üblich, dafür einen Hefe-, Mürbe- oder Blätterteig zu verwenden, aber wenn Sie es eilig haben, backen Sie einen Gemüserührteig-Kuchen ohne große Vorbereitung.

Die unten im Grundrezept aufgeführten Zutaten reichen für eine Spring- oder Pieform von 26 bis 28 cm Durchmesser. Wollen Sie ein ganzes Blech backen, verdoppeln Sie einfach das Rezept.

## ZUTATEN

300 g Weizen
oder
200 g Weizen und 100 g Roggen
oder
200 g Weizen und 100 g Grünkern
oder
150 g Weizen und 150 g Hirse
oder
200 g Weizen und 100 g Hafer
1 Päckchen Weinstein-Backpulver
2 Eier
175 g Joghurt oder Quark
oder Milch
3 EL Öl
1 gehäufter TL Salz

Für den Belag:
500 bis 750 g Gemüse nach Wahl
(Lauch, Champignons, Möhren, Kohl usw.)

Für den Guß:
150 g saure Sahne
(oder süße Sahne, Milch oder Joghurt)
100 g geriebener Käse
2 Eier
30 g Weizen

## ZUBEREITUNG

Den Weizen fein mahlen und mit dem Backpulver mischen. Die Eier, den Joghurt, das Öl und das Salz dazugeben und alle Zutaten mit dem Handrührgerät auf höchster Schaltstufe 3 Minuten lang zu einem weichen Teig verrühren.

Eine Springform einfetten und den Teig darauf verteilen.

Mit einem nassen Löffel glattstreichen und dabei einen 1 cm hohen Rand formen.

Für den Belag das Gemüse etwa 5 Minuten dünsten, gut würzen und auf dem Teig verteilen.

Die Zutaten für den Guß miteinander verrühren und über das Gemüse gießen.

## BACKEN

Die Form auf die unterste Leiste in den kalten Backofen schieben und bei 200 °C etwa 50 Minuten backen.

Probieren Sie doch einmal das folgende Rezept aus: Lauchkuchen.

## PRAKTISCHE TIPS FÜR DAS BACKEN MIT RÜHRTEIG

● Alle Zutaten sollten Sie vor dem Backen nach den jeweiligen Angaben im Rezept genau abwiegen und bereitstellen.
Auf diese Weise erhalten Milch, Butter und Eier, wenn Sie sie rechtzeitig aus dem Kühlschrank nehmen, Zimmertemperatur und lassen sich besser verarbeiten.

● Selbstverständlich können Sie Ihren Rührteig wie unsere Großmütter mit der Hand rühren. Dabei wird zunächst das Fett mit einem Schneebesen schaumig geschlagen; dann werden abwechselnd nach und nach Honig und Eier dazugegeben und so lange gerührt, bis eine homogene Masse entstanden ist. Das dauert ungefähr 15 Minuten. Erst danach werden mit einem Rührlöffel (Holzlöffel mit Loch) das frisch gemahlene Vollkornmehl, das Backpulver und die Flüssigkeit untergerührt. Zuletzt werden die Geschmackszutaten wie Rosinen, Nüsse, Kakao usw. dazugegeben.
Mit dem elektrischen Handrührer geht alles viel schneller.

Alle Zutaten (bis auf die Geschmackszutaten) werden auf höchster Schaltstufe etwa 3 Minuten gut durchgerührt. Ganz zum Schluß werden die Rosinen usw. hinzugefügt und kurz untergerührt.

● Die Formen sollten sorgfältig eingefettet werden, damit der Teig nicht hängenbleibt. Zusätzlich können sie noch mit Vollkornbröseln oder Kleie ausgestreut werden.

● Lassen Sie beim frisch gemahlenen Vollkornmehl den Teig etwa 30 Minuten ruhen. Auf diese Weise kann das Getreide besser ausquellen.

● Verwenden Sie Eischnee, heben Sie ihn unter, kurz bevor der Teig in die Form gefüllt wird.

● Stellen Sie Kuchen in Formen immer auf den Backrost, nicht auf das Backblech.

● Wichtig für das Gelingen des Gebäcks ist die richtige Einschubhöhe: Hohes Gebäck wie Napfkuchen oder Kuchen in Kasten- oder Springformen wird immer auf die unterste Leiste in den Backofen geschoben. Flaches Gebäck – wie Törtchen oder Blechkuchen – wird auf der mittleren Leiste gebacken.

● Nach Ende der Backzeit können Sie ein Holzstäbchen in den Kuchen stecken und so überprüfen, ob er fertig ist.

● Wenn beim Herausziehen keine feuchten Teigreste mehr daran haften, nehmen Sie Ihren Kuchen aus dem Backofen.

● Lassen Sie den Kuchen zunächst etwa 5 Minuten in der Form. Bevor Sie ihn auf ein Kuchengitter stürzen, lösen Sie ihn mit einem spitzen Küchenmesser am oberen Formrand (erst dann stürzen). Löst sich der Kuchen noch nicht, können Sie ein kalt ausgespültes Tuch auf die Form legen.

● Rührkuchen bleibt frisch und saftig, wenn Sie ihn fest in Alufolie einschlagen und kühl aufbewahren.

● Sie können Rührkuchen – am besten noch lauwarm – gut einfrieren.

224

# DER HEFETEIG

Viele Leute wagen es nicht, einen Hefeteig zu backen, weil sie glauben, daß er sehr schwierig zuzubereiten sei.

Wenn Sie aber daran denken, daß die Hefe ein „Lebewesen" mit einfachen Bedürfnissen ist, wird Ihnen das Backen mit Hefe keinerlei Schwierigkeiten bereiten. (Vergleichen Sie auch die Eigenschaften der Hefe auf Seite 162.)

Kaum ein Teig ist so vielseitig wie der Hefeteig. Ob Sie einen saftigen Obstkuchen, eine Pizza, kleine Brote oder Brötchen (vergleichen Sie auch das Brotbacken mit Hefe auf Seite 178 f.) backen wollen, Grundlage ist immer ein Hefeteig.

Das einzige, was er reichlich braucht, ist Zeit, denn er sollte zweimal aufgehen, sein Volumen sich dabei ungefähr verdoppeln.

Ich schiebe – bis auf wenige Ausnahmen – das Hefegebäck in den kalten Backofen. Bedenken Sie, daß das Gebäck während des Aufheizens des Backofens noch zunächst weiter geht.

Setzen Sie deshalb die Zeit für das Gehen geformter Gebäcke nicht zu lange an, sonst fließen sie sehr in die Breite oder zerbrechen.

## Grundrezept

### ZUTATEN

500 g Weizen
200 g lauwarme Milch
30 g Hefe
1 Ei
100 g Butter oder Margarine
80 g Honig
abgeriebene Schale
einer unbehandelten Zitrone

### ZUBEREITUNG

Den Weizen fein mahlen.
Die Hefe in der lauwarmen Milch auflösen.
Alle Zutaten so lange zu einem Teig kneten, bis er sich von der Schüssel löst und geschmeidig ist.
Mit einem sauberen Küchentuch bedeckt, an einem warmen Ort etwa 1 Stunde gehen lassen, bis sich sein Volumen verdoppelt hat. Danach den Teig noch einmal kräftig durchkneten.
Entweder zu Gebäcken formen oder auf einem gefetteten Backblech ausrollen.
Noch einmal 10 bis 20 Minuten gehen lassen.

Das Blech auf die mittlere Leiste in den kalten Backofen schieben und je nach Gebäck bei 200°C etwa 30 bis 45 Minuten backen.

## VARIATIONEN

Der Weizen kann in den Rezepten durch Dinkel ersetzt werden. Bis zu 50 Prozent des Weizens können durch Hafer, Hirse, Gerste oder Buchweizen ersetzt werden.
Unter den Teig können noch 200 g gemahlene Nüsse, Rosinen oder Korinthen und verschiedene Gewürze geknetet werden.

Probieren Sie doch einmal die folgenden Rezepte aus:
Butterkuchen, Gugelhupf, Hefetörtchen, Rhabarberkuchen mit Streusel, Nußhörnchen, Zwetschgendatschi.

# Salziger Hefeteig

Ein saftiger Hefeteig kann die Grundlage für eine Pizza, einen Gemüsekuchen oder pikant gefüllte Teigtaschen sein.
Das folgende Grundrezept reicht für ein Backblech.
Wenn Sie einen sehr dünnen knusprigen Boden bevorzugen, verwenden Sie nur ein halbes Rezept.

## ZUTATEN

500 g Weizen
200 g lauwarme Milch
20 g Hefe
2 Eier
3 EL Öl
1 TL Salz
eventuell ½ TL Kümmel und Koriander

## ZUBEREITUNG

Den Weizen fein mahlen.
Die Hefe in dem lauwarmen Wasser auflösen.
Alle Zutaten – wie oben beschrieben – zu einem geschmeidigen Teig kneten und zugedeckt an einem warmen Ort etwa 1 Stunde gehen lassen.

Danach den Teig noch einmal gut durchkneten, ausrollen und auf ein gefettetes Backblech geben.
Den Belag und eventuell einen Guß darauf verteilen und noch einmal 15 Minuten gehen lassen.

## BACKEN

Das Blech auf die unterste Leiste in den kalten Backofen schieben und je nach Belag bei 200°C 35 bis 50 Minuten backen.

## VARIATIONEN

Sie können die 500 g Weizen durch 250 g Weizen und 250 g Hirse, durch 300 g Weizen und 200 g Roggen oder durch 400 g Weizen und 100 g Grünkern ersetzen.
Statt Milch können Sie auch Buttermilch, Sauermilch oder Joghurt und natürlich auch Wasser verwenden.

Probieren Sie doch einmal die folgenden Rezepte aus:
Bunter Gemüsekuchen, Pikante Heferolle, Piroggen, Pizza klassisch.

Farbtafel 26:
Erdbeermakronentorte
(Rezept Seite 251)

## PRAKTISCHE TIPS FÜR DAS BACKEN MIT HEFETEIG

- Verwenden Sie nur frische Hefe. Sie muß trocken und fest, ihre Farbe hellgrau bis gelbrosa und ihr Geschmack fein säuerlich sein. Alte Hefe ist rissig und ausgetrocknet.
- Alle verwendeten Zutaten sollten mindestens Zimmertemperatur haben, denn die Hefe kann sich ohne Wärme nicht entfalten. Eier und Fett sollten deshalb mindestens 2 Stunden vor dem Backen aus dem Kühlschrank genommen werden. Das Fett muß weich oder, wenn es im flüssigem Zustand verwendet werden soll, lauwarm sein.
- Die Temperatur von Milch, Sahne und Wasser können Sie mit dem Finger überprüfen; sie dürfen weder heiß noch kalt, sondern müssen unbedingt lauwarm sein.

Farbtafel 27:
Apfelstrudel (Rezept Seite 246) und Schnelle Schokoladentörtchen (Rezept Seite 263)

- Durch Fett – wie Butter, Margarine und Öl – wird der Teig schwerer, aber auch saftiger, und hält so länger frisch. Die Fettmenge sollte allerdings nicht mehr als ein Drittel der Mehlmenge betragen, es könnte sonst sein, daß der Teig zu schwer wird und nicht mehr gehen kann.
  Unter Umständen muß die Hefemenge bei fettreichen Teigen erhöht werden. Außerdem braucht ein „fetter" Teig längere Zeit zum Gehen.
- Eier machen den Hefeteig lockerer, zu viele Eier lassen ihn trokken werden. Schuld daran ist das Eiweiß.
  Nehmen Sie deshalb nie mehr als zwei ganze Eier auf 500 g Getreide, oder verwenden Sie nur das Eigelb.
  Bei Verwendung von Eiern verringert sich die Flüssigkeitsmenge. Sie können dabei von folgender Faustregel ausgehen: Ein ganzes Ei entspricht ungefähr 50 g Flüssigkeit.
- Vielleicht haben Sie einmal gehört, daß bei einem Hefeteig zunächst ein Vorteig hergestellt werden muß.

Diese Technik können Sie bei der Verwendung von Vollkornmehl vergessen. Das frisch gemahlene Vollkornmehl enthält nämlich im Gegensatz zum Auszugsmehl reichlich Enzyme, die die Entwicklung der Hefepilze fördern.
Deshalb wird die Hefe lediglich klümpchenfrei in der jeweiligen lauwarmen Flüssigkeit aufgelöst, anschließend werden alle Zutaten zusammen zu einem Teig verarbeitet.

- Ob Sie Ihren Hefeteig mit dem Knethaken des Handrührgerätes oder mit den Händen kneten, ist eine reine Geschmacksfrage. Bei sehr schweren Hefeteigen (mit viel Fett und Eiern) verwende ich zunächst das Handrührgerät, später meine Hände. Ich meine, man entwikkelt so ein besseres Gefühl für den Teig.
  In jedem Fall gilt, je länger der Teig durchgeknetet wird, um so besser, sprich lockerer, wird er. Das dauert mit dem Handrührgerät ungefähr 5 Minuten, allein mit den Händen etwa 15 Minuten. Der Teig sollte auf jeden Fall geschmeidig sein.

229

● Der Teig sollte im Warmen gehen. Die ideale Temperatur beträgt ungefähr 36°C.

Stellen Sie deshalb Ihren Hefeteig mit einem sauberen Küchentuch bedeckt (Zugluft mögen die Hefepilze nämlich nicht) in die Nähe der Heizung oder des Ofens.

Eine andere Möglichkeit wäre es, den Hefeteig im Backofen gehen zu lassen. Dafür wird der Backofen auf 50°C aufgeheizt, ausgeschaltet und die Schüssel mit dem Hefeteig auf die unterste Leiste gestellt.

Nach diesem ersten Gehen sollte der Teig unbedingt noch einmal gut durchgeknetet werden, denn dann können die Hefepilze erneut Kohlendioxyd freisetzen, die den Teig lockern.

Erst dabei werden die Geschmackszutaten wie Rosinen, Nüsse usw. dazugefügt und das Gebäck geformt.

● Eine andere Möglichkeit der Hefeteigbereitung, die aber nur bei fettreichen Teigen gelingt und alle oben genannten Vorschriften über den Haufen wirft, ist der sogenannte kalte Hefeteig.

Dabei werden alle Zutaten kalt miteinander verknetet, der Teig wird über Nacht (maximal jedoch 12 Stunden) in den Kühlschrank gestellt. Die Hefepilze entwickeln sich dann langsam; der fertige Teig ist besonders locker und behält gut seine Form. Am nächsten Morgen wird der Teig dann noch einmal gut durchgeknetet und, den jeweiligen Rezepten entsprechend, weiter bearbeitet.

● Hefeteig läßt sich auch ungebacken, fest in Alufolie verpackt, einfrieren. Man läßt ihn bei Zimmertemperatur auftauen und behandelt ihn dann wie einen frischen Hefeteig.

● Fertiges Hefegebäck sollte lauwarm und nicht länger als 5 Monate eingefroren werden.

# DER MÜRBETEIG

Der klassische Mürbeteig wird auch Butterteig genannt, denn sein Fettanteil ist immer größer als bei anderen Teigarten.

Unsere Großmütter verwendeten in ihrem Mürbeteig ebensoviel Fett wie Mehl. Mein Mürbeteig heute enthält höchstens halb so viel Fett wie Vollkornmehl und schmeckt trotzdem gut.

Ein Mürbeteigboden eignet sich ausgezeichnet zum Belegen mit frischem Obst.

Vor dem Backen sollten Sie den Teig mit einer Gabel einstechen, damit er keine Blasen wirft.

Damit Ihnen Ihr frisch gebackener Mürbeteig nicht bricht, lassen Sie ihn ein paar Minuten in der Form abkühlen, lösen mit einem spitzen Messer vorsichtig den Rand, fahren mit einem breiten flachen Messer unter den Boden und heben ihn ab. Wenn der Mürbeteig in der Form kalt wird, klebt er an.

## Grundrezept

Die Zutaten reichen für eine Springform von 26 cm Durchmesser.

### ZUTATEN

200 g Weizen
50 g Haselnüsse
1 Ei
125 g Butter oder Margarine
2 EL Honig
¼ TL Vanille
1 Prise Salz

### ZUBEREITUNG

Den Weizen und die Haselnüsse fein mahlen, miteinander vermischen und mit den übrigen Zutaten zu einem glatten weichen Teig kneten. Den Teig mit einem nassen Löffel in eine gefettete Springform streichen und mindestens ½ Stunde in den Kühlschrank stellen.

Mit einer Gabel mehrmals einstechen.

### BACKEN

Entweder den jeweiligen Rezepten entsprechend weiterverarbeiten oder bei 220°C ohne Belag auf der mittleren Leiste 15 bis 20 Minuten goldbraun backen.

Probieren Sie doch einmal die folgenden Rezepte aus:
Aprikosen-Quark-Kuchen, Erdbeermakronentorte, Zwetschgenwähe.

## Salziger Mürbeteig

Ein knuspriger salziger Mürbeteig ist die Grundlage für die französische Quiche, die Schweizer Wähe oder die englische Pie.
Das folgende Grundrezept reicht für eine Springform von 26 cm Durchmesser.

### ZUTATEN

200 g Weizen
100 g Butter oder Margarine
50 g geriebener Käse
1 Ei
1 TL Salz
1 TL Kümmel

### ZUBEREITUNG

Den Weizen fein mahlen.
Die Butter in Flöckchen auf dem Weizen verteilen.
Die übrigen Zutaten hinzufügen und alles zu einem glatten, weichen Teig kneten.
Eine Springform einfetten, den Teig mit einem nassen Löffel verstrei-

chen und die Form mindestens ½ Stunde in den Kühlschrank stellen.
Den Belag vorbereiten und auf dem Teig verteilen.

### BACKEN

Die salzige Torte auf die unterste Leiste in den kalten Backofen schieben und bei 220°C je nach Belag 40 bis 50 Minuten backen.

### VARIATIONEN

Statt 200 g Weizen können Sie 140 g Weizen und 60 g Grünkern oder 120 g Weizen und 80 g Roggen nehmen.

Probieren Sie doch einmal die folgenden Rezepte aus:
Quiche Marseille, Ostertorte, Schweizer Käsewähe.

### PRAKTISCHE TIPS FÜR DAS BACKEN MIT MÜRBETEIG

● Sie können Ihren Mürbeteig sowohl mit der Hand als auch mit dem Knethaken Ihres Handrührgerätes herstellen.
Arbeiten Sie mit der Hand, sollten Sie grundsätzlich nur sehr kaltes Fett verwenden. Das Fett wird in Flöckchen über das Vollkornmehl verteilt, beides wird

mit den Fingern zerrieben und erst dann mit den übrigen Zutaten zu einem glatten Teig verknetet. Arbeiten Sie mit den Knethaken des Handrührgerätes, verwenden Sie weiche Butter und kneten Sie sie mit den übrigen Zutaten auf der niedrigsten Geschwindigkeitsstufe zu einem glatten Teig.
● Wenn der Mürbeteig nicht mindestens 30 Minuten im Kühlschrank erkalten kann, bricht er leicht.
Ich streiche den weichen Teig mit einem nassen Löffel in die gut gefettete Springform, forme dabei gleichzeitig einen kleinen Rand, stelle die Springform für ½ Stunde in den Kühlschrank und lasse so das Vollkornmehl ausquellen und den Teig ruhen.
● Sie können den ungebackenen Mürbeteig einfrieren. Lassen Sie ihn bei Bedarf dann so weit auftauen, daß er sich problemlos weiterverarbeiten läßt.

# DER QUARK-ÖL-TEIG

Der Quark-Öl-Teig ist eine Mischung zwischen Mürbeteig und Rührteig.

Er eignet sich ausgezeichnet als Grundlage für einen Obstkuchen oder – in der salzigen Version – für Gemüsekuchen und gefüllte Teigtaschen.

# DER STRUDELTEIG

Es wird im allgemeinen gesagt, daß überall dort, wo sich einst das ungarisch-österreichische Kaiserreich ausdehnte, die besten Strudel gebacken werden und damit auch von dort die meisten Rezepte kommen.

Der Strudelteig ist ein einfacher, dünn ausgezogener, „neutraler" Teig, der sowohl eine süße als auch eine salzige Füllung verträgt.

Um eine weitere Bruchgefahr zu vermeiden, backe ich den Strudel nicht auf dem Backblech, sondern direkt in einer gefetteten Auflaufform, in der ich ihn auch serviere.

Sie können ihn mit Quark, Kirschen, Äpfeln, Zwetschgen oder Aprikosen, mit Nüssen, Honig und Rosinen sowie mit pikantem Gemüse füllen. Die Variationsbreite ist groß und bleibt Ihrem persönlichen Geschmack überlassen. (Grundrezept siehe Seite 234.)

## Grundrezept Quark-Öl-Teig

### ZUTATEN

200 g Weizen
2 TL Backpulver
100 g Quark
50 g Honig
1 Prise Salz
50 g Milch oder 1 Ei
3 EL Öl

### ZUBEREITUNG

Den Weizen fein mahlen und mit dem Backpulver vermischen.
Die übrigen Zutaten hinzufügen und alles zu einem weichen Teig verrühren. Im Kühlschrank 30 Minuten ruhen lassen.
Eine Springform von etwa 26 cm Durchmesser einfetten und mit dem Teig auslegen. Den Belag und eventuell den Guß darauf verteilen.

### BACKEN

Die Form auf die unterste Leiste in den kalten Backofen schieben und je nach Belag 40 bis 45 Minuten bei 220°C backen.

Sie erhalten einen salzigen Quark-Öl-Teig, wenn Sie im Rezept den Honig durch geriebenen Käse ersetzen und den Teig mit Pfeffer, Muskat und Salz würzen.

Probieren Sie doch einmal die folgenden Rezepte aus:
Apfelkuchen mit Rahmguß.

---

PRAKTISCHE TIPS FÜR DAS BACKEN MIT QUARK-ÖL-TEIG

● Verwenden Sie für den Teig nur frischen Quark. Alter Quark ist krümelig und wird auch mit einem Sahnezusatz nicht wieder geschmeidig. Er macht den Kuchen hart und trocken.

● Der Quark-Öl-Teig läßt sich sowohl ungebacken als auch gebacken und mit einem Belag versehen gut einfrieren.

# Grundrezept Strudelteig

---

ZUTATEN

300 g Weizen
1 Prise Salz
1 Ei
2 EL Öl
1 TL Essig
125 g lauwarmes Wasser

---

ZUBEREITUNG

Den Weizen fein mahlen und 50 g Kleie aussieben.
Alle Zutaten zum Weizen geben und so lange zu einem weichen Teig kneten, bis er geschmeidig ist und nicht mehr klebt.
Den Teig zur Kugel formen, mit etwas Öl bestreichen und mit einem Tuch bedeckt etwa 1 Stunde ruhen lassen. In der Zwischenzeit die Füllung zubereiten.
Den Strudelteig auf einem bemehlten Küchentuch dünn zu einem Rechteck ausrollen. Die Füllung darauf verteilen. Das Ganze mit Hilfe des angehobenen Tuches zu einem Strudel aufrollen und die Teigränder andrücken.
Den Strudel mit der Nahtstelle nach unten in eine gefettete Auflaufform gleiten lassen.

Nach Belieben mit etwas Milch oder flüssiger Butter bestreichen.

---

BACKEN

Die Form auf die mittlere Leiste in den kalten Backofen schieben und bei 220°C je nach Füllung in 40 bis 50 Minuten knusprig braun backen.
In der Form servieren.
Probieren Sie doch einmal die folgenden Rezepte aus:
Apfelstrudel, Gemüserolle, Kirschstrudel.

---

PRAKTISCHE TIPS FÜR DAS BACKEN MIT STRUDELTEIG

● Da Vollkornmehl bekanntlich viel mehr Kleie enthält als Auszugsmehl, besteht die Gefahr, daß der Strudel beim Ausrollen bricht. Deshalb ist es ratsam, einen Teil der Kleie auszusieben. Bei einer saftigen Füllung können Sie sie direkt wieder auf den ausgerollten Strudel streuen oder aber zum Ausstreuen von Kuchenformen oder zum Brotbacken verwenden.

● Es empfiehlt sich, den Strudel auf einem bemehlten Tuch auszurollen. Das erleichtert die Arbeit des Aufrollens.

# DER BISKUITTEIG

Der Name Biskuit stammt aus dem französischen Sprachraum und bedeutet soviel wie zweimal gebacken. Denn früher war Biskuit eine Art Zwieback: Er bestand aus einfachen Scheiben von getrocknetem Brot, die durch Eier, Nüsse, Honig, Rosenwasser oder Wein verfeinert wurden.

Erst viel später wurde der Teig erfunden, den wir heute Biskuit nennen: ein lockeres leichtes Backwerk aus Eiern, Getreide und Honig (in der traditionellen Küche wird statt dessen Zucker verwendet), meist ohne Fett.

Je nachdem, welche Zusätze der Biskuitmasse beigegeben werden, unterscheidet man:
● Schokoladenbiskuit
● Nußbiskuit
● Zitronenbiskuit

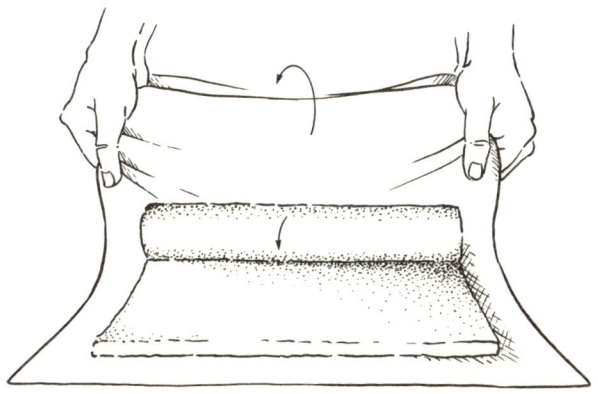

Platte und Tuch an der Querseite hochnehmen und zusammen zur Rolle formen.

## Grundrezept

### ZUTATEN

4 Eier
4 EL Wasser
150 g Honig
¼ TL Vanille
1 Prise Salz
160 g Weizen
eventuell 1 TL Backpulver

### ZUBEREITUNG

Die Eier trennen.
Die Eigelbe mit dem Wasser, dem Honig, dem Salz und der Vanille so lange rühren, bis eine schaumige Masse entstanden ist.
Den Weizen fein mahlen und mit dem Backpulver mischen.
Die Eiweiße sehr steif schlagen.
Den Eischnee auf die Eigelbmasse geben, das Getreide darüberstreuen und alles vorsichtig miteinander vermischen.
Sofort in eine gefettete mit Pergamentpapier ausgelegte Springform geben und glattstreichen.

### BACKEN

Den Backofen auf 180°C vorheizen. Die Form auf die unterste Leiste in den Backofen schieben und etwa 35 bis 40 Minuten backen.

Die Form aus dem Backofen nehmen, etwas abkühlen lassen, mit einem spitzen Messer den Rand lösen, auf ein Kuchengitter stürzen, den Boden der Springform abheben und das Pergamentpapier vorsichtig abziehen. Sollte es sich schwer lösen, können Sie es mit kaltem Wasser einpinseln.

Die Torte einen Tag stehenlassen, dann halbieren und nach Geschmack füllen.

Probieren Sie doch einmal die folgenden Rezepte aus:
Buchweizentorte, Eistorte, Käsebiskuits.

## PRAKTISCHE TIPS FÜR DAS BACKEN MIT BISKUITTEIG

● Bevor Sie beginnen, fetten Sie am besten das Backblech oder die Form, die Sie verwenden möchten, gut ein und legen sie mit Pergamentpapier aus.
Fetten Sie immer nur den Boden, nie den Rand ein, sonst rutscht der Teig ab und wird in der Mitte höher.

● Alle Zutaten, die Sie benötigen, sollten Sie vor Beginn der Arbeit bereitstellen und genau abwiegen, damit bei der Zubereitung keine Verzögerung eintritt.

● Je ausdauernder und schaumiger Sie die Eigelbmasse rühren und schlagen, desto lockerer wird Ihr späteres Backwerk.

● Die Eiweißmenge sollten Sie erst ganz zum Schluß steif schlagen und sofort unterheben, da Eischnee nicht lange steif bleibt.

● Biskuitteig sollte stets im vorgeheizten Backofen gebacken werden. Öffnen Sie während der ersten 20 Minuten auf keinen Fall die Backofentür, da Ihnen der Teig sonst zusammenfällt.

● Eine Torte, die Sie füllen wollen, backen Sie am besten einen Tag vorher. Frisch läßt sie sich nur

schwer durchschneiden, weil sie leicht krümelt und bricht.
Schneiden Sie mit dem Messer rundherum eine Markierung, legen dann einen festen Zwirnfaden um die Torte, nehmen die Fadenenden über Kreuz und ziehen die Schlinge langsam zu.

● Auch eine Biskuitrolle gelingt Ihnen, wenn Sie folgendermaßen vorgehen:
Bevor Sie die fertig gebackene Biskuitplatte aus dem Backofen nehmen, legen Sie sich ein sauberes Geschirrhandtuch und kaltes Wasser mit einem Pinsel bereit.
Den Rand der Teigplatten lösen Sie schnell mit einem spitzen Küchenmesser und stürzen das Blech auf das Handtuch. Das Pergamentpapier wird mit dem kalten Wasser eingepinselt und abgezogen.
Platte und Tuch werden an der Querseite hochgenommen und zusammen zur Rolle geformt.
Erst wenn die Biskuitrolle abgekühlt ist, wird sie vorsichtig zurückgedreht und mit der jeweiligen Füllung bestrichen.

# DER BLÄTTERTEIG

Kennen Sie die Geschichte von der Erfindung des Blätterteiges? Es wird erzählt, daß Anfang des 17. Jahrhunderts ein französischer Bäckerlehrling vergessen haben soll, Butter in den Teig zu kneten. Er versuchte angeblich, die Butter nachträglich in den Teig einzurollen; sein Experiment gelang, der Teig ging auf. Die eigentliche Erfindung liegt aber viel weiter zurück: Bereits im alten Ägypten legte man zum Backen mehrere hauchdünne Teigschichten übereinander und auch später in Spanien wurden einzelne Teigblätter mit Olivenöl bestrichen und übereinandergelegt. Dies waren Vorstufen unseres heutigen Blätterteiges. Das Prinzip seiner Herstellung ist einfach:

In einen hauchdünnen Strudelteig aus Wasser und Mehl wird die gleiche Menge Fett eingeschlagen und ebenso dünn ausgewellt. Danach muß der Teig in mehreren „Touren" (Beschreibung siehe unten) so ausgerollt werden, daß er aus vielen dünnen Teigschichten mit dazwischenliegenden Fettschichten besteht. Teig und Fett dürfen sich dabei nicht vermischen, deshalb sollten die Zutaten bei der Verarbeitung immer sehr kalt sein. Beim Backen entwickelt das Fett zwischen den einzelnen Schichten Gase, die durch die Teigschichten zu entweichen versuchen. Der Teig wirft dadurch Blasen, wird locker, vergrößert sein Volumen und wird knusprig.

Guter Blätterteig sollte vier- bis sechsmal in Touren gerollt und zwischendurch immer wieder kühl gestellt werden. Weil dieser Vorgang sehr zeitraubend ist, wird Blätterteig heute meistens nicht mehr selbst gemacht, sondern tiefgekühlt gekauft.

Schneller und einfacher ist es, einen Quarkblätterteig herzustellen. Das zeitraubende Tourenrollen entfällt, weil die Milchsäure des Quarks den Teig aufbläht und blättrig macht.

In meiner Küche werden Blätterteige aller Art wegen ihrer üppigen Zutaten allerdings äußerst selten gebacken.

Für diejenigen, die trotz des großen Arbeitsaufwandes ihren eigenen Vollkornblätterteig herstellen möchten, folgen verschiedene Grundrezepte.

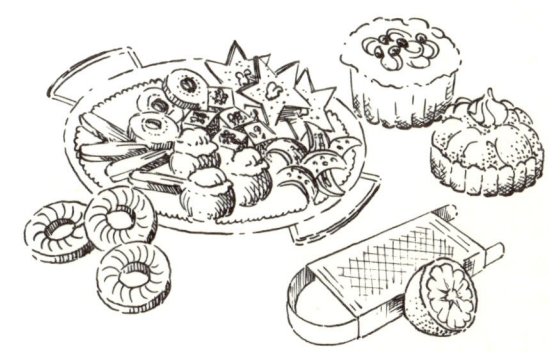

# Vollkornblätterteig Grundrezept

## ZUTATEN

250 g Weizen
120 g kaltes Wasser
1 Prise Salz
250 g kalte Butter

## ZUBEREITUNG

Den Weizen fein mahlen und zusammen mit dem Wasser und dem Salz zu einem glatten, elastischen Teig kneten, der nicht mehr kleben sollte. Eine Kugel daraus formen, kreuzweise einschneiden und für 1 Stunde in den Kühlschrank stellen.

Die Butter zu einem Rechteck von 1 cm Dicke formen. Das gelingt Ihnen am besten, wenn Sie sie zwischen Pergamentpapier ausrollen. Danach die geformte Butter ebenfalls wieder kalt stellen. Den kalten Teig zu einem Rechteck ausrollen, das ungefähr die doppelte Breite, aber die gleiche Länge wie das Butterrechteck haben sollte.

Das Butterrechteck auf eine Hälfte des Teiges legen, die andere Hälfte darüberklappen (Abb. 1) und die Ränder fest zusammendrücken. Den Teig vorsichtig zu einem länglichen Streifen ausrollen (Abb. 2).

Beide Schmalseiten des Streifens zur Mitte hin umlegen (Abb. 3), dann den Teig noch einmal zusammenklappen, so daß vier Schichten entstehen (Abb. 4).
Den gefalteten Teig für ½ Stunde in den Kühlschrank stellen.
Dieser Vorgang des Ausrollens und Kühlstellens – das sogenannte Tourenrollen – sollte noch dreimal wiederholt werden. Dabei muß der Teig immer so kalt sein, daß er nicht kleben kann, damit Sie beim Ausrollen möglichst wenig oder gar kein Vollkornmehl mehr zugeben müssen.
Den fertigen Teig noch mindestens 1 Stunde im Kühlschrank ruhen lassen, bevor er weiterverarbeitet wird.

## BACKEN

Blätterteiggebäck wird im vorgeheizten Backofen bei 220°C gebacken. Dieser Vorgang dauert je nach Form und Füllung zwischen 15 und 30 Minuten.
Während der ersten 15 Minuten sollte die Backofentür nicht geöffnet werden, da der Teig sonst nicht aufgehen könnte.

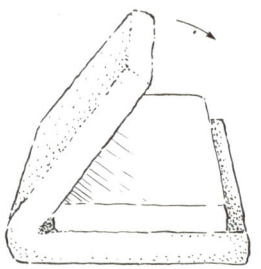

Abb. 1

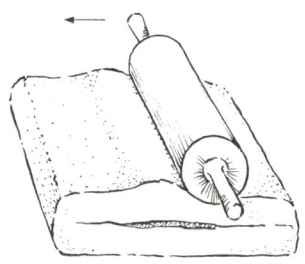

Abb. 2

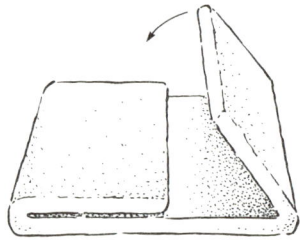

Abb. 3

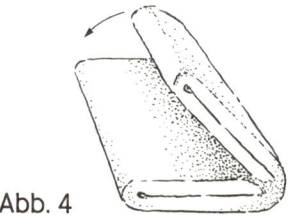

Abb. 4

238

# Quarkblätterteig Grundrezept

### ZUTATEN

250 g Weizen
250 g Quark
250 g Butter
1 Prise Salz

### ZUBEREITUNG

Den Weizen fein mahlen, den gut abgetropften Quark, die Butter und das Salz dazugeben und alle Zutaten zu einem weichen Teig verkneten.

Den Teig bis zur Weiterverarbeitung, jedoch für mindestens 2 Stunden in den Kühlschrank stellen und ruhen lassen. Wer möchte, kann den Teig wie einen echten Blätterteig einmal in Touren rollen (Beschreibung siehe oben), dies ist aber nicht unbedingt erforderlich.

Aus Quarkblätterteig können Sie Brezeln, Teigtaschen, Hörnchen und ähnliches herstellen.

### BACKEN

Die Quarkblätterteigstücke werden je nach Art im vorgeheizten Backofen bei 220°C etwa 15 bis 30 Minuten gebacken.

Probieren Sie doch einmal das folgende Rezept aus: Sauerkrautpastete.

### PRAKTISCHE TIPS FÜR DAS BACKEN MIT BLÄTTERTEIG

- Wie schon oben erwähnt, müssen die Zutaten beim Blätterteig sehr kalt sein, da der Teig sonst seine blättrige Struktur verliert. Deshalb sollte er nach jedem Arbeitsschritt wieder in den Kühlschrank gestellt werden.

- Wegen seiner neutralen Zutaten kann Blätterteig sowohl süß als auch salzig gefüllt werden.
- Ungebacken und gebacken läßt sich Blätterteig sehr gut einfrieren.
- Blätterteig schmeckt am besten ganz frisch. Übriggebliebenes Gebäck sollten Sie deshalb vor dem Verzehr noch einmal aufbacken.

# DER BRANDTEIG

Der Brandteig besitzt viele Vorzüge: Er ist weich wie ein Biskuitteig und luftig wie ein Blätterteig.

Außerdem ist er – und das sollte nicht vergessen werden – sehr schnell zubereitet. Wegen seines neutralen Geschmacks eignet er sich sowohl für süße als auch für pikante Füllungen. Von den anderen Teigarten unterscheidet sich der Brandteig wesentlich, denn alle seine Zutaten werden heiß miteinander verrührt.

Viele machen um Brandteiggebäck einen großen Bogen, weil sie glauben, daß ihr Gebäck bei der Zubereitung leicht zusammenfallen könnte. Dabei ist die Brandteigzubereitung auch aus Vollkornmehl kein Kunststück, wenn Sie folgendes beachten:

Wasser und Fett werden zusammen aufgekocht, das frisch gemahlene Getreide wird auf einmal dazu geschüttet.

Es wird so lange auf kleiner Flamme gerührt, bis der Teig „abbrennt", d.h. zu einem glatten Kloß geworden ist, der sich vom Topf löst. Dabei bildet sich auf dem Topfboden ein weißer Belag. Der Teigkloß wird in eine Schüssel gegeben. Nach und nach werden so viele Eier unter den Teig gerührt, bis er glänzt und in langen Stücken vom Rührlöffel fällt.

Die Eier machen das Gebäck leicht. Je mehr Eier sie nehmen, desto weniger Fett benötigen Sie.

Wenn Sie ein Gebäck mit goldgelber Kruste wünschen, können Sie statt des Wassers auch Milch verwenden.

Schneiden Sie das Brandteiggebäck sofort nach dem Backen mit einem spitzen scharfen Messer auf, damit es ausdampfen kann.

Wenn Sie befürchten, daß die Eier das Aufgehen des Vollkornteiges nicht alleine schaffen, können Sie sicherheitshalber 1 TL Backpulver an den Teig geben. Er muß aber erst abgekühlt sein, da das Backpulver sonst seine Triebkraft verliert.

Brandteig sollte stets im vorgeheizten Backofen gebacken werden. Öffnen Sie die Backofentür während der ersten 20 Minuten nicht, sonst fällt Ihnen Ihr Gebäck zusammen.

Farbtafel 28:
Buttermilchwaffeln
(Rezept Seite 260),
Zimtwaffeln
(Rezept Seite 263) und
Buchweizenwaffeln
(Rezept Seite 260)

# Grundrezept Brandteig

## ZUTATEN

250 g Wasser oder Milch
60 g Butter oder Margarine
1 Prise Salz
150 g Weizen
3 bis 4 Eier
eventuell 1 TL Backpulver

Für süßen Brandteig:
1 EL Honig
¼ TL Vanille

Für pikanten Brandteig:
1 TL Salz
1 Prise Muskat
50 g geriebener Käse

Farbtafel 29:
Früchtebrot
(Rezept Seite 194),
Honigplätzchen
(Rezept Seite 265),
Haselnußberge
(Rezept Seite 264),
und Quarkstollen
(Rezept Seite 201)

## ZUBEREITUNG

Das Wasser mit der Butter und der Prise Salz aufkochen.

Den Weizen fein mahlen und auf einmal hineinschütten. Auf kleiner Flamme möglichst schnell zu einem glatten Kloß rühren, bis sich der Teig vom Topf löst und sich ein weißer Topfbodenbelag bildet.

Den Teig in eine Schüssel geben und ein Ei nach dem anderen damit verrühren.

Wenn der Teig glänzt und in langen Spitzen vom Rührlöffel abreißt, keine Eier mehr dazugeben, weil der Teig sonst zu flüssig wird und auf dem Backblech zerläuft.

Eventuell das Backpulver unter den abgekühlten Teig mischen. Den Brandteig 30 Minuten ruhen lassen.

## BACKEN

Ein Backblech einfetten und den Backofen auf 220°C vorheizen. Entweder mit zwei nassen Eßlöffeln oder mit dem Spritzbeutel in großen Abständen Teighäufchen oder Streifen auf das Backblech setzen. Danach das Backblech auf die mittlere Leiste in den vorgeheizten Backofen schieben und das Gebäck etwa 30 Minuten backen.

Das Blech aus dem Backofen nehmen (vermeiden Sie dabei einen Luftzug), etwas abkühlen lassen und die Gebäckstücke mit einem spitzen Messer aufschneiden.

Brandteiggebäck kann mit leicht gesüßter Schlagsahne, Früchten und Sahne, mit Vanillecreme, Mandelcreme, Käsecreme usw. gefüllt werden.

Probieren Sie doch einmal die folgenden Rezepte aus:
Brandteigtorte mit Zwetschgenmus, Eclairs mit Schokoladensahne, Sesamringe.

## PRAKTISCHE TIPS FÜR DAS BACKEN MIT BRANDTEIG

Brandteig läßt sich nicht ausrollen. Man sticht ihn entweder mit dem Löffel ab oder spritzt ihn mit einem Spritzbeutel auf das Blech.

Allerdings sollten Sie Ihren Brandteig vor dem Formen und Backen etwa ½ Stunde bei Zimmertemperatur ruhen lassen, denn dann wird er griffiger und läßt sich besser formen.

# DER WAFFELTEIG

Es war schon immer etwas Besonderes und macht nicht nur Kindern eine Freude, wenn der Duft frisch gebackener Waffeln durch das Haus zieht.

Im Süden war es früher üblicher, Waffeln zu backen; im Norden wurden Hörnchen bevorzugt. Oft hatten sogar einzelne Landschaften ihre ganz besonderen Waffelrezepte.

Heute sind Waffeln beliebter denn je, bieten sie doch viele Vorteile:

● Sie sind schnell und problemlos zubereitet und können auch in kleinen Mengen gebacken werden.
● Sie sind sehr vielseitig:

Süße Waffeln können Sie zum Frühstück, Dessert oder Kaffee, salzige zum Abendessen, zu Bier oder zu Wein reichen. Sie können sie mit Butter, Honig oder Marmelade bestreichen. Ungefüllt bzw. unbelegt werden sie zu Obstsalat, Eis oder Kompott gegessen.

Belegen oder füllen kann man sie mit leicht gesüßter Schlagsahne, Beeren oder Sahne, die mit gemischten Fruchtstücken „angereichert" wurde.

Probieren Sie doch einmal die folgenden Rezepte aus: Buchweizenwaffeln, Buttermilchwaffeln, Zimtwaffeln.

## Süßer Waffelteig Grundrezept

### ZUTATEN

200 g Weizen
nach Geschmack:
50 g Sesam oder 2 TL Zimt
1 Prise Salz
70 g Butter oder Margarine
2 EL Honig
2 Eier
200 g lauwarme Milch
10 g Hefe
(oder 1 TL Backpulver)

### ZUBEREITUNG

Den Weizen fein mahlen und nach Geschmack mit dem Sesam oder dem Zimt mischen.
Die Butter mit dem Honig und den Eiern verrühren. Die Hefe in der lauwarmen Milch auflösen, und alle Zutaten zu einem flüssigen Teig verrühren. Mindestens 1 Stunde quellen und gehen lassen.

### BACKEN

Das Waffeleisen vorheizen. Den Teig mit einem Löffel portionsweise hineingeben, das Waffeleisen fest zusammendrücken und die Waffeln goldbraun backen.

## Salziger Waffelteig Grundrezept

### ZUTATEN

100 g Weizen
150 g Roggen
1 TL Backpulver
250 g Milch
½ TL Salz
¼ TL gemahlener Kümmel
frisch gemahlener Pfeffer
4 Tropfen Tabascosoße
2 Eier
50 g geriebener Käse

### ZUBEREITUNG

Den Roggen und den Weizen fein mahlen und mit dem Backpulver mischen.
Die Eier, die Milch, den geriebenen Käse und die Gewürze zum Vollkornmehl geben. Alle Zutaten zu einem weichen Teig verrühren. Mindestens 20 Minuten quellen lassen.

### BACKEN

Das Waffeleisen vorheizen. Den Teig portionsweise hineingeben, das Waffeleisen fest zusammendrücken, und nacheinander die Waffeln ausbacken.

### PRAKTISCHE TIPS FÜR DAS BACKEN MIT WAFFELTEIG

- Sie können weiche und knusprige Waffeln backen. Ein fester Teig, der fest ausgerollt werden muß, ergibt knusprige, ein flüssiger Teig weiche Waffeln.
- Mit den modernen Waffel- und Hörnchengeräten ist das Backen problemlos. Sie können praktisch nichts falsch machen. Stufenlos läßt sich die gewünschte Bräune einstellen, wenn die Kontrollampe erlischt, sind die Waffeln fertig.
- Die teflonbeschichteten Backflächen bieten den Vorteil, daß der Teig besser fließt und nicht anhaftet. Außerdem kommen Sie dadurch mit viel weniger Fett aus.
- Waffeln schmecken warm und kalt. Wenn Sie sie auf einem Kuchengitter ausdampfen lassen, werden sie knusprig. Sie können sie auch einige Zeit in einer verschlossenen Blechdose aufbewahren.
- In Streifen geschnitten, eignen sich übriggebliebene, ungesüßte Waffeln auch als Suppeneinlage.

- Waffeln können eingefroren werden. Zum Auftauen legen Sie sie nebeneinander auf ein Kuchengitter in den Backofen und backen sie bei 220°C in etwa 15 Minuten knusprig.

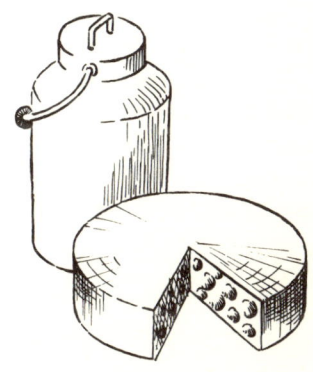

# SCHMACKHAFTE KUCHEN UND FESTLICHE TORTEN

## Apfelkuchen mit Rahmguß

Grundlage dieses Apfelkuchens ist ein Quark-Öl-Teig.

ZUTATEN

Für den Teig:
200 g Weizen
2 TL Backpulver
50 g Honig
1 Ei
3 EL Öl
100 g Quark

Für den Belag:
750 g Äpfel

Für den Guß:
2 Eigelbe, 2 Eiweiß
70 g Honig
1 TL Zimt
abgeriebene Schale einer halben unbehandelten Zitrone
200 g saure Sahne

### ZUBEREITUNG

Den Weizen fein mahlen und mit dem Backpulver mischen. Den Honig, das Ei, den Quark und das Öl hinzufügen und alles zu einem weichen Teig verrühren.
Im Kühlschrank etwa 30 Minuten ruhen lassen.
In der Zwischenzeit die Äpfel schälen, vom Kerngehäuse befreien und in Spalten schneiden.
Für den Guß die Eigelbe mit dem Honig schaumig schlagen und mit dem Zimt, der abgeriebenen Zitronenschale und der sauren Sahne verrühren.
Die Eiweiße sehr steif schlagen und vorsichtig unterziehen. Eine Spring- oder Pieform von 26 cm Durchmesser einfetten und mit dem Quark-Öl-Teig auslegen. Die Äpfel möglichst dicht auf den Teig legen und den Guß über die Äpfel geben.

### BACKEN

Die Form auf die unterste Leiste in den kalten Backofen schieben. Den Kuchen bei 220°C etwa 45 bis 50 Minuten backen.

## Apfelstrudel

Apfelstrudel schmeckt warm mit Vanillesoße und kalt mit leicht gesüßter Schlagsahne.

(Farbtafel Seite 228)

### ZUTATEN

Für den Teig:
300 g Weizen
1 Prise Salz
1 Ei
2 EL Öl
1 TL Essig
125 g lauwarmes Wasser

Für die Füllung:
600 g säuerliche Äpfel
50 g Butter oder Margarine
4 EL Calvados
50 g Honig
Saft und Schale einer unbehandelten Zitrone
½ TL Zimt
50 g ungeschwefelte Rosinen
50 g Haselnüsse

Zum Bestreichen:
2 EL Milch
oder
1 EL Butter

Den Weizen fein mahlen und 50 g Kleie aussieben.

Alle Zutaten zum Weizen geben und so lange zu einem weichen Teig kneten, bis er geschmeidig ist und nicht mehr klebt.

Den Teig zur Kugel formen, mit etwas Öl bestreichen und mit einem Tuch bedeckt bei Zimmertemperatur etwa 1 Stunde ruhen lassen.

In der Zwischenzeit die Äpfel vom Kerngehäuse befreien und grob raspeln.

Die Butter in einer Pfanne schmelzen.

Die Äpfel 2 Minuten darin dünsten und mit dem Calvados ablöschen. Abkühlen lassen.

Mit dem Honig, dem Saft und der Schale der unbehandelten Zitrone, dem Zimt, den Rosinen und den grob gehackten Haselnüssen mischen. Den Strudelteig auf einem bemehlten Tuch dünn zu einem Rechteck ausrollen.

Die Füllung darauf verteilen, dabei die Teigränder mindestens 10 cm breit frei lassen.

Das Ganze mit Hilfe des angehobenen Tuches zu einem Strudel aufrollen, die Teigränder vorsichtig zusammendrücken.

Eine Auflaufform einfetten.

Den Strudel mit der Nahtstelle nach unten vorsichtig hineingleiten lassen und mit der Milch oder der zerlassenen Butter bestreichen.

## BACKEN

Die Form auf die mittlere Leiste in den kalten Backofen schieben und bei 220°C etwa 40 bis 50 Minuten knusprig backen.

In der Form servieren.

# Aprikosen-Quark-Kuchen

Wählen Sie für diese fruchtig-frische Sommertorte aus Mürbeteig unbedingt eine aromatische Aprikosensorte aus.

## ZUTATEN

Für den Teig:
1 Ei
80 g Honig
125 g Butter oder Margarine
1 Prise Salz
abgeriebene Schale einer halben unbehandelten Zitrone
½ TL Backpulver
250 g Weizen

Für die Füllung:
2 Eier
3 EL Honig
250 g Quark
1 EL Weizen
100 g Mandeln
600 g Aprikosen

## ZUBEREITUNG

Das Ei mit dem Honig und der Margarine schaumig rühren. Das Salz, die abgeriebene Zitronenschale und das Backpulver hinzufügen. Den Weizen fein mahlen und zusammen mit den übrigen Zutaten zu einem Mürbeteig kneten.

Für die Füllung die Eigelbe mit dem Honig und dem Quark schaumig rühren. Den frisch gemahlenen Weizen und die gemahlenen Mandeln unterrühren.

Zum Schluß die steif geschlagenen Eiweiße unterheben. Eine gefettete Springform mit dem Teig auslegen, dabei einen 1 cm hohen Rand formen. Die Quarkmasse darauf verteilen und glattstreichen. Die Aprikosen halbieren, entkernen und darauf verteilen.

## BACKEN

Die Form auf die unterste Leiste in den kalten Backofen schieben und bei 200°C etwa 55 Minuten backen.

# Brandteigtorte mit Zwetschgenmus

Ich verwende als Füllung für diese Brandteigtorte entweder mein selbst eingemachtes ungesüßtes Zwetschgenmus oder kleingeschnittene, getrocknete Zwetschgen, die allerdings vor der Verarbeitung 4 bis 6 Stunden quellen müssen.

## ZUTATEN

Für den Teig:
250 g Milch
60 g Butter
1 Prise Salz
1 El Honig
¼ TL Vanille
150 g Weizen
3 bis 4 Eier

Für die Füllung:
500 g ungesüßtes
Zwetschgenmus
60 g Honig (nach Geschmack)
80 g Walnüsse
250 g süße Sahne
1 EL Honig
¼ TL Vanille

## ZUBEREITUNG (TEIG)

Die Milch mit der Butter und dem Salz aufkochen; den Honig und die Vanille einrühren.

Den Weizen fein mahlen und auf einmal in den Topf schütten. Auf kleiner Flamme möglichst schnell zu einem glatten Kloß rühren, bis sich der Teig vom Topf löst und auf dem Topfboden ein weißer Belag zu sehen ist.

Den Teigkloß in eine Schüssel geben und ein Ei nach dem anderen damit verrühren.

Wenn der Teig glänzt und in langen Spitzen vom Rührlöffel fällt, keine Eier mehr dazugeben, der Teig wird sonst zu flüssig und zerläuft.

Den Brandteig 30 Minuten ruhen lassen.

Eine Springform einfetten; den Backofen auf 220°C vorheizen. Den Brandteig in die Form füllen und glattstreichen.

## BACKEN

Die Form auf die mittlere Leiste in den kalten Backofen schieben und etwa 30 Minuten bei 220°C backen.

## ZUBEREITUNG (FÜLLUNG)

Die Form aus dem Ofen nehmen, kurz abkühlen lassen, mit einem spitzen Messer den Rand und den Boden lösen und sofort durchschneiden. Auf einem Kuchengitter abkühlen lassen.

Vor dem Servieren das Zwetschgenmus eventuell mit dem Honig und den gehackten Walnüssen verrühren und auf dem Brandteigboden verteilen.

Die Sahne steif schlagen, den Honig und die Vanille vorsichtig unterrühren.

Auf das Zwetschgenmus geben und glattstreichen.

Den Brandteigdeckel wie eine Torte in acht Teile zerschneiden und diese fächerartig auf die belegte Torte stecken. Gleich servieren.

## VARIATIONEN

Sie können die Torte statt mit Zwetschgenmus auch mit Apfelmus aus frisch geraspelten Äpfeln oder mit frischen Früchten, wie Erdbeeren oder Brombeeren, füllen.

# Buchweizentorte

Bei dieser Biskuittorte harmonisiert der nußartige Geschmack des Buchweizens gut mit den Preiselbeeren.

Statt der frischen Preiselbeeren können Sie auch getrocknete und über Nacht eingeweichte Preiselbeeren verwenden.

(Farbtafel Seite 213)

## ZUTATEN

Für den Teig:
4 Eigelb
abgeriebene Schale einer halben unbehandelten Zitrone
120 g Honig
2 EL warmes Wasser
1 TL Backpulver
180 g Buchweizen
4 Eiweiß

Für die Füllung:
250 g süße Sahne
300 g Preiselbeeren
150 g Honig

## ZUBEREITUNG (TEIG)

Die Eigelbe mit der geriebenen Zitronenschale, dem Honig und dem Wasser so lange mit dem Schneebesen des Handrührgerätes rühren, bis eine dickliche Schaummasse entstanden ist.

Den Buchweizen fein mahlen, mit dem Backpulver vermischen und mit der Eimasse verrühren.

Die sehr steif geschlagenen Eiweiße vorsichtig unterrühren. Eine Springform von 26 cm Durchmesser gut einfetten, mit Pergamentpapier auslegen, den Teig einfüllen und glattstreichen.

## BACKEN

Die Form auf die unterste Leiste in den kalten Backofen schieben und bei 200°C etwa 40 Minuten backen. (Aufpassen, daß die Torte nicht zu braun wird; eventuell nach 30 Minuten mit Pergamentpapier abdecken!)

## ZUBEREITUNG

Den Tortenboden abkühlen lassen, aus der Form nehmen, stürzen und vorsichtig das Pergamentpapier abziehen.

Die Torte mit Hilfe eines Zwirnfadens einmal durchschneiden. Für die Füllung die Preiselbeeren waschen, verlesen und im Mixer pürieren.

Den flüssigen Honig langsam dazugeben und so lange rühren, bis eine homogene Masse entstanden ist.

Die Sahne steif schlagen und mit der Preiselbeer-Honig-Masse mischen.

Etwa ein Drittel auf den unteren Boden streichen.

Den Deckel darauflegen und die Torte ringsherum mit der restlichen Preiselbeersahne bestreichen.

# Eistorte

Diese Eistorte aus Biskuitteig ist eine der Lieblingstorten unserer Kinder. Sie schmeckt auch mit Himbeeren. Holen Sie die Eistorte rechtzeitig aus dem Gefriergerät, denn leicht angetaut entfaltet sich ihr Aroma wesentlich besser.

## ZUTATEN

Für den Teig:
2 Eigelb
3 EL Honig
¼ TL Vanille
100 g Weizen
2 Eiweiß

Für das Eis:
400 g Sahne
2 EL Honig
1 EL Kakao
250 g Erdbeeren

## ZUBEREITUNG (TEIG)

Den Boden einer Springform von etwa 26 cm Durchmesser einfetten und mit Pergamentpapier auslegen.
Den Backofen auf 180°C vorheizen.
Die Eigelbe mit dem Honig und der Vanille schaumig rühren. Den Weizen fein mahlen und mit der Eigelbmasse vermischen. Die Eiweiße sehr steif schlagen, vorsichtig unterheben, in die Springform füllen und glattstreichen.

## BACKEN

Die Form auf die unterste Leiste in den kalten Backofen schieben und bei 180°C etwa 25 Minuten backen.

## ZUBEREITUNG (EIS)

Die Form aus dem Backofen nehmen, kurz abkühlen lassen und mit einem spitzen Messer vorsichtig am Rand lösen. Auf ein Kuchengitter stürzen, den Boden der Springform abheben und das Pergamentpapier abziehen. (Eventuell mit kaltem Wasser einpinseln, wenn es sich schlecht löst.)
Den Tortenboden abkühlen lassen.
Die Sahne sehr steif schlagen, vorsichtig den flüssigen Honig einträufeln lassen und mit der Sahne vermischen. Unter die Hälfte der geschlagenen Sahne den Kakao rühren. Die Kakaosahne auf dem abgekühlten Tortenboden verteilen und glattstreichen. Für 1 Stunde in das Gefriergerät stellen. 200 g Erdbeeren pürieren und mit der restlichen Sahne vermischen. Die Erdbeersahne auf die angefrorene Kakaosahne geben und glattstreichen. Mit den restlichen Erdbeeren garnieren und noch einmal für mindestens 2 bis 3 Stunden tiefgefrieren.

# Erdbeermakronentorte

Diese Mürbeteigtorte mit ihrem sehr dünnen Boden können Sie auch als Dessert nach einem sehr festlichen Essen servieren.

(Farbtafel Seite 227)

## ZUTATEN

Für den Boden:
125 g Weizen
1 EL Honig
1 Eigelb
80 g weiche Butter
¼ TL Vanille

Für die Makronenmasse:
3 Eiweiß
100 g Honig
100 g gemahlene Mandeln

Für den Belag:
500 g Erdbeeren

Für die Garnierung:
1 Becher Schlagsahne
1 EL Honig
½ TL Vanille

## ZUBEREITUNG (BODEN)

Den Weizen fein mahlen und mit dem Honig, dem Eigelb, der Butter und der Vanille zu einem glatten Teig verkneten und zugedeckt im Kühlschrank etwa ½ Stunde ruhen lassen. Eine Springform einfetten und mit dem Teig auslegen. Dabei keinen Rand machen.

## BACKEN

Auf die mittlere Leiste in den kalten Backofen schieben und bei 20°C etwa 20 bis 25 Minuten backen.

## ZUBEREITUNG (MAKRONENMASSE)

In der Zwischenzeit die Eiweiße sehr steif schlagen und den Honig und die gemahlenen Mandeln vorsichtig unterheben.
Den vorgebackenen Mürbeteig etwa 5 Minuten auskühlen lassen. Anschließend die Makronenmasse sorgfältig darauf verteilen.

## BACKEN

Die Form wieder in den Backofen schieben und bei 180°C auf der mittleren Leiste noch einmal 20 bis 25 Minuten backen
Die Form aus dem Backofen nehmen, die Torte abkühlen lassen und dann auf eine Tortenplatte setzen.

## ZUBEREITUNG
(BELAG UND GARNIERUNG

Die Erdbeeren waschen, trocknen und von den Stielen befreien.
12 Früchte beiseite legen.
Vor dem Servieren die Sahne steif schlagen und mit dem Honig und der Vanille würzen.
Eine dünne Sahneschicht auf die Torte streichen.
Die Erdbeeren auf die Sahneschicht geben.
Die restliche Sahne in einen Spritzbeutel geben und in beliebigem Muster auf die Torte spritzen.
Mit den zurückbehaltenen Erdbeeren garnieren und gleich servieren.

# Gugelhupf

Der Gugelhupf, eine Spezialität aus dem Elsaß aus leicht gesüßtem Hefeteig, kann eigentlich zu jeder Tageszeit gegessen werden: zum Frühstück, zum Kaffee; im Elsaß ißt man ihn auch zum Aperitif und zum Wein.
Er wird in der typischen Gugelhupf-form aus Ton gebacken.

ZUTATEN

250 g Weizen
250 g Dinkel
1 TL Salz
2 Eier
100 g Butter oder Margarine
1 EL Rum
200 g lauwarme Milch
40 g Hefe
50 g Rosinen
etwa 20 geschälte Mandeln

ZUBEREITUNG

Den Weizen und den Dinkel fein mahlen und mit dem Salz mischen. Die Eier, die Butter und den Rum hinzufügen.
Die Hefe in der lauwarmen Milch auflösen und dazugießen.
Alle Zutaten mit dem Knethaken des Handrührgerätes zu einem weichen Teig verkneten. Diesen zugedeckt an einem warmen Ort etwa 1 Stunde gehen lassen, bis sich sein Volumen nahezu verdoppelt hat.
Danach noch einmal gut durch-kneten und dabei die Rosinen unter den Teig mengen.
Eine Gugelhupfform gut einfetten, die geschälten ganzen Mandeln auf dem gerippten Boden der Form verteilen, den Teig einfüllen und glattstreichen. Dabei sollte die Form höchstens bis zu zwei Dritteln gefüllt sein.
Den Gugelhupf an einem warmen Ort noch einmal 30 bis 45 Minuten gehen lassen.

BACKEN

Die Form auf die unterste Leiste in den kalten Backofen schieben und bei 200°C etwa 50 Minuten backen.
Die Form aus dem Backofen neh-men, kurz abkühlen lassen und dann gleich zum Auskühlen auf ein Kuchengitter stürzen.

252

# Kirschstrudel

## ZUTATEN

Für den Teig:
300 g Weizen
1 Prise Salz
1 Ei
2 EL Öl
1 TL Essig
125 g lauwarmes Wasser

Für die Füllung:
500 g Kirschen
150 g Quark
2 bis 4 EL Honig
(nach Geschmack
und Kirschensorte)
1 Eigelb
1 TL Zimt
50 g Mandeln
1 Eiweiß

Zum Bestreichen:
2 EL Milch
oder
1 Eigelb
1 EL Wasser

## ZUBEREITUNG

Den Weizen fein mahlen und 50 g Kleie aussieben. Das Salz, das Ei, das Öl, den Essig und das Wasser zum Weizen geben und so lange zu einem weichen Teig kneten, bis dieser geschmeidig ist und nicht mehr klebt. Den Teig zu einer Kugel formen, mit etwas Öl bestreichen, damit er nicht austrocknet, und mit einem Tuch bedeckt bei Zimmertemperatur etwa 1 Stunde ruhen lassen.

In der Zwischenzeit die Füllung zubereiten.

Die Kirschen entkernen.

Den Quark mit dem Honig, dem Eigelb, dem Zimt und den gemahlenen Mandeln verrühren. Die Kirschen untermengen und das steif geschlagene Eiweiß unterziehen.

Den Strudelteig auf einem bemehlten Tuch dünn zu einem Rechteck ausrollen. Die Füllung darauf verteilen, dabei genügend Platz an den Rändern lassen.

Zwei Enden des Tuches anfassen und den Strudel durch Anheben zuerst an den Querseiten ein wenig einschlagen, dann an den Längsseiten zusammenschlagen und in eine gefettete Auflaufform gleiten lassen.

Mit der Milch oder dem verquirlten Eigelb einpinseln.

## BACKEN

Die Form auf die mittlere Leiste in den kalten Backofen schieben und bei 220°C etwa 40 bis 45 Minuten knusprig backen.

## VARIATIONEN

Zwetschgenstrudel

## ZUTATEN

Für den Teig:
wie oben angegeben
Für die Füllung:
300 g entsteinte, getrocknete Zwetschgen
150 g dicke saure Sahne
1 TL Zimt

## ZUBEREITUNG

Den Strudelteig zubereiten. Für die Füllung die Zwetschgen kleinschneiden und knapp mit Wasser bedeckt etwa 4 bis 6 Stunden quellen lassen. Einweichwasser abgießen, die Zwetschgen mit der sauren Sahne und dem Zimt vermischen und auf den dünn ausgerollten Strudelteig streichen. Wie oben beschrieben weiterverfahren.

# Maiskuchen

Dies ist ein sehr sparsamer Kuchen aus Mürbeteig, denn es werden weder Fett noch Eier verwendet; er schmeckt aber trotzdem sehr gut. Probieren Sie auch einmal aus, ihn mit anderen Obstsorten zu belegen, und servieren Sie ihn mit leicht gesüßter Schlagsahne.

## ZUTATEN

Für den Teig:
150 g Mais
100 g Weizen
½ TL Backpulver
100 g Honig
¼ TL Vanille
150 g Milch

Für den Belag:
400 g rote Johannisbeeren
100 g schwarze Johannisbeeren

## ZUBEREITUNG

Den Mais und den Weizen fein mahlen.

Das Backpulver, den Honig und die Vanille dazugeben. Langsam die Milch dazugießen, und alles zu einem festen, aber geschmeidigen Teig verkneten.

Zu einer Kugel formen und zugedeckt etwa ½ Stunde ruhen lassen. In der Zwischenzeit die Johannisbeeren waschen, und die Beeren von der Rispe streifen.

Eine Pie- oder Springform von 26 cm Durchmesser einfetten, den Teig darauf verteilen und dabei einen 2 cm hohen Rand hochdrücken. Anschließend die Johannisbeeren darauf verteilen.

## BACKEN

Den Kuchen auf die mittlere Leiste in den kalten Backofen schieben und bei 200°C etwa 45 bis 50 Minuten backen.

Farbtafel 30:
Käsestangen
(Rezept Seite 270),
Berliner Salzkuchen
(Rezept Seite 268)
und Käsebiskuits
(Rezept Seite 269)

# Napfkuchen

Der Napfkuchen ist der älteste und beliebteste Rührkuchen in unseren Breiten. Die hohen Formen mit dem „Schornstein" in der Mitte gibt es heute in allen Formen und Materialien zu kaufen.

(Farbtafel Seite 145)

(Farbtafel Seite 145)

## ZUTATEN

250 g Butter oder Margarine
4 Eigelb
1 EL Rum
½ TL Vanille
200 g Honig
500 g Weizen
1 Päckchen Backpulver
125 g Milch
4 Eiweiß
3 gestrichene TL
reines Kakaopulver
3 EL Milch
1 EL Honig

## ZUBEREITUNG

Die Butter mit den Eigelben schaumig rühren, mit dem Rum, der Vanille und dem Honig würzen.
Den Weizen fein mahlen, mit dem Backpulver mischen und zusammen mit der Milch zur Buttermasse geben.
Alle Zutaten gut miteinander verrühren.
Die Eiweiße steif schlagen und vorsichtig unter den Teig heben.
Eine Napfkuchenform gut einfetten, eventuell mit Vollkornbröseln oder Weizenkleie ausstreuen und zwei Drittel des Teiges einfüllen.
Das Kakaopulver mit der Milch und dem Honig verrühren und mit dem letzten Drittel des Teiges mischen.
In die Form füllen und spiralförmig mit einer Gabel verrühren.

## BACKEN

Die Form auf die unterste Leiste in den kalten Backofen schieben und bei 180°C etwa 70 Minuten backen.
In der Form etwa 10 Minuten abkühlen lassen, dann auf ein Kuchengitter stürzen.

Farbtafel 31:
Ostertorte
(Rezept Seite 273)

(Rezept Seite 273)

257

# Obstkuchen mit Backferment gebacken

Es ist ohne weiteres möglich, mit Hilfe des Backferments, einfache, aber bekömmliche Kuchen zu bakken. Ob es sich dabei um eine Art Napfkuchen oder um Böden für Obstkuchen handelt – zwei Dinge sollten Sie beachten.

Immer ist es nötig, einen Vorteig zuzubereiten. Dieser Vorteig sollte mit mindestens halb so viel Getreide hergestellt werden wie der Hauptteig.

Die Geschmackszutaten wie Rosinen, Nüsse, Honig, Fett, Eier, Milch usw. sollten immer erst dem Hauptteig zugegeben werden.

## ZUTATEN

Für den Vorteig:
150 g Weizen
½ TL Backferment
1 TL Grundansatz
150 g warmes Wasser (30°C)

Für den Hauptteig:
250 g Weizen
150 g Haselnüsse
150 g Honig
1 Ei
250 g Quark
125 g warme Milch

Für den Belag:
etwa 1500 g Obst nach Geschmack
(Kirschen, Stachelbeeren, schwarze Johannisbeeren, Rhabarber)

## ZUBEREITUNG

Für den Vorteig den Weizen mittelfein mahlen.

Das Backferment und den Grundansatz in dem 30°C warmen Wasser auflösen und zum Vorteig geben. Mit einem Holzlöffel zu einem weichen Brei verrühren und diesen, zugedeckt mit einem feuchten Tuch, über Nacht bei Zimmertemperatur stehenlassen.

Am nächsten Morgen den Weizen und die Haselnüsse fein mahlen. Zusammen mit dem Honig und dem Ei zum Vorteig geben.

Den Quark mit der sehr warmen Milch verrühren und ebenfalls dazugießen.

Alle Zutaten miteinander verrühren. Der Teig sollte die Konsistenz eines weichen Rührteiges haben. Mit einem feuchten Tuch bedeckt, muß er an einem warmen Ort etwa 1½ Stunden gehen.

Ein Backblech einfetten, den Teig noch einmal gut durchrühren und auf dem Blech verstreichen.

An einem warmen Ort noch einmal etwa 40 Minuten gehen lassen. Anschließend mit Obst belegen.

## BACKEN

Das Blech auf die mittlere Leiste in den kalten Backofen schieben und bei 200°C etwa 40 bis 50 Minuten backen.

Fest in Alufolie verpackt, bleibt der Kuchen längere Zeit frisch.

# Zwetschgenwähe

Wähe ist ein schweizerisches Wort und bedeutet soviel wie gefüllter Kuchen. Ursprünglich wurden Wähen – egal ob sie mit Früchten, Käse oder Gemüse belegt wurden – nicht zum Kaffee, sondern ähnlich einer Pizza als Hauptgericht serviert.

Wähen bestehen immer aus einem Mürbeteig, viel Füllung und einem sahnigen Guß.

(Farbtafel Seite 214)

## ZUTATEN

Für den Teig:
80 g Butter
80 g Honig
1 großes Ei
¼ TL Vanille
1 TL Zimt
200 g Weizen

Für den Belag:
1000 g Zwetschgen

Für den Guß:
150 g süße Sahne
1 Ei
2 EL Honig

## ZUBEREITUNG
(TEIG UND BELAG)

Die Butter mit dem Honig und dem Ei schaumig rühren und mit der Vanille und dem Zimt würzen.

Den Weizen fein mahlen, zur Buttermasse geben und mit dem Knethaken zu einem weichen Teig verkneten.

Zugedeckt im Kühlschrank mindestens ½ Stunde ruhen lassen. In der Zwischenzeit die Zwetschgen waschen, halbieren und entsteinen.

Eine gefettete Spring- oder Pieform von etwa 26 cm Durchmesser mit dem Teig auslegen. Dabei einen 1 cm hohen Rand formen.

Die Zwetschgen mit der Wölbung nach oben darauf verteilen.

## BACKEN

Die Form auf die mittlere Leiste in den kalten Backofen schieben und bei 220°C etwa 20 Minuten vorbacken.

## ZUBEREITUNG (GUSS)

In der Zwischenzeit die Sahne mit dem Ei und dem Honig verquirlen. Die Form aus dem Backofen nehmen und den Guß gleichmäßig über die Zwetschgen gießen.

## BACKEN

Die Form jetzt auf die unterste Leiste in den Backofen schieben und bei 200°C etwa 30 Minuten backen.

# BELIEBTES KLEINGEBÄCK

## Buchweizenwaffeln

In der Sowjetunion werden aus dem Teig meistens Pfannkuchen, die sogenannten Blini, gebacken. Sie werden mit saurer Sahne und/oder zerlassener Butter serviert. Waffeln aus dem Teig zu bereiten, das geht genauso schnell und spart darüber hinaus noch das Fett für die Pfanne.

(Farbtafel Seite 241)

### ZUTATEN

300 g Milch
20 g Hefe
250 g Buchweizen
50 g Weizen
1 Ei
1 EL Honig
1 Prise Salz

### ZUBEREITUNG

Die Hefe in der lauwarmen Milch auflösen.
Den Buchweizen fein mahlen und mit der Hefemilch verrühren. Etwa 1 Stunde gehen lassen.

Danach den feingemahlenen Weizen, das Eigelb, den Honig und das Salz dazugeben, alles miteinander verrühren und noch einmal ½ Stunde gehen lassen.
Das geschlagene Eiweiß unterheben.

### BACKEN

Das Waffeleisen vorheizen.
Jeweils 2 bis 3 EL Teig in das Waffeleisen geben, fest zusammendrücken und auf diese Weise nacheinander die Buchweizenwaffeln backen.

### VARIATION

Statt des Buchweizens kann man auch Hafer oder Weizen verwenden. Die Waffeln schmecken dann ausgezeichnet zu einem besonderen Frühstück.

## Buttermilchwaffeln

Wenn Sie ein rundes Waffeleisen besitzen, können Sie aus diesem Teig auch Röllchen herstellen.
Buttermilchwaffeln schmecken ausgezeichnet zu Preiselbeeren, Honig und Fruchtgelee.

(Farbtafel Seite 241)

### ZUTATEN

100 g Butter oder Margarine
50 g Honig
4 Eier
¼ TL Vanille
1 gestrichener TL Kardamom
250 g Weizen
¼ l Buttermilch

### ZUBEREITUNG

Die Butter mit dem Honig und den Eiern schaumig rühren und mit der Vanille und dem Kardamom würzen.
Den Weizen fein mahlen und zur Buttermasse geben.
Zusammen mit der Buttermilch alle Zutaten zu einem flüssigen Teig verrühren.

### BACKEN

Das Waffeleisen vorheizen.
2 bis 3 EL Teig hineingeben und das Eisen fest zusammendrücken. Auf diese Weise nacheinander etwa acht Waffeln backen.
Für Waffelröllchen werden die Waffeln noch heiß zusammengerollt.

# Hefetörtchen

Diese Hefetörtchen schmecken sowohl mit einer Mohnfüllung als auch mit einem Belag aus Zwetschgenmus oder aus leicht gesüßtem Quark sehr gut.

## ZUTATEN

Für den Teig:
600 g Weizen
250 g lauwarme Milch
30 g Hefe
80 g Honig
50 g Butter oder Margarine
1 Ei

Für den Belag:
200 g Quark
1 Ei
2 EL Honig
¼ TL Vanille
25 gehackte Mandeln
125 g Pflaumenmus

## ZUBEREITUNG

Den Weizen fein mahlen.
Die Hefe in der lauwarmen Milch auflösen und zum Weizen gießen. Zusammen mit dem Honig, der Butter und dem Ei zu einem glatten Teig kneten. Diesen zugedeckt an einem warmen Ort etwa 1 Stunde gehen lassen.

In der Zwischenzeit für den Belag den Quark mit dem Ei, dem Honig und der Vanille verrühren. Die Mandeln grob hacken. Den gut gegangenen Teig noch einmal kurz durchkneten und auf einer bemehlten Fläche etwa 1 cm dick ausrollen.
Mit Hilfe eines Glases etwa 20 Plätzchen von 6 bis 7 cm Durchmesser ausstechen und auf ein gefettetes Backblech setzen. Aus dem restlichen Teig kleine dünne Stränge rollen, zu einem Kreis zusammenlegen und als Rand auf die Plätzchen geben. Fest andrükken, sonst läuft der Belag später aus.
Die Hälfte der Törtchen mit dem Pflaumenmus füllen und mit den gehackten Mandeln bestreuen. Die andere Hälfte der Törtchen mit der Quarkmasse füllen.
Noch einmal 10 Minuten gehen lassen.

## BACKEN

Das Blech auf die mittlere Leiste in den kalten Backofen schieben und bei 200°C etwa 25 bis 30 Minuten backen. Aus dem Ofen nehmen, auf einem Kuchengitter auskühlen lassen und frisch servieren.

## VARIATION

Die Hälfte der Törtchen nach Belieben mit Mohn füllen.

## ZUTATEN

125 g gemahlener Mohn
50 g heiße Milch
1 EL Honig
1 Prise Zimt
1 EL Rum

## ZUBEREITUNG

Den Mohn mahlen, in eine Schüssel geben und mit der heißen Milch, dem Honig, dem Zimt und dem Rum verrühren.
Kurz quellen lassen, die Hefetörtchen damit füllen und wie oben beschrieben weiter verfahren.

# Nußhörnchen

Der Hefeteig reicht für 16 bis 20 Hörnchen.

## ZUTATEN

Für den Teig:
500 g Weizen
200 g lauwarme Milch
20 g Hefe
50 g Butter oder Margarine
80 g Honig
1 Ei
¼ TL Vanille
abgeriebene Schale einer halben unbehandelten Zitrone

Für die Füllung:
200 g Haselnüsse
50 g Sahne
½ TL Zimt
2 Eiweiß

Zum Bestreichen:
1 Eigelb
1 EL Wasser
oder
2 EL Sahne

## ZUBEREITUNG

Den Weizen fein mahlen. Die Hefe in der lauwarmen Milch auflösen und zum Vollkornmehl gießen. Die Butter, den Honig, das Ei, die Vanille und die abgeriebene Zitronenschale dazugeben und alles zu einem glatten, nicht klebrigen Teig kneten. Diesen zugedeckt an einem warmen Ort etwa 1 Stunde gehen lassen, bis sich sein Volumen verdoppelt hat.
In der Zwischenzeit die Füllung zubereiten. Die Haselnüsse fein mahlen und mit der Sahne und dem Zimt vermischen. Die Eiweiße steif schlagen und unterheben.

Den gut gegangenen Hefeteig noch einmal durchkneten und dann etwa ½ cm dick ausrollen. Zu Quadraten von 10 x 10 cm ausradeln. Etwa 1 gehäuften EL der Nußfüllung auf jedes Quadrat geben. Diese zu Hörnchen zusammenrollen und die Teigenden dabei fest andrücken. Auf ein gefettetes Backblech setzen und vorsichtig mit dem verquirlten Eigelb oder der Sahne bestreichen. 5 Minuten gehen lassen.

## BACKEN

Das Blech auf die mittlere Leiste in den kalten Backofen schieben und bei 220°C etwa 25 Minten backen.

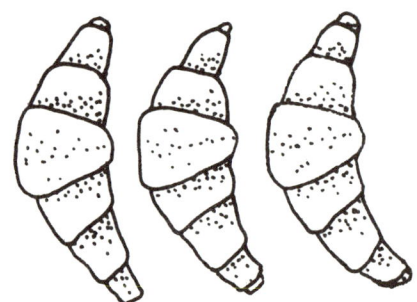

# Schnelle Schokoladentörtchen

Die Törtchen aus Rührteig sind im Nu zubereitet und besonders bei Kindern immer wieder ein Erfolg. Ich verwende dazu Papierförmchen, die es im Handel zu kaufen gibt. (Farbtafel Seite 228)

(Farbtafel Seite 228)

## ZUTATEN

125 g Butter
120 g Honig
2 Eier
80 g geriebene Schokolade
abgeriebene Schale einer unbehandelten Zitrone
2 TL Backpulver
300 g Weizen
⅛ l Milch

## ZUBEREITUNG

Die Butter mit dem Honig und den Eiern schaumig rühren. Die geriebene Schokolade, die Zitronenschale und das Backpulver dazugeben.
Den Weizen fein mahlen und ebenfalls dazugeben.
Nach und nach die Milch in die Schüssel geben und alle Zutaten sorgfältig verrühren.
Die Papierförmchen halb mit Teig füllen und auf ein Backblech stellen. Der Teig reicht für etwa 20 Törtchen.

## BACKEN

Das Blech auf die mittlere Leiste in den kalten Backofen schieben und bei 200°C etwa 20 bis 25 Minuten backen.

## VARIATION

Statt der Schokolade Rosinen und/oder Nüsse verwenden.

# Zimtwaffeln

Diese knusprigen Zimtwaffeln halten sich in einer Dose längere Zeit frisch. Sie können im normalen Waffeleisen oder aber auch in einem besonderen Zimtwaffelautomat mit dem traditionellen Muster gebacken werden.

(Farbtafel Seite 241)

## ZUTATEN

125 g Butter oder Margarine
100 g Honig
2 Eier
20 g Zimt
¼ TL gemahlene Nelken
abgeriebene Schale einer halben unbehandelten Zitrone
300 g Weizen

## ZUBEREITUNG

Die Butter mit dem Honig und den Eiern schaumig rühren und mit dem Zimt, den gemahlenen Nelken und der Zitronenschale würzen. Den Weizen fein mahlen, zur Buttermasse geben und mit dem Knethaken des Handrührgerätes zu einem weichen Teig kneten. Mit den Händen etwa walnußgroße Stücke aus dem Teig formen.

## BACKEN

Das Waffeleisen vorheizen.
Jeweils fünf Teigkugeln in das Waffeleisen geben, fest zusammendrücken und auf diese Weise nacheinander die Zimtwaffeln backen. Auf einem Kuchengitter auskühlen lassen.

# PLÄTZCHEN UND KEKSE

## Braune Plätzchen

Braune Plätzchen schmecken gut als Weihnachtsgebäck und als besondere Überraschung auch auf gebuttertem Rosinenstuten (Rezept Seite 204).

(Farbtafel Seite 160)

### ZUTATEN

Für den 1. Teig:
80 g Honig
1 Ei
100 g Weizen
8 g Hirschhornsalz
1 TL Pfefferkuchengewürz
Saft und Schale einer halben unbehandelten Zitrone
8 g Pottasche
1 TL Wasser

Für den 2. Teig:
50 g Butter
50 g Honig
150 g Rübensirup
250 g Weizen
70 g Mandeln

### ZUBEREITUNG

Für den ersten Teig den Honig mit dem Ei schaumig rühren. Mit dem frisch gemahlenen Weizen dem Hirschhornsalz und dem Pfefferkuchengewürz mischen.
Den Zitronensaft, die geriebene Zitronenschale und die mit dem Wasser verrührte Pottasche zufügen und alles zu einem glatten Teig verrühren.
Für den zweiten Teig die Butter schmelzen, den Honig und den Sirup hinzufügen. Abkühlen lassen.
Den frisch gemahlenen Weizen und die ungeschälten gemahlenen Mandeln hinzufügen und alles miteinander verkneten.
Anschließend beide Teige zusammenkneten, fest in Alufolie einwickeln und bei Zimmertemperatur 3 Tage ruhen lassen.
Dann den Teig auf einem bemehlten Blech portionsweise messerrückendick ausrollen und weihnachtliche Motive ausstechen. Nicht zu dicht nebeneinander auf ein gefettetes Backblech setzen.

### BACKEN

Das Blech auf die mittlere Leiste in den kalten Backofen schieben und bei 200°C in 15 bis 17 Minuten knusprig braun backen.
Der Teig reicht für zwei bis drei Bleche.

## Haselnußberge

(Farbtafel Seite 242)

### ZUTATEN

3 Eiweiß
100 g Honig
½ TL Zimt
Saft einer Zitrone
150 g Haselnüsse
50 g Weizen

Zum Verzieren:
ganze Haselnüsse

### ZUBEREITUNG

Die Eiweiße sehr steif schlagen.
Vorsichtig den flüssigen Honig dazugeben. Mit dem Zimt und dem Zitronensaft würzen.
Zum Schluß die gemahlenen Haselnüsse und den frisch gemahlenen Weizen unterheben.
Mit Hilfe von zwei Teelöffeln kleine Häufchen auf Backoblaten von etwa 5 cm Durchmesser setzen.

Die Backoblaten auf ein Backblech setzen und jeden Berg mit einer ganzen Haselnuß verzieren.

BACKEN

Den Backofen auf 180°C vorheizen und die Haselnußberge auf der mittleren Leiste etwa 20 Minuten backen.

## Hirseplätzchen

In einer gut verschlossenen Dose halten diese Rührteigplätzchen 3 bis 4 Wochen.

ZUTATEN

200 g Butter oder Margarine
80 g Honig
2 Eier
200 g Hirse
50 g Weizen
1 gehäufter TL Backpulver
1 EL Rum

Nach Geschmack:
50 g Korinthen
50 g gehacktes Zitronat

ZUBEREITUNG

Die Butter mit dem Honig und den Eiern schaumig rühren. Die Hirse und den Weizen fein mahlen und

zusammen mit dem Backpulver unterrühren.
Nach Geschmack das gehackte Zitronat und die Korinthen unterheben und mit dem Rum abschmecken.
Mit Hilfe von zwei Teelöffeln etwa 30 kleine Häufchen auf ein gefettetes Backblech setzen. Nicht zu dicht nebeneinander, da die Plätzchen sehr in die Breite gehen!

BACKEN

Den Backofen auf 200°C vorheizen. Das Blech auf die mittlere Leiste schieben, und die Plätzchen etwa 10 bis 15 Minuten backen.

## Honigplätzchen

Die Zutaten für diese Mürbeteigplätzchen reichen, je nachdem wie dick Sie den Teig ausrollen, für zwei bis drei Backbleche.

(Farbtafel Seite 242)

ZUTATEN

200 g Butter oder Margarine
200 g Honig
2 Eier
½ TL Vanille
1½ TL Zimt
1 EL Rum
500 g Weizen

Für eine Hälfte des Teiges:
4 TL Kakao
1 TL Zimt
1 EL Sahne
1 EL Honig

ZUBEREITUNG

Die Butter mit dem Honig und den Eiern schaumig rühren und mit der Vanille, dem Zimt und dem Rum würzen.
Den Weizen fein mahlen und nach und nach untermischen. Alle Zuten zu einem glatten Teig verkneten. Den Teig halbieren.
Den Kakao, den Zimt, die Sahne und den Honig unter eine Hälfte des Teiges rühren.
Beide Teighälften zugedeckt etwa 1 bis 2 Stunden in den Kühlschrank stellen. Danach auf einer bemehlten Fläche portionsweise ausrollen und kleine runde Plätzchen ausstechen. Diese auf ein gefettetes Backblech geben.

BACKEN

Das Blech auf die mittlere Leiste in den kalten Backofen schieben und bei 180°C etwa 20 bis 25 Minuten backen.
Vom Backblech lösen und auf einem Kuchengitter auskühlen lassen.

# Lebkuchen

4 Eier
250 g Honig
70 g Orangeat
70 g Zitronat
100 g Mandeln
1 TL Zimt
2 TL Lebkuchengewürz
250 g Weizen
2 TL Backpulver

ZUBEREITUNG

Die Eier mit dem Honig schaumig schlagen.

Das Zitronat und das Orangeat sehr fein schneiden; den Weizen und die Mandeln mahlen.

Alle Zutaten nach und nach zu der Ei-Honig-Masse geben und gut miteinander verrühren.

Entweder ein Backblech mit großen Backoblaten auslegen und den Teig darauf verstreichen oder ihn etwa 1 cm hoch auf runde Backoblaten streichen und dabei einen schmalen Rand lassen.

Die Lebkuchen über Nacht bei Zimmertemperatur antrocknen lassen.

BACKEN

Am nächsten Morgen das Blech auf die mittlere Leiste in den kalten Backofen schieben und bei 180°C etwa 35 bis 40 Minuten backen.

# Sechskorn-Plätzchen

Diese schnellen Plätzchen aus Mürbeteig können Sie sehr gut auf Vorrat backen, denn sie halten sich in einer Blechdose sehr gut. Sie schmecken zum Kaffee oder als Imbiß zwischendurch.

(Farbtafel Seite 145)

ZUTATEN

200 g Butter oder Margarine
100 g Quark
150 g Honig
2 Eier
250 g Hirse, Weizen, Buchweizen, Hafer, Gerste und Roggen gemischt

Zum Bestreichen:
3 EL Milch

Zum Bestreuen:
Sesam und Sonnenblumenkerne

ZUBEREITUNG

Die Butter mit dem Quark, dem Honig und den Eiern schaumig rühren.

Das Getreide fein mahlen und sorgfältig unter die Masse rühren. Ein Backblech einfetten und den weichen Teig darauf verteilen. Mit einem Messer glattstreichen.

Mit der Milch einpinseln und nach Belieben mit Sesam und Sonnenblumenkernen bestreuen. Diese fest andrücken.

Schon vor dem Backen mit einem Messer den Teig in kleine Rechtecke oder Rauten in der Größe der Plätzchen schneiden.

## BACKEN

Das Blech auf die mittlere Leiste in den kalten Backofen schieben und bei 200°C etwa 20 Minuten backen. Auf einem Kuchengitter auskühlen lassen.

## Sesamkugeln

### ZUTATEN

125 g Butter oder Margarine
150 g Honig
1 Ei
1 Prise Zimt
200 g Weizen oder Dinkel
70 g Haselnüsse
100 g Sesam
eventuell 2 bis 3 EL Milch
(wenn der Teig zu fest ist)

### ZUBEREITUNG

Die Butter mit dem Honig, dem Ei, dem Zimt schaumig rühren. Den Weizen und die Haselnüsse fein mahlen. Den Sesam in einer trockenen Pfanne rösten.

Alle Zutaten zu einem weichen Teig vermengen. Diesen etwa 1 Stunde im Kühlschrank ruhen lassen. Ein Backblech einfetten. Aus dem weichen Teig Kugeln formen und diese auf das Backblech setzen.

### BACKEN

Das Blech auf die mittlere Leiste in den kalten Backofen schieben und bei 200°C etwa 20 bis 25 Minuten backen.

## Zitronenkekse aus Mais

Ihre gelbe Farbe erhalten diese schnell zubereiteten Mürbeteigkekse durch den Mais.

### ZUTATEN

70 g Mais
50 g Weizen
50 g Butter oder Margarine
1 Eigelb
3 EL Honig
1 gestrichener TL Backpulver
Saft und Schale von 2 kleinen unbehandelten Zitronen

### ZUBEREITUNG

Den Mais und den Weizen fein mahlen.

Die Butter in einem Topf schmelzen.

Zusammen mit dem Eigelb, dem Honig, dem Backpulver, dem Zitronensaft und der Zitronenschale zum Getreide geben und alle Zutaten zu einem glatten Teig verkneten.

Diesen zugedeckt im Kühlschrank ½ Stunde ruhen lassen. Aus dem Teig 25 bis 30 kleine Kugeln formen. Mit dem Handballen werden sie flachgedrückt und auf ein gefettetes Backblech gegeben.

### BACKEN

Das Blech auf die mittlere Leiste in den kalten Backofen schieben und bei 200°C etwa 15 Minuten backen.

Nach dem Backen die Kekse vom Blech lösen und auf einem Kuchendraht abkühlen lassen.

# PIZZA, QUICHE, WÄHE UND ANDERES PIKANTES KLEINGEBÄCK

## Berliner Salzkuchen

Berliner Salzkuchen, auch Schusterjungen genannt, werden nicht nur aus einem Rührteig mit Bier zubereitet, sondern schmecken auch gut zu Bier.

(Farbtafel Seite 255)

(Farbtafel Seite 255)

### ZUTATEN

500 g Roggen
1½ Päckchen Backpulver
1 TL Salz
1 TL gemahlener Kümmel
½ l Weißbier

Zum Bestreuen:
Kümmel

### ZUBEREITUNG

Den Roggen fein mahlen und mit dem Backpulver mischen. Mit dem Salz und dem Kümmel würzen.
Zusammen mit dem Bier zu einem glatten Teig kneten.
Etwa 20 Brötchen daraus formen, auf ein gefettetes Backblech setzen und mit Kümmel bestreuen.

### BACKEN

Das Blech auf die mittlere Leiste in den kalten Backofen schieben und bei 200°C etwa 30 bis 35 Minuten backen.

## Rosenkohlkuchen

Ein feiner Winterkuchen, der einen Quark-Öl-Teig zur Grundlage hat.

### ZUTATEN

Für den Teig:
200 g Weizen
2 TL Backpulver
100 g Quark
1 gestr. TL Salz
½ TL Pfeffer
1 Prise Muskat
3 EL Öl
1 Eigelb
50 g geriebener Emmentaler Käse

Für den Belag:
500–600 g Rosenkohl
50–100 g Walnüsse
Pfeffer
Muskat
Kräutersalz

Für den Guß:
250 g Milch
2 Eier
100 g geriebener Käse
1 EL Weizen
Muskat
Pfeffer
Kräutersalz

### ZUBEREITUNG

Den Weizen fein mahlen und mit dem Backpulver mischen.
Zusammen mit dem Quark, dem Öl, dem Eigelb, dem geriebenen Käse und den Gewürzen zu einem weichen Teig verrühren.
Im Kühlschrank ungefähr 30 Minuten ruhen lassen.
In der Zwischenzeit den Belag zubereiten.
Den Rosenkohl putzen, waschen und in wenig Salzwasser etwa 7 Minuten dünsten. Mit Kräutersalz, frisch gemahlenem Pfeffer und frisch geriebener Muskatnuß abschmecken.
Für den Guß die Milch mit den Eiern, dem Weizen und dem geriebenen Käse verquirlen und mit Kräutersalz, Pfeffer und Muskat abschmecken.
Eine Spring- oder Pieform einfetten und mit dem Teig auslegen.
Den gut abgetropften Rosenkohl

und die Walnüsse darauf verteilen. Den Guß über das Gemüse geben.

Die Form auf die unterste Leiste in den kalten Backofen schieben und bei 220°C etwa 40 bis 45 Minuten backen.

---

VARIATIONEN:

Statt 500 g Rosenkohl
250 g Rosenkohl
und 250 g Blumenkohl
oder
300 g Blumenkohl (Rosenkohl)
und 200 g Champignons
verwenden.

# Käsebiskuits

Käsebiskuits eignen sich als Vorspeise, zum Knabbern oder – in Würfel geschnitten – als Suppeneinlage.

(Farbtafel Seite 255)

---

ZUTATEN

4 Eigelb
50 g Sahne
1 TL Salz
1 Prise Muskat
100 g Weizen
100 g geriebener Emmentaler Käse
4 Eiweiß

---

ZUBEREITUNG

Die Eigelbe mit der Sahne verschlagen, mit dem Salz und der frisch geriebenen Muskatnuß würzen.
Den Weizen fein mahlen und zusammen mit dem geriebenen Emmentaler unterrühren.
Die Eiweiße sehr steif schlagen. Vorsichtig unter den Teig heben.
Ein Backblech einfetten, mit Pergamentpapier auslegen und die Biskuitmasse etwa 1 cm dick zu einem Rechteck verstreichen (reicht für etwa zwei Drittel des Bleches).

BACKEN

Das Blech auf die mittlere Leiste in den kalten Backofen schieben und bei 200°C etwa 25 bis 30 Minuten backen.
Herausnehmen, kurz abkühlen lassen, stürzen, das Pergamentpapier vorsichtig abziehen und den Biskuit in Rechtecke gewünschter Größe schneiden.

## Käsegebäck

ZUTATEN

70 g Gorgonzola (oder die
gleiche Menge Hartkäse)
50 g Butter
50 g Sahne
1 EL Cognac oder Weinbrand
½ TL Salz
frisch gemahlener Pfeffer
120 g Dinkel

Zum Bestreichen:
1 Eigelb
1 EL Wasser

Zum Bestreuen:
Paprika, Kümmel, grob gemahlener Pfeffer, gehackte Walnüsse
(je nach Geschmack)

ZUBEREITUNG

Für den Mürbeteig den Dinkel fein
mahlen und zusammen mit dem
Gorgonzola, der Butter, der
Sahne, dem Cognac und den
Gewürzen zu einem weichen Teig
verkneten.
Diesen zugedeckt im Kühlschrank
mindestens 1 Stunde ruhen lassen.
Danach auf einer bemehlten
Fläche aus dem Teig eine Rolle von
etwa 4 cm Durchmesser formen.
Dünne Scheiben davon abschneiden und auf ein gefettetes Backblech geben.
Das Eigelb mit dem Wasser verquirlen und die Plätzchen damit
bestreichen. Nach Belieben mit
Paprika, Kümmel, grob gemahlenen Pfeffer oder gehackten Walnüssen bestreuen.

BACKEN

Das Blech auf die mittlere Leiste in
den kalten Backofen schieben und
bei 180°C etwa 20 bis 25 Minuten
backen.

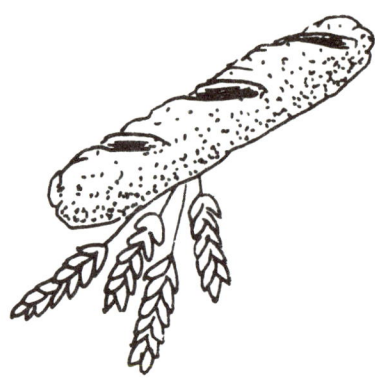

## Käsestangen

Diese pikanten Käsestangen aus
Hefeteig sind eine willkommene
Knabberei zu einem Glas Bier.

(Farbtafel Seite 255)

ZUTATEN

350 g Weizen
1 TL Salz
1 TL gemahlener Kümmel
2 Eier
100 g Butter oder Margarine
50 g geriebener Emmentaler
Käse
20 g Hefe
30 g lauwarme Milch

Zum Bestreichen:
1 Eigelb
1 EL Wasser

Zum Bestreuen:
Mohn, Kümmel, Sesam (je nach
Geschmack)

ZUBEREITUNG

Den Weizen fein mahlen und mit
dem Salz und dem Kümmel
mischen.
Die Eier, die weiche Butter und den
geriebenen Käse dazugeben.
Die Hefe in der lauwarmen Milch
auflösen und zum Weizen gießen.

Alle Zutaten kräftig zu einem glatten Teig verkneten und zugedeckt an einem warmen Ort etwa ½ Stunde gehen lassen.

Den Teig auf einer bemehlten Arbeitsfläche zu etwa 1 cm dicken und 15 cm langen Rollen formen, auf ein gefettetes Backblech setzen und noch einmal 10 Minuten gehen lassen.

Das Eigelb mit dem Wasser verquirlen und die Stangen vorsichtig damit bestreichen. Nach Belieben mit Mohn, Sesam oder Kümmel bestreuen. Etwas andrücken.

### BACKEN

Das Blech auf die mittlere Leiste in den kalten Backofen schieben und bei 240°C etwa 20 bis 25 Minuten backen.

## Kräuterplätzchen

Kräuterplätzchen aus Mürbeteig eignen sich als Knabberei zu Wein und Bier oder aber auch zu einer Salatplatte oder einer Suppe.

### ZUTATEN

100 g Grünkern
100 g Dinkel
1 TL Backpulver
1 TL Kräutersalz
1 TL gemahlener Kümmel
frisch gemahlener Pfeffer
3 EL Öl
5 EL Joghurt
4 EL frische oder tiefgefrorene, gehackte Kräuter (Petersilie, Kresse, Schnittlauch, Borretsch, Dill)

Zum Bestreichen:
1 Eigelb
1 El Wasser

### ZUBEREITUNG

Den Grünkern und den Dinkel fein mahlen und mit dem Backpulver und den Gewürzen mischen.

Das Öl, den Joghurt und die gehackten Kräuter dazugeben und alle Zutaten zu einem glatten weichen Teig verkneten.

Den Teig auf einer bemehlten Fläche ausrollen und kleine runde Plätzchen ausstechen.

Diese auf ein gefettetes Backblech setzen und nach Geschmack mit dem verquirlten Eigelb bestreichen.

### BACKEN

Das Blech auf die mittlere Leiste in den kalten Backofen schieben und bei 200°C etwa 25 Minuten backen.

# Lauchkuchen

Bei dem Boden dieses Lauchkuchens handelt es sich um einen Rührteig, der ohne große Vorbereitung sehr schnell zubereitet ist. Der Kuchen kann sowohl warm als auch kalt serviert werden.

### ZUTATEN

Für den Boden:
200 g Weizen
100 g Roggen
1 Päckchen Backpulver
2 Eier
175 g Joghurt
3 EL Öl
1 gehäufter TL Salz
100 g geriebener Käse

Für den Belag:
500 g Lauch
3 EL Öl
1 EL Hefeflocken
1 gestrichener TL Curry
150 g saure Sahne
2 Eier
30 g Weizen
Kräutersalz
Pfeffer
Muskat
2 EL frische, gemischte Küchenkräuter (Petersilie, Schnittlauch, Dill, Zitronenmelisse usw.).

### ZUBEREITUNG

Den Weizen und den Roggen fein mahlen.
Das Backpulver, die Eier, den Joghurt, das Öl und das Salz dazugeben und alles zu einem weichen Teig verrühren.
Eine Springform einfetten und den Teig darauf verteilen.
Mit einem nassen Löffel glattstreichen, dabei einen etwa 1 cm hohen Rand formen.
Den Lauch waschen (welke grüne Blätter entfernen) und in dünne Ringe schneiden. Dabei nicht nur die weißen, sondern auch die grünen Blätter des Lauchs mitverwenden.
In dem Öl etwa 5 Minuten dünsten. Von der Flamme nehmen und mit den Hefeflocken und dem Curry abschmecken.

Die saure Sahne mit den Eiern und dem frisch gemahlenen Weizen verquirlen. Mit Kräutersalz, frisch gemahlenem Pfeffer und frisch geriebener Muskatnuß abschmecken.
Die frischen, gehackten Kräuter und den geriebenen Käse unterziehen.
Alles mit dem Lauch vermischen und gleichmäßig auf dem Tortenboden verteilen.

### BACKEN

Auf die unterste Leiste in den kalten Backofen schieben und bei 200°C etwa 50 Minuten backen.

# Ostertorte

Die warme Ostertorte aus Mürbeteig eignet sich ausgezeichnet als leichtes Mittagessen oder warmer Imbiß am Abend.

(Farbtafel Seite 256)

## ZUTATEN

Für den Teig:
300 g Weizen
100 g Roggen
1 gestrichener TL Salz
1 gestrichener TL Koriander
120 g Butter oder Margarine
1 EL Obstessig
120 g Wasser

Für die Füllung:
500 g frischer Spinat
(ersatzweise gefroren)
1 kleine Zwiebel
3 EL Öl
Pfeffer
Kräutersalz
Muskat
3 Becher Joghurt
1 EL Weizen
4 Eier
50 g geriebener
Emmentaler Käse

Zum Bestreichen:
1 EL Butter

## ZUBEREITUNG

Den Weizen und den Roggen fein mahlen und mit dem Salz und dem Koriander mischen.
Die weiche Butter, den Essig und das Wasser hinzufügen und alle Zutaten mit dem Knethaken des Handrührgerätes zu einem geschmeidigen Teig kneten.
Zugedeckt im Kühlschrank etwa 30 Minuten ruhen lassen.
Für die Füllung den Spinat putzen, waschen und abtropfen lassen. Die gewürfelte Zwiebel in dem Öl glasig dünsten, den Spinat dazugeben und etwa 5 Minuten dünsten, bis er zusammengefallen ist. Mit Pfeffer, Kräutersalz und Muskat abschmecken.
Den Teig halbieren.
Auf einer bemehlten Arbeitsfläche die eine Teighälfte zu einer runden Scheibe von etwa 32 cm Durchmesser ausrollen.

In eine gefettete Springform geben, den Rand hochdrücken und den Boden mit einer Gabel mehrmals einstechen.
Den Spinat darauf verteilen.
Den Joghurt mit frisch gemahlenem Weizen verrühren und mit Kräutersalz und Pfeffer abschmecken. Auf dem Spinat verteilen. Mit einem Löffel vier Vertiefungen in die Spinat-Joghurt-Masse drücken; die Eier aufschlagen und vorsichtig hineingleiten lassen.
Mit dem geriebenen Käse bestreuen.
Aus der zweiten Teighälfte einen Deckel ausrollen und vorsichtig daraufsetzen.
Die Butter schmelzen und den Teigdeckel damit bestreichen.

## BACKEN

Die Torte auf die unterste Leiste in den kalten Backofen schieben und bei 220°C etwa 55 Minuten bakken.

# Pikante Heferolle

Die Heferolle kann warm oder kalt gegessen werden. Sie schmeckt zu einem Glas Wein am Abend ebensogut wie als Überraschung bei einem Picknickausflug.

---

## ZUTATEN

Für den Teig:
500 g Weizen
1 TL Salz
1 TL gemahlener Koriander
1 TL gemahlener Kümmel
50 g Butter oder Margarine
1 Ei
40 g Hefe
200 g lauwarme Milch

Für die Füllung:
200 g Schafskäse
200 g Quark
1 Ei
1 Zwiebel
1 Knoblauchzehe
5 EL frische, gehackte Kräuter
(Petersilie, Dill, Schnittlauch,
Zitronenmelisse, Basilikum,
Liebstöckel)
1 TL Kräutersalz
frisch gemahlener Pfeffer

Zum Bestreichen:
1 Eigelb
1 EL Wasser

Zum Bestreuen:
2 EL Sonnenblumenkerne

---

## ZUBEREITUNG

Den Weizen fein mahlen und die Gewürze daruntermischen.
Die Butter und das Ei zum Getreide geben.
Die Hefe in der lauwarmen Milch auflösen und dazugießen.
Alle Zutaten kräftig zu einem glatten Teig kneten.
Zugedeckt etwa 1 Stunde an einem warmen Ort gehen lassen, bis sich das Volumen verdoppelt hat.
In der Zwischenzeit den Schafskäse in kleine Würfel schneiden oder mit einer Gabel zerdrücken.
Den Quark mit dem Ei, der gewürfelten Zwiebel, der zerdrückten Knoblauchzehe und den gehackten Küchenkräutern verrühren.
Mit Kräutersalz und Pfeffer abschmecken. Den Schafskäse darunterziehen.
Den gut gegangenen Hefeteig zu einem Rechteck von 40 x 30 cm ausrollen. Die Käsemasse darauf verstreichen, dabei an der Quer-

seite einen Rand von 2 cm frei lassen. Den Teig von der Längsseite her aufrollen und die Enden fest zusammendrücken. Das Eigelb mit dem Wasser verschlagen, die Rolle damit bestreichen und anschließend mit den Sonnenblumenkernen bestreuen. Diese etwas festdrücken.
Die Rolle auf ein gefettetes Backblech geben und noch einmal 10 Minuten gehen lassen.

---

## BACKEN

Das Blech auf die mittlere Leiste in den kalten Backofen schieben und bei 200°C etwa 30 Minuten backen.

# Piroggen

Piroggen sind gefüllte Hefeteig-
taschen aus der russischen Küche.

## ZUTATEN

Für den Teig:
500 g Weizen
180 g Milch oder Wasser
25 g Hefe
2 Eier
150 g Butter oder Margarine
1 gestrichener TL Salz
1 TL gemahlener Kümmel

Zum Bestreichen:
1 Eigelb
1 EL Wasser

Zum Bestreuen:
Kümmel oder Sesam

## ZUBEREITUNG

Den Weizen fein mahlen.
Die Hefe in der lauwarmen Milch
auflösen und zum Weizen gießen.
Die Eier, die Butter und Gewürze
hinzufügen.
Alle Zutaten gründlich miteinander
verkneten, bis sich der Teig von der
Schüssel löst. Zugedeckt etwa
1 Stunde gehen lassen.
In dieser Zeit die Füllung (siehe
unten) vorbereiten.

Den Teig noch einmal kräftig
durchkneten und auf einer
bemehlten Fläche etwa ½ cm dick
ausrollen.
Runde Plätzchen von 6 bis 8 cm
Durchmesser ausstechen.

Auf die Hälfte des Plätzchens die
Füllung streichen, die andere
Hälfte als Deckel obendraufsetzen
und die Ränder fest zusammendrücken.
Mit dem verquirlten Eigelb bestreichen und nach Belieben mit Kümmel oder Sesam bestreuen.

## BACKEN

Die Piroggen auf die mittlere Leiste
in den kalten Backofen schieben
und bei 200°C etwa 35 bis 40
Minuten backen.

## BEISPIELE FÜR FÜLLUNGEN

Achten Sie unbedingt darauf, daß
die Füllungen nicht zu flüssig sind:
- Kräuterquark;
- Sauerkraut, das pikant abgeschmeckt und 5 Minuten gedünstet wurde;
- Spinat, der etwa 5 Minuten
  gedünstet, mit Pfeffer, Salz,
  Muskat und einer zerdrückten
  Knoblauchzehe abgeschmeckt
  und mit ½ bis 1 Becher Joghurt
  verrührt wurde;
- in Sahne gedünsteter Lauch;
- geschmorte Pilze;
- pikanter Risotto;
- Gemüse-Hirse-Brei;
- Käse.

# Winterliche Lauch-Pizza

Mit einer großen Schüssel Salat serviert, reicht die Lauch-Pizza als Hauptmahlzeit für vier Personen.

## ZUTATEN

Für den Teig:
150 g Weizen
100 g Roggen
1 EL Öl
1 Ei
120 g Buttermilch oder Joghurt
50 g lauwarmes Wasser
20 g Hefe
1 gestrichener TL Salz
½ TL Kümmel
½ TL Koriander

Für den Belag:
250 g Lauch (geputzt gewogen)
2 EL Öl
½ TL Koriander
½ TL Curry
1 TL Kräutersalz
250 g Tomaten
(eventuell aus der Dose)
½ TL Kräutersalz
frisch gemahlener Pfeffer
1 TL Oregano oder Majoran
150 g Schafskäse

## ZUBEREITUNG

Den Weizen und den Roggen fein mahlen.

Die Hefe in dem lauwarmen Wasser auflösen und zum Vollkornmehl gießen. Zusammen mit den übrigen Zutaten zu einem glatten, elastischen Teig kneten, der nicht mehr kleben sollte.

Zugedeckt an einem warmen Ort etwa 1 Stunde gehen lassen, bis sich sein Volumen verdoppelt hat.

In der Zwischenzeit den Belag zubereiten. Dafür den geputzten Lauch in dünne Ringe schneiden, 3 Minuten in dem heißen Öl dünsten und mit dem Koriander, Kräutersalz und Curry würzen. Den gut gegangenen Hefeteig noch einmal durchkneten und eine gut gefettete runde Form von 26 cm Durchmesser damit auslegen. Den Schafskäse in dünne Scheiben schneiden und auf dem Boden verteilen.

Die Tomaten in Scheiben schneiden, darüberlegen und mit Oregano, Kräutersalz und Pfeffer bestreuen.

Zum Schluß die Lauchringe darauf verteilen.

## BACKEN

Die Form auf die unterste Leiste in den kalten Backofen schieben und bei 220°C etwa 30 bis 35 Minuten backen.

# Quiche Marseille

Quiche heißt einfach Kuchen und ist die französische Mürbeteigvariante der Schweizer Wähe.
Zur Quiche Marseille gehören die typisch südfranzösischen Gemüse wie Paprika, Zucchini, Auberginen und Tomaten sowie viele Kräuter der Provence.

(Farbtafel Seite 145)

## ZUTATEN

Für den Teig:
250 g Weizen
150 g Butter
50 g Sahne
1 Ei
1 gestrichener TL Salz
½ TL Kümmel
½ TL Koriander

Für die Füllung:
250 g Zucchini
200 g Paprika
150 g Auberginen
150 g Tomaten
½ TL Majoran
½ TL Thymian

Für den Guß:
1 Zwiebel
1 EL Öl
3 EL frische Kräuter
(Basilikum, Majoran, Thymian, Petersilie, Zitronenmelisse)
200 g Milch oder Sahne
2 Eier
150 g geriebener Emmentaler Käse
Pfeffer
Paprika
Kräutersalz
Muskatnuß
1 Knoblauchzehe

## ZUBEREITUNG

Den Weizen fein mahlen.
Zusammen mit der Sahne, der Butter, dem Ei und dem Salz zu einem glatten Teig kneten.
Im Kühlschrank zugedeckt etwa 1 Stunde stehenlassen.
Für den Belag die kleinen Zucchini in dünne Scheiben schneiden, größere würfeln.
Den Paprika in feine Streifen schneiden, die Auberginen und die Tomaten würfeln.
Eine gefettete Springform von 28 cm Durchmesser oder eine Auflaufform mit dem Teig auslegen.
Dabei einen etwa 1 cm hohen Rand formen.

Den Teig mit einer Gabel mehrmals einstechen, das Gemüse bunt darauf verteilen und mit dem getrockneten Majoran und dem Thymian bestreuen.
Für den Guß die feingehackte Zwiebel in dem Öl goldgelb dünsten.
Die frischen Kräuter klein schneiden.
Die Sahne mit den Eiern verquirlen, den geriebenen Käse, die Zwiebeln und die Kräuter unterrühren, mit den Gewürzen und der zerdrückten Knoblauchzehe abschmecken.
Über das Gemüse gießen.

## BACKEN

Die Form auf die unterste Leiste in den kalten Backofen schieben und bei 220°C etwa 50 bis 55 Minuten backen.

# BEZUGSQUELLEN UND WICHTIGE ADRESSEN:

**Für einen Original-Gärtopf mit Wasserrinne:**

Steinzeugwerk Harsch KG
7118 Bretten

**Für Dörrapparate:**

Ernst-Otto Cohrs
Postfach 1165
2130 Rotenburg
(Hier erhalten Sie außerdem
biologische Dünge- und Pflegemittel
und Samen.)

**Für Käsezubehör:**

Käsereibedarf Oelmann-
van Nes
Bunte Kuh
Jay Brady
Walderdorfstr. 31
6406 Hosenfeld

**Für Chi-go, chinesischer Dampftopf:**

Paul Schrader & Co
Postfach 10 78 29
28 Bremen

**Broschüre über den Test gängiger Getreidemahlen:**

Verlag Natürlich und Gesund
Postfach 70 01 18
7 Stuttgart 70

**Bezugsquellen für Alternatives: Ein Verzeichnis**

Verein für erweitertes Heilwesen e.V.
Johannes-Kepler-Str. 58
7263 Bad Liebenzell-UL

**Produkte für eine naturgemäße Lebensweise:**

Der grüne Gesundheitskatalog
(kostenlos anfordern bei)
Waldhof Krüdersheide
5650 Solingen

**Folgende Adressen können Ihnen behilflich sein, den „Biobauern" in Ihrer Nähe zu finden:**

Fördergemeinschaft organisch-
biologischer Landbau e.V.
Barbarossa Str. 14
7336 Uhingen

Demeter Bund e.V.
Fenchelstr. 14
7 Stuttgart 75

**Einen kostenlosen Bücherkatalog über „alternative" Literatur erhalten Sie bei:**

Der Büchergarten
Hartenscher Damm 81
2900 Oldenburg

# REZEPTVERZEICHNIS